Procreate

Pinta paisajes y al aire libre

3dtotal Publishing

espacio**de**diseño

ESPACIO DE DISEÑO

Título de la obra original: *A Guide to Digital Painting in Procreate: Landscapes & Plein Air*

Responsable editorial: Víctor Manuel Ruiz Calderón

Traductora: Azucena Moreno Muñoz

Composición de cubierta: Celia Antón Santos

Diseñador jefe: Joseph Cartwright

Diseñadora: Fiona Tarbet

Diseñador: Joseph Cartwright

Ilustraciones de cubierta: Artistas individuales según se acredita a lo largo del libro

A Guide to Digital Painting in Procreate: Landscapes & Plein Air
© 2023 3dtotal Publishing. Spanish translation rights arranged with 3dtotal.com Ltd through Anaya Multimedia

© EDICIONES ANAYA MULTIMEDIA (GRUPO ANAYA, S. A.), 2024
Valentín Beato, 21. 28037 Madrid
Depósito legal: M. 30.951-2023
ISBN: 978-84-415-4926-5
Impreso en España

PAPEL DE FIBRA
CERTIFICADA

IMAGEN © JENNIFER WANG

CONTENIDOS

CÓMO USAR ESTE LIBRO

Este libro es el compañero ideal para los usuarios de Procreate aficionados a adentrarse en el arte ambiental y la pintura al aire libre. Si alguna vez has querido pintar un paisaje vibrante, has intentado hacer un boceto en el iPad durante un viaje por carretera o has deseado poder recrear un recuerdo de un viaje especial con tu propio estilo, estas páginas son un buen punto de partida para tu viaje con la pintura ambiental en Procreate.

Tus motores creativos se encenderán en el capítulo de introducción (página 8), donde Mike McCain comparte algunas de las percepciones y lecciones que ha aprendido en su camino por el paisajismo. ¡Sus estudios de vistas grandiosas, calles bulliciosas y jardines tranquilos harán que te den ganas de coger el iPad y las zapatillas de senderismo!

Los capítulos de tutoriales (página 29) muestran cómo diez artistas crean un entorno paso a paso en Procreate. Abordan una amplia variedad de enfoques sobre la pintura, incluyendo la observación de la vida real, las referencias fotográficas, la imaginación y una mezcla de las tres. Algunos artistas tienen un enfoque minimalista que es casi como utilizar pintura real en un cuaderno de dibujo; a otros les gustan los deslizadores de ajustes, los modos de fusión y los pinceles de Procreate. Hay muchas formas de pintar un entorno o paisaje bonito e inmersivo; con práctica y ayuda de estos tutoriales, seguro que encuentras tu propio enfoque.

Al final del libro, encontrarás una guía de los recursos descargables (página 215) disponibles con este título, así como un glosario (página 216) y un directorio de herramientas (página 217) con los términos y herramientas de uso común.

IMÁGENES DE KARIN BRANDENBERG

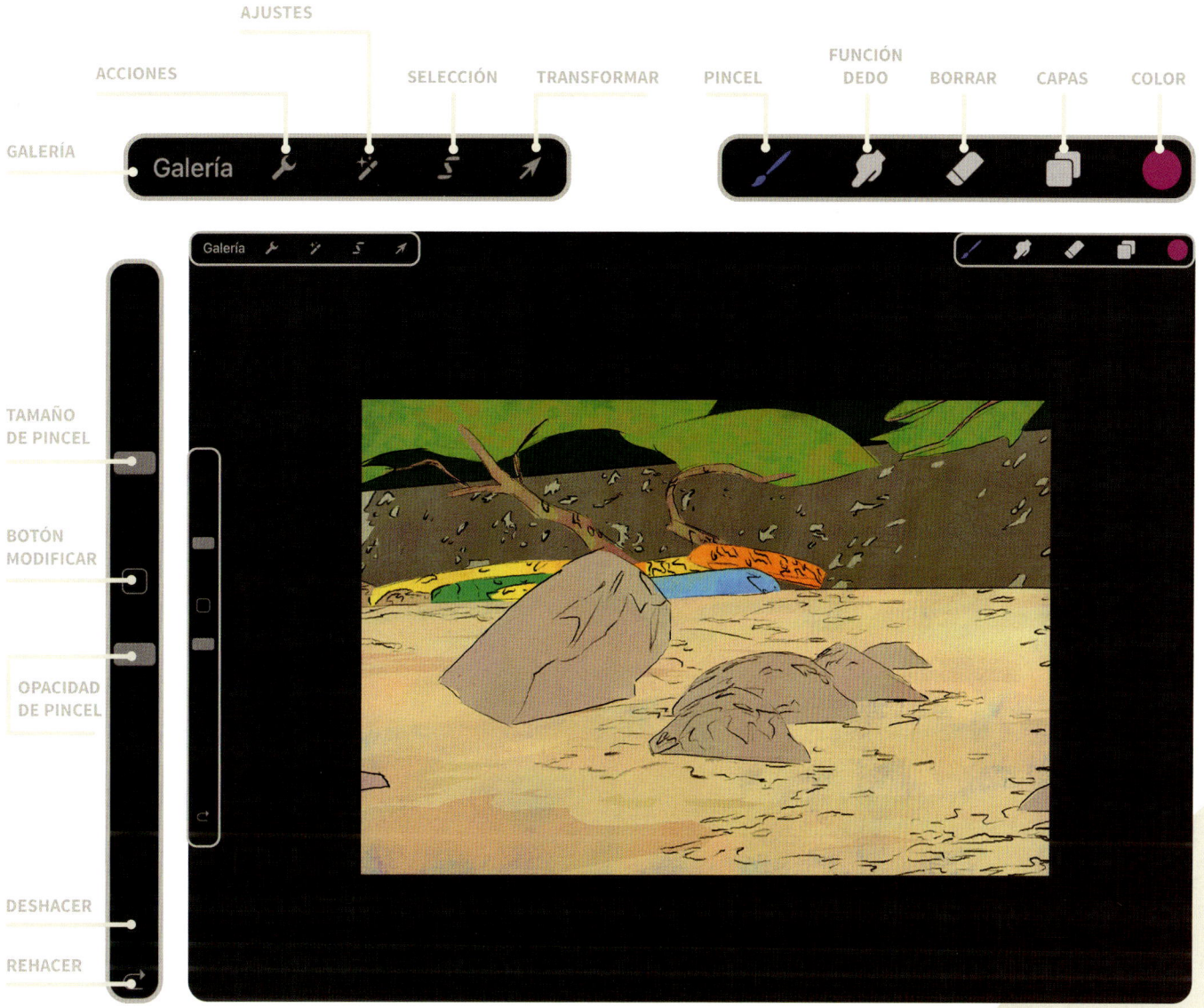

Para obtener la información más reciente sobre la interfaz, los atajos y las herramientas de Procreate, puedes acceder al manual oficial Procreate Handbook (procreate. com/handbook). Si eres principiante en el uso de Procreate, te recomendamos que eches un vistazo al manual para familiarizarte un poco con el software y las herramientas básicas.

Cuando leas los tutoriales, busca bocadillos de ayuda como este. En ellos, los artistas ofrecen consejos útiles, trucos de software, visiones personales y resúmenes de temas que has aprendido hasta ese momento.

INTRODUCCIÓN

POR MIKE MCCAIN

Tanto si quieres pintar una sencilla escena cotidiana como si creas algo imaginario y fantástico, una sensación marcada de realidad ayudará a transportar al espectador al mundo de tu ilustración. Al igual que ocurre al capturar cualquier tema, tus pinturas de paisajes mejorarán mucho si dedicas tiempo a observar la realidad y pintar del natural.

A lo largo de la historia, los artistas han disfrutado y aprovechado el proceso de salir para pintar el mundo a su alrededor, una técnica conocida como pintura al aire libre o *en plein air*. Esta práctica te anima a observar el color y la luz naturales, a prestar mucha atención a tus alrededores y a utilizar todos tus recursos para capturar un entorno vivo.

Los artistas conceptuales e ilustradores actuales todavía disfrutan los beneficios de la pintura al aire libre, sobre todo en combinación con la portabilidad de una aplicación de arte digital como Procreate. En este capítulo, Mike McCain te explicará su viaje por el paisajismo, desde sus inicios en la pintura al aire libre al aprovechamiento de todo el potencial de Procreate, hasta la creación de entornos fruto de su imaginación.

Parque nacional del Valle de la Muerte, 2019: Me encanta encontrar maneras de abstraer los patrones que observo en la naturaleza.

Parque nacional Joshua Tree, 2020: más experimentación con pinceles personalizados en Procreate.

Parque nacional de los Arcos, 2018: esta fue una de las primeras pinturas en las que empecé a encontrar mi voz y proceso.

DESCUBRIR LA PINTURA AL AIRE LIBRE

Pintar al aire libre significa simplemente pintar en el exterior, a partir de una observación directa del paisaje. ¡Los artistas pintan cuadros al aire libre al menos desde principios del siglo XIX! Es una manera maravillosa de practicar el arte, mejorar nuestra sensibilidad al color y la luz y disfrutar de la belleza del mundo que nos rodea. Además, con las herramientas digitales actuales, salir a pintar es más cómodo que nunca.

Me emocioné mucho cuando me pidieron que escribiera la introducción para este libro, porque la pintura al aire libre con Procreate fue un descubrimiento enorme para mí como artista. Fue donde desarrollé la mayoría del estilo de pintura, pinceles y flujo de trabajo que utilizo en mi trabajo hoy en día. En 2018, hice un viaje de 18 meses por carretera a través de algunos de los parques nacionales más bonitos de América y me enamoré de la pintura al aire libre. No era la primera vez que la probaba, pero fue la primera vez que sentí de verdad su magia. Había pintado de manera tradicional en el pasado, pero nunca se había convertido en una rutina cómoda para mí, así que la pintura al aire libre siempre se me había hecho cuesta arriba. Pintar en el iPad me abrió un mundo artístico nuevo y me di cuenta de lo divertido y relajante que era pintar en la naturaleza. Me apetecía jugar. Empecé a experimentar mucho con mi enfoque. Esto me llevó a conseguir resultados emocionantes, lo cual, a su vez, me animó a salir y pintar más. Como artistas, a veces nos presionamos mucho, pero creo que, a menudo, cuando más crecemos es cuando tenemos espacio para pintar solo para disfrutar.

Este libro está lleno de consejos y opiniones geniales para pintar entornos en Procreate. Espero que te inspire y te guíe para que salgas y pruebes la pintura al aire libre, ¡espero que descubras lo divertido que puede ser, como hice yo!

Puente César Chávez, 2023: una pintura al aire libre reciente donde intenté probar un enfoque diferente.

Patio trasero, 2022: un último cuadro de este patio antes de que hubiese que retirar el árbol por los daños de las tormentas.

GANAR CONFIANZA

Si te parece que pintar al aire libre suena aterrador, ¡no pasa nada! Durante años, la idea de pintar en público me ponía muy nervioso. Como ocurre con todo, daba más miedo cuando no estaba acostumbrado a hacerlo. Cuanto más practicaba, más cómodo me sentía. Puedes empezar pintando en casa, en privado, quizá pintando las vistas desde una ventana o haciendo un estudio al aire libre virtual (lo veremos con más detalle en la página 21). Así, puedes ir ganando confianza con tu proceso de pintura al aire libre sin preocuparte de los peatones ni del clima. Intenta utilizar las mismas herramientas y el mismo enfoque que utilizarás después en el exterior.

Puedes empezar realizando estudios con valores de escala de grises. Así, no tendrás que preocuparte por las temperaturas de los colores y puedes centrarte por completo en estudiar la luz y la estructura de valores de la escena. De ese modo, seguirás aprendiendo mucho y este sistema puede ayudarte a pulir tus habilidades con el valor, la composición y la creación de los trazos al aire libre. Ten en cuenta que no recomiendo intentar convertir estudios de valores al aire libre en cuadros a todo color utilizando modos de fusión de capas, porque en este enfoque ya no estás eligiendo los colores exactos a partir de la observación. Si tienes la motivación para crear un cuadro en color después de completar un boceto de valores, vuelve a pintarlo en color utilizando el boceto de valores como guía de dibujo.

Patio trasero, 2016: mi primer cuadro al aire libre en Procreate, mientras iba conociendo el programa en la comodidad del patio de mis padres.

¡Cuando estés listo para salir, llévate a unos amigos! Me siento menos nervioso cuando pinto en el exterior si no soy el único que lo está haciendo. Elimina parte de la presión si los transeúntes hacen preguntas, y no hay nada mejor que irse a tomar algo con los amigos después de una buena sesión de dibujo.

Casa, 2020: presta atención a la luz en y alrededor de tu casa en diferentes horas del día.

Patio trasero, 2018: otro cuadro del mismo patio; siéntete a gusto para experimentar a lo largo de una mañana tranquila en casa.

No necesitas pinceles sofisticados para empezar; este estudio lo hice usando solo unos pocos pinceles predeterminados.

¿POR QUÉ PROCREATE?

Los artistas llevan más de 200 años pintando al aire libre, así que está claro que no necesitas Procreate para salir a pintar al exterior. Pero, para la pintura al aire libre digital, me gusta Procreate por su accesibilidad y por la versatilidad de su gama de pinceles. La interfaz de usuario es limpia e intuitiva, con muchos gestos táctiles para acelerar el flujo de trabajo. También me encanta tener las grabaciones automáticas a cámara rápida de los cuadros para compartir y usar como referencia más adelante.

Procreate incluye una gran variedad de pinceles integrados excelentes, y también hay un mercado en línea enorme para pinceles creados por artistas, que puedes encontrar en Gumroad y en otros sitios. Para ver pinceles de acuarela increíbles y otros estilos de medios naturales, echa un vistazo a los pinceles de Max Ulichney (maxpacks.com). Para un conjunto más gráfico y estilizado, puedes probar los míos; hay un conjunto gratuito para principiantes en mi sitio web (mikemccain.art). Procreate te permite incluso importar pinceles creados para Adobe Photoshop, pero ten en cuenta que los pinceles más complejos de Photoshop pueden comportarse de manera diferente al importarse.

Por último, si no tienes un iPad (o si te lo has dejado en casa), hay una versión para iPhone de la aplicación llamada Procreate Pocket. Es sorprendentemente divertida y eficaz para pintar pequeños estudios de color usando solo el dedo. Yo a veces la uso para capturar ideas sobre la iluminación y el color que puedo perfeccionar después en casa en iPad o en Photoshop.

Dicho esto, hay una curva de aprendizaje si eres principiante en el uso de Procreate, sobre todo si vienes de haber pasado años utilizando otro programa. A mí me costó un par de meses estar cómodo de verdad con él, pero esto, a su vez, me ayudó a ralentizar un poco mi proceso. Aprender una manera nueva de hacer las cosas puede obligarte a ser más reflexivo en tus elecciones, y puede llevarte a probar cosas que, por lo general, no probarías. Te recomiendo que te sumerjas de lleno.

Familiarízate con los conceptos básicos y empieza a pintar y experimentar. Los vídeos oficiales para principiantes de *Procreate Handbook and Beginners Series* son un recurso excelente para consultar si no puedes averiguar cómo funciona algo y los tutoriales de este libro ofrecen trucos y consejos geniales para mejorar tu flujo de trabajo al pintar. Recuerda: si puedes hacerlo en Photoshop, es probable que también puedas hacerlo en Procreate.

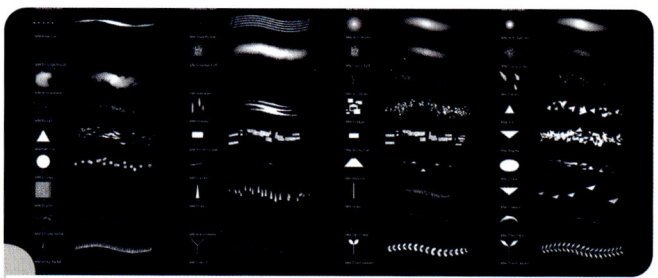

Algunos de los pinceles personalizados que he creado con el tiempo para utilizar en mis cuadros e ilustraciones al aire libre.

¡PONTE CÓMODO!

Mi consejo número uno es: ¡ponte cómodo! Es más probable que consigamos un nivel de concentración más profundo en nuestro trabajo cuando nos sentimos cómodos a nivel físico y emocional. Así pues, cuando estoy decidiendo dónde pintar, no busco solo un escenario que me inspire, sino también un lugar relajado donde pueda disfrutar simplemente de estar presente y apreciar el entorno que me rodea. Si tengo que elegir, por lo general me decanto por un espacio cómodo y tranquilo antes que por la vista más impresionante. Si estoy a gusto en un sitio, suelo encontrar algo interesante para pintar.

Hoy en día, prefiero sentarme mientras pinto, así que me llevo una silla plegable cómoda. Si prefieres estar de pie, hay varios trípodes disponibles para iPad en línea. Los auriculares pueden resultar útiles si te preocupan las preguntas de los transeúntes (para eso, recomiendo auriculares que se vean con claridad). Asegúrate de llevar agua de sobra en los días calurosos y capas de ropa extra en los días fríos; incluso aunque al principio tengas calor, te quedarás frío si estás de pie o sentado quieto durante un rato. Los calentadores de manos también pueden ser muy prácticos.

Por último, pero no por eso menos importante: ¡ve al baño antes de salir, o asegúrate de saber dónde hay uno cerca!

Estas no eran las mejores vistas de la zona... pero era la mejor vista desde la cómoda terracita de la cafetería de abajo.

Taipéi, 2019: pinté este estudio tomando un café, en un par de mañanas seguidas.

Este es más o menos el aspecto que tengo mientras pinto hoy en día.

LA PANTALLA CONTRA EL SOL

"¿Qué haces para evitar los brillos?" es, probablemente, la pregunta que más me hacen cuando estoy pintando al aire libre con el iPad. Cualquiera que haya intentado utilizar un *smartphone* en el exterior un día de verano sabe que las pantallas y la luz del sol pueden formar una combinación frustrante.

Algunos días son peores que otros, pero, sobre todo, intento no dejar que los brillos me molesten. Busca lugares que quedarán totalmente a la sombra durante un par de horas; comprueba dónde está el oeste, ya que el sol se moverá en esa dirección. Usa algo que te cubra, como la copa de un árbol, para ayudar a reducir el brillo del cielo. Algunos pintores llevan consigo una sombrilla pequeña; puedes encontrar una gran variedad en línea buscando "sombrillas para pintar al aire libre". Asegúrate de subir el brillo del iPad al máximo y deshabilita la opción True Tone si tu iPad la tiene (en Ajustes>Pantalla y brillo).

Otro accesorio útil es un protector de pantalla mate. Además de reducir el resplandor de la pantalla, estas cubiertas que parecen papel dan a la superficie del iPad un poco más de resistencia, haciendo que tengamos la sensación de dibujar sobre papel. Asegúrate de pedir la cubierta correcta para el tamaño y el año de tu iPad y sigue al pie de la letra las instrucciones de aplicación para evitar que se hagan burbujas bajo la superficie.

No obstante, pese a todo esto, puede que todavía te encuentres con algunos brillos cuando pintes al aire libre. He descubierto que es mejor centrarse en elegir los mejores colores y temperaturas de color en función de lo que es visible en la pantalla. Si eso hace que el cuadro quede demasiado descolorido, puedes ajustar el contraste y hacer algunas mejoras en el color si es necesario una vez que vuelvas a estar en el interior.

Aquí, me he puesto lo bastante lejos debajo de un árbol para tener un par de horas de sombra.

Just a Tree, 2019: observar y entender la luz puede hacer que una escena simple resulte interesante.

Jardín Botánico Bellevue, 2020: las sombras en el suelo se acortaron con el tiempo, pero las mantuve largas para añadir dramatismo.

Just a Log, 2019: no hace falta que pintes todo lo que ves; prueba a centrarte en algo pequeño.

OBSERVACIÓN AL AIRE LIBRE

Creo que los mejores cuadros al aire libre surgen del entendimiento más profundo de la escena. ¿Cuál es la gran historia de este lugar? ¿Cómo te hace sentir? ¿Dónde es más fuerte la luz? ¿Cómo afecta la atmósfera al color y al valor? ¿Dónde están los cambios de temperatura grandes de cálido a frío? ¿Cómo se relacionan todas estas ideas entre sí, cuál causa el mayor impacto, cuál es más sutil o cómo de fría es una sombra con respecto a otra?

Conseguir esta comprensión relativa y minuciosa de una escena requiere tiempo y una observación cercana y reflexiva. Con frecuencia, he cometido el error de copiar sin más lo que estoy viendo, sin intentar entenderlo de verdad. En otras ocasiones, me he centrado demasiado en la representación, a expensas de la observación. A veces, todavía me empecino en dibujar elementos individuales de una escena, en vez de pintar mis impresiones de la escena como conjunto. ¡Estas cosas pasan! Cuando me doy cuenta, dejo de dibujar unos minutos y estudio la escena otra vez, sin más. La observación paciente es el corazón de la pintura al aire libre.

Por supuesto, el otro reto es que la escena en sí cambiará con el tiempo. A veces, tus observaciones después de una hora pueden ser muy diferentes de tus observaciones al principio. El primer paso es reconocer lo que ha cambiado; de lo contrario, puedes quedarte atascado persiguiendo tus propias observaciones, ya que la escena cambia más rápido de lo que puedes pintar. Intenta capturar tus impresiones sobre la iluminación pronto y de forma relajada y, después, estudia la situación de manera periódica para ver si la luz ha cambiado de modo significativo. Hacer una foto de referencia al empezar puede ayudar. Una vez que entiendas lo que ha cambiado, simplemente decide si te gusta más o no. Cuanto más entiendas, más podrás incorporar selectivamente la luz cambiante al cuadro. Tienes que decidir si el resultado es creíble o no.

Arboretum, 2019: de nuevo, la pintura al aire libre se basa en capturar el color y la luz.

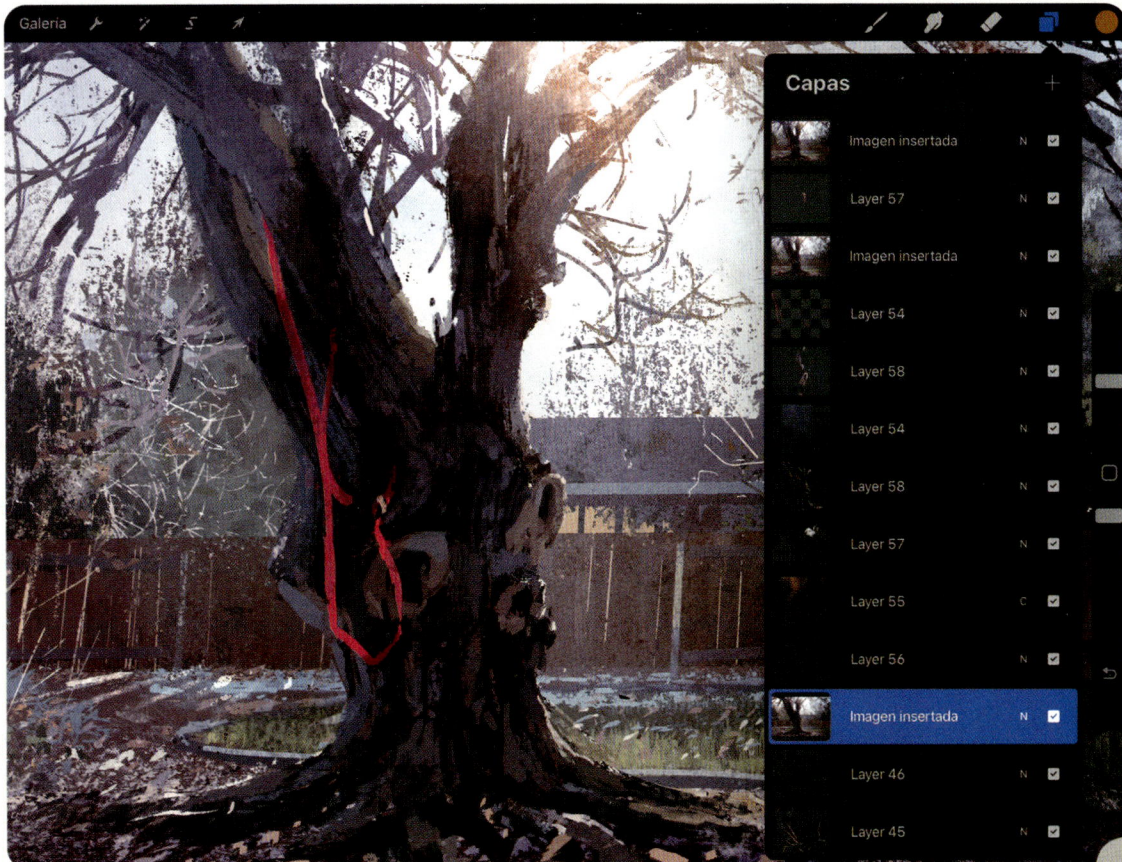

A veces, uso capas como una forma de probar ideas nuevas; cuando estoy satisfecho, las combino en una capa nueva utilizando **Acciones>Copiar lienzo y Pegar**.

¡MANTÉN LA FLEXIBILIDAD!

Te animo a que mantengas tu proceso de pintura al aire libre flexible, y el cuadro en sí relajado y maleable. Te encontrarás una sorpresa en casi cada salida, ya sea la luz cambiante, un coche que te tapa la vista o una observación tardía. Si tu enfoque es demasiado rígido o se plasma de forma muy estricta, puede ser difícil (y más frustrante) reaccionar a estas sorpresas. He tardado bastante en darme cuenta de esto, pero ahora siempre estoy dispuesto a hacer cambios grandes en un cuadro, aunque la sesión ya esté bastante avanzada, e incluso aunque signifique deshacerme de algo que creía que me gustaba. No intento "acabar" ninguna parte antes del conjunto y anticipo que tendré que arreglar algunas cosas a medida que mi entendimiento de la escena crezca con el tiempo.

Algunas herramientas de Procreate pueden ayudar con los ajustes grandes; puedes seleccionar con rapidez elementos para reposicionarlos, cambiar su tamaño y transformar la perspectiva. De manera similar, puedes utilizar los ajustes Tono, Saturación y Curvas en una selección o capa para reaccionar a problemas de colores y valores en tu obra. Para mí, es habitual revisar algunas elecciones sobre el color de esta manera a medida que profundizo en mis observaciones.

La otra cara de la moneda es que, si no tienes cuidado, las comodidades digitales pueden hacer que el cuadro sea más difícil de ajustar. Los principales culpables son las capas y los modos de fusión. Cuando utilizas demasiadas capas e intentas mantenerlas organizadas, sobre todo con los modos de fusión en escena, acaba siendo tedioso hacer cambios grandes en todas esas capas. Eso te ralentizará o te quitará las ganas de hacer esos cambios. En cualquier caso, las herramientas se habrán convertido en un obstáculo, en vez de en una ayuda. Te recomiendo que acoples las capas con frecuencia al ir avanzando o, simplemente, que estés dispuesto a "romper" tu pila de capas pintando encima de todo.

Uso de la herramienta **Curvas** para ajustar los valores en la capa del suelo.

AIRE LIBRE VIRTUAL

También puedes practicar la pintura de paisajes de forma virtual. En los últimos años, muchos artistas han estado utilizando mapcrunch.com para encontrar y pintar ubicaciones aleatorias de Google Street View de todo el mundo. Trabajé mucho con esta pintura "al aire libre virtual" durante la primera parte de la pandemia de COVID. Poder "caminar" por una ubicación en Street View para encontrar tu propia composición hace que produzca una sensación más similar al entorno real que la que se consigue con un estudio fotográfico. También me gusta mucho la naturaleza aleatoria y espontánea de los escenarios que ofrece Street View.

La pintura al aire libre virtual puede ser una forma genial de ganar confianza y perfeccionar tu flujo de trabajo con la pintura observacional. Como no tienes que preocuparte de los cambios de luz, puedes utilizar estudios al aire libre virtual para explorar nuevas técnicas de representación, experimentar con la estilización y estudiar sujetos diferentes que normalmente no te encontrarías. Ten en cuenta que cada

vez que pintas fijándote en una foto, estás limitado por la información del color y la luz que pudo capturar la cámara. Las cámaras no pueden capturar una gama de luz y oscuridad tan amplia como nuestros ojos, y los colores que podemos percibir con riqueza en persona a menudo parecen apagados o se pierden por completo en una foto. Cuando estamos en el lugar,

podemos sentir, oír y oler la ubicación; todos estos sentidos pueden contribuir de manera subconsciente al modo en que nos hace sentir una escena y en cómo expresamos eso en nuestra pintura. Aun así, recomiendo los estudios al aire libre virtuales; me han ayudado mucho a pulir mi proceso de pintura. ¡Pero no olvides salir y disfrutar también de la pintura al aire libre real!

Seúl, Corea del Sur, 2022: en esta me obligué a utilizar solo un pincel simple y plano: una práctica muy valiosa.

Tumbes, Perú, 2021: pinté esto para una demostración en una clase y creo que es uno de mis favoritos hasta la fecha.

Senjahopen, Noruega, 2021: una de mis primeras pinturas al aire libre virtuales, que realicé durante el confinamiento a principios de 2021.

DEL AIRE LIBRE A LA IMAGINACIÓN

La pintura al aire libre puede ayudarte a mejorar también tu trabajo imaginativo. Ganarás precisión en la elección de los colores, la estructura de los valores y la perspectiva con el tiempo y la práctica. A medida que aprendas a dar credibilidad a una pintura observacional, aprenderás a buscar las mismas cosas en tus trabajos imaginativos.

Una gran parte de la pintura es la resolución de problemas y la pintura al aire libre es una manera estupenda de practicar cómo solucionar diferentes problemas en tu trabajo. Siempre estoy buscando formas de comunicar más con menos movimientos. Cuando encuentro un atajo para algo con lo que estoy contento en mis pinturas al aire libre, llevo esa idea abreviada directamente a mi trabajo imaginativo y profesional. Por ejemplo, cómo utilizo un pincel determinado para indicar las muescas de la corteza de un árbol o la manera en que pinto los lados sombreados de montañas lejanas como un solo patrón. Me parece que es más fácil llegar a estas soluciones cuando estoy haciendo pinturas al aire libre, porque estoy estudiando el sujeto directamente y el único objetivo es capturarlo bien. Cuando se trabaja en una ilustración o pieza conceptual difícil, es genial poder recurrir a esta biblioteca existente de técnicas que he perfeccionado mientras practicaba la pintura al aire libre.

La pintura al aire libre también puede entrenarnos para utilizar referencias de manera más efectiva en nuestro trabajo imaginativo. Cuantas más cosas somos capaces de observar en la referencia, como hacemos durante un estudio al aire libre, mejor podemos aplicar y ajustar esas observaciones para que encajen en nuestra propia pintura. A menudo, trabajo con una obra de referencia para el ambiente y la iluminación generales y otras obras de referencia para el sujeto real de mi trabajo. Con este enfoque, dibujas y compones la escena guiado por tu referencia del sujeto cuando es necesario, pero pintas la luz y la atmósfera guiado por la referencia de iluminación.

Exploring the Ruins, 2019: todos los pinceles personalizados que utilicé aquí para el follaje se desarrollaron primero en excursiones de pintura al aire libre.

Proxima, 2019: en esta ilustración, apliqué técnicas que descubrí a través de entornos de cañones con la pintura al aire libre.

¡AHORA, SAL A PINTAR!

Si es tu primera vez pintando paisajes digitales o intentando pintar al aire libre, te animo a que te lo tomes con calma y seas paciente contigo mismo. Mantén los sujetos y la composición simples, y concéntrate en la diversión. Tal y como yo lo veo, si estás pintando en el exterior en algún sitio bonito, ya has ganado. Este libro contiene muchísima información útil para ayudarte en tu viaje por la pintura de paisajes. Sin embargo, no hace falta que lo absorbas todo a la vez. Con un libro como este, recomiendo leer un poco,

Parque nacional Torres del Paine, 2022: se trata de un paisaje que pinté basándome en fotos que saqué y mis recuerdos de la luz.

salir a pintar y, después, leer otro poco. De este modo, cada vez que pintes contarás con unas pocas ideas más para cosas que puedes probar. Quizá en cada salida puedas experimentar con las técnicas de un artista diferente de los que aparecen en estas páginas. Cada vez que vuelvas a este libro, tendrás un recuerdo reciente de tu última experiencia con la pintura para ayudarte a profundizar tu comprensión de estas lecciones.

TUTORIALES

OTOÑO EN HOUGHTON

POR ERIC ELWELL

ERIC DICE: *"A menudo, el objetivo de una pintura al aire libre es capturar la esencia del momento: en este caso, una mañana fresca y el cambio de estación. Estos árboles con hojas naranjas vibrantes en Houghton, Nueva York, ofrecen una oportunidad perfecta para practicar cómo capturar el color, la luz y las texturas variadas de una escena de la naturaleza en otoño".*

APRENDE A:

- **Acercarte a una escena con follaje compleja con simplicidad.**

- **Usar con eficiencia pinceles con texturas para la pintura al aire libre.**

- **Crear ilustraciones preparadas para impresiones artísticas desde la configuración hasta el proceso de limpieza.**

- **Gestionar tu proceso para incluir las necesidades de los archivos con formatos grandes.**

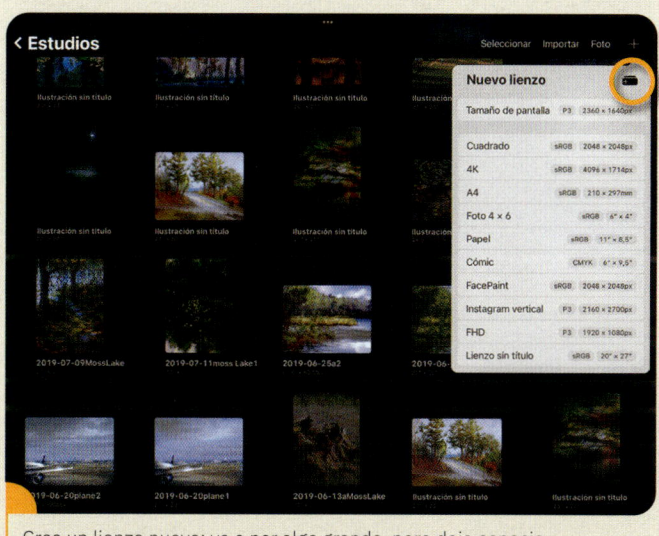

Crea un lienzo nuevo; ve a por algo grande, pero deja espacio en tu límite de capas.

01

Tienes una ubicación y estás listo para pintar. ¡Genial! Lo primero que necesitas es configurar el lienzo para una buena sesión. Si te gustaría realizar una impresión artística de tu cuadro, tendrás que aumentar el tamaño del lienzo. Sin embargo, para garantizar una experiencia fluida y receptiva, Procreate limita el número de capas en función del tamaño del lienzo. En un iPad Pro de primera generación, un lienzo de 27 pulgadas de alto × 20 pulgadas de ancho, a 300 ppp, permitirá 7 capas. Eso es espacio suficiente para recortar e imprimir, y solo necesitas 7 capas para este proyecto. Así pues, selecciona el icono Nuevo lienzo en la parte superior derecha y configura el tamaño y la resolución.

02

Ahora ya está todo configurado, pero necesitarás mantener la organización para gestionar el límite de capas. No dejes que eso obstaculice lo que es importante: la pintura. Aplica el color del cielo utilizando el relleno del color de fondo: toca la capa **Color de fondo** en la pila **Capas** y elige un azul claro. Eso ayuda a mantener libre una capa más en tu pila limitada. Abre la **Biblioteca de pinceles** y selecciona **Retro>Rad**, un pincel duro y moteado. En una capa nueva, utilízalo para aplicar las masas de follaje con un azul grisáceo oscuro. Haz pinceladas grandes y suaves utilizando el codo y el hombro, más que la muñeca.

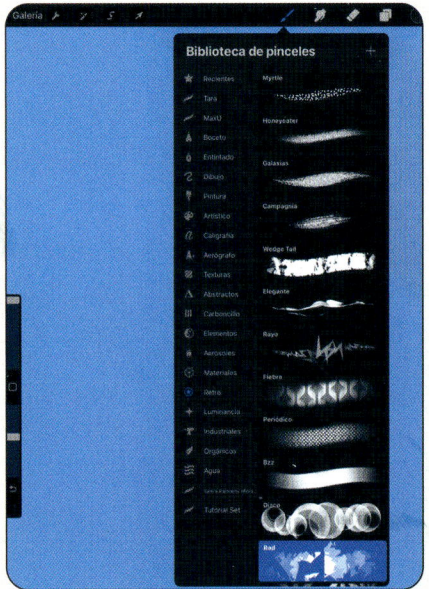

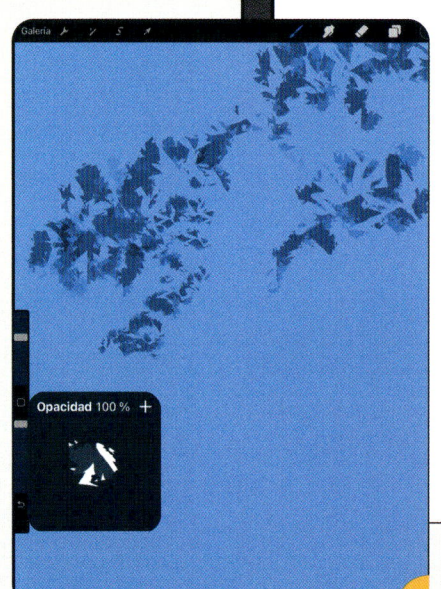

Aplica el color de las formas grandes, dejando que el pincel **Rad** se ocupe de romper los bordes.

03

Varía el tamaño del pincel mientras aplicas la copa de los árboles. Ten cuidado con la opacidad: una opacidad muy baja creará una imagen turbia a medida que se acumulen las capas. Ahora tienes que ser capaz de habilitar el bloqueo alfa para evitar pintar fuera de las formas existentes y la opacidad de las capas. Abre el menú **Capas** y selecciona **Bloquear alfa**. Un fondo de cuadros en la vista previa de la capa confirma el bloqueo. Si quieres un atajo, solo tienes que colocar dos dedos en la capa en la pila y deslizar a la derecha. Empieza a añadir parches de follaje amarillo y te darás cuenta de que la pintura en esta capa solo se aplica donde has pintado con anterioridad.

Aplica **Bloquear alfa** a tu capa para preservar los bordes y la opacidad a medida que añades color.

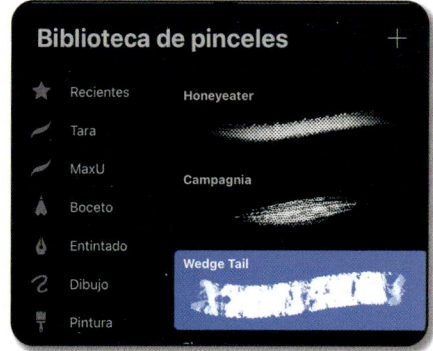

Aplica de forma relajada los colores del primer plano y los arbustos en dos capas separadas.

04

Ahora puedes desarrollar el primer plano y el fondo para hacerte una idea de adónde va esta composición. Configura una capa nueva para el primer plano y dale algo de color: verdes y marrones, dejando un espacio para un sendero. Cambia al pincel Retro>Wedge tail, un pincel con textura con un borde más suave que es perfecto para los arbustos del fondo. Aplica estos en otra capa usando un color marrón verdoso

medio. Mantén la pila de capas limpia y ordenada; solo hacen falta tres capas para separar estos elementos importantes. Puedes llamarlas "Foreground" (primer plano), "Midground" (plano medio) y "Background" (fondo) (aparte de la capa Color de fondo azul), como se muestra aquí. La separación resultará útil cuando empieces a desarrollar la sensación de espacio.

Las pinceladas eficientes con un pincel con estilo de rastrillo pueden rellenar con rapidez la mayor parte de los troncos de los árboles.

05

Puedes empezar a rellenar la escena pintando detrás de las referencias de tus capas iniciales. Utiliza las capas inferiores para pintar por detrás del camino y la mitad inferior del lienzo. Esto te permite separar el camino y hacer ajustes con facilidad. Crea una capa nueva llamada "Tree BG" (fondo árbol) entre las capas Background y Midground. Aquí, rellena los lados de la parte trasera con sombra de las copas detrás del follaje que has pintado antes. Utiliza un pincel similar a un rastrillo, como Entintado>Thylacine, para aplicar una masa rápida de troncos de árboles. Esta etapa es abstracta y texturizada, así que unas pinceladas rápidas deberían bastar para crear la impresión general de los troncos de los árboles.

06

En este punto, puedes empezar a incorporar algunas pincela-das más duras. Cambia a un pincel de entintado opaco, como **Entintado>Tinderbox**, para pintar siluetas de troncos de árboles más detalladas y deliberadas. Presta atención tanto a lo que ves en el sitio como al modo en que estás integrando marcas nuevas en el lienzo con las referencias de las copas que has pintado antes. Puedes ocultar las otras capas para ver esto de forma aislada, pero evita añadir demasiado sin que sean visibles todas las capas. Pintar es un acto equilibrador de relaciones entre partes, así que es importante mantener la escena completa a la vista.

Perfecciona las siluetas de los árboles usando un pincel de entintado opaco.

07

Ahora puedes añadir libremente una pintura subyacente que se verá a través de los espa-cios de tu capa Foreground. Para ello, puede que te convenga ocultar algunas capas para aislar el fondo. Uno de los mayores beneficios de trabajar con capas digitales es que puedes ajustar la pintura subyacente en cualquier momento durante el proceso. Añade un color grisáceo claro para rellenar la zona del camino y unos marrones más oscuros para la tierra y el suelo. Después, pasa a la capa Tree BG y perfecciona las siluetas del follaje. Un pincel de entintado relativamente áspero, como **Entintado>Inka**, debería servir; con un arco pequeño y un giro rápido, puedes capturar el gesto de las ramas estirándose hacia la luz del sol. Puedes hacer una prueba en un lado antes de decidirte definitivamente.

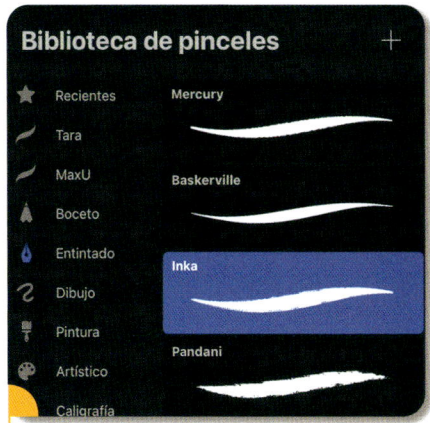

Utiliza la pintura subyacente cuando perfecciones la silueta de las copas.

08

Sigue desarrollando la silueta del fondo hasta que hayas capturado el efecto general de los árboles otoñales altos. Ahora que
el lienzo está relleno con color y las formas principales están en
su sitio, puede que quieras hacer una pausa para valorar la dirección del cuadro. No ocultes ninguna capa y evalúa las formas y las
relaciones entre ellas. Busca formas que podrían ser más claras,
bordes que sean demasiado fuertes o líneas guía que no lleven al
espectador a ninguna parte. Valora hacia dónde se dirige tu vista y
hacia dónde preferirías que se dirigiese. Determina qué ajustes te
gustaría hacer.

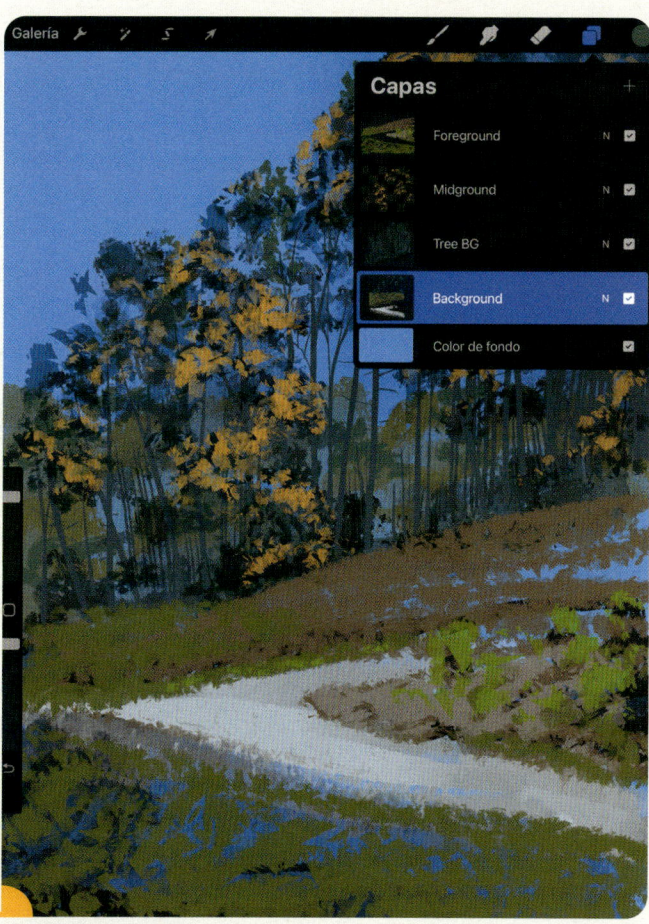

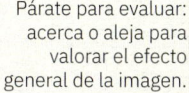
Párate para evaluar:
acerca o aleja para
valorar el efecto
general de la imagen.

Utiliza la herramienta **Dedo** con un pincel de borde duro
para mantener la textura mientras remodelas y fusionas.

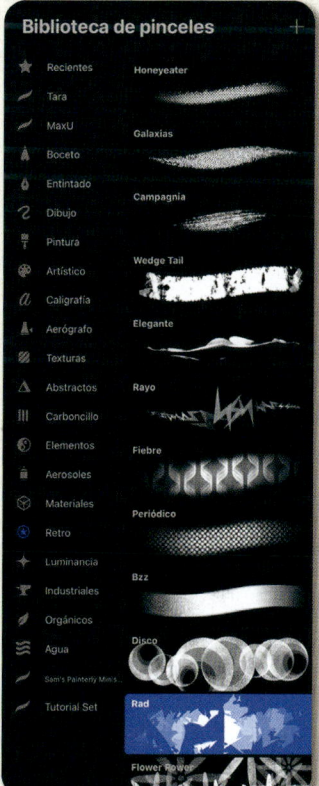

09

Cuando hagas la evaluación, puede que
sea adecuado buscar simplemente partes
que te molesten y empezar a arreglarlas.
Sin embargo, aunque muchos cuadros
pueden mejorarse de ese modo, deberías
tener siempre en cuenta la relación entre
todas las partes; eso es más importante
que los detalles individuales. Dicho esto,
puedes empezar por pulir la forma del
camino, dándole un ángulo más claro y una
perspectiva mejor. Puedes hacerlo utilizando la herramienta **Dedo** para remodelar
o suavizar los bordes donde sea necesario.
Puede que te interese configurarla como
un tipo de pincel que tenga bordes duros
e irregulares, como **Retro>Rad**, para mantener bordes texturizados mientras añades
y mezclas.

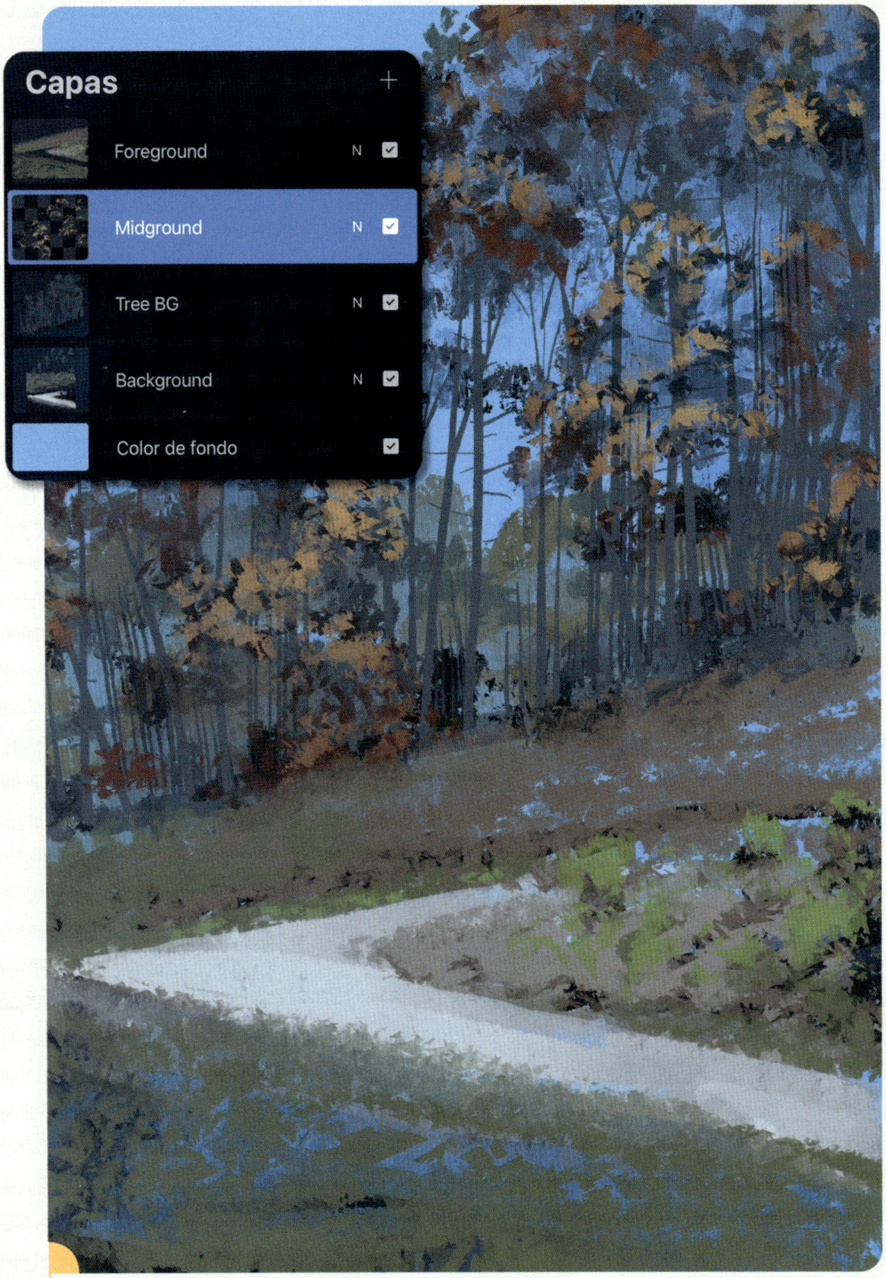

Capas

	Foreground	N	☑
	Midground	N	☑
	Tree BG	N	☑
	Background	N	☑
	Color de fondo		☑

Incorpora gradaciones de color mezcladas dentro de las formas de los árboles.

10

Además de evaluar la forma, tienes que considerar el uso del color en la composición. ¡Esos toques de amarillo se sienten solos! Podrías fortalecer las relaciones entre los colores de la imagen con gradaciones fusionadas que guíen al ojo hacia abajo por las formas abstractas de las ramas en cascada. Ahora también sería un buen momento para incluir algunos colores otoñales. Así pues, para capturar la intensidad de las hojas en otoño, vuelve a la capa Midground y utiliza **Aerógrafo>Pincel extrasuave** para crear un desvanecimiento de amarillo dorado a rojo anaranjado cálido y apagado. Esto creará un bonito contraste con el cielo azul, ya que el azul y el naranja forman un par complementario. Usar Bloquear alfa en esa capa ayudará a mantener limpios los bordes y formas de las copas a medida que añades y mezclas color.

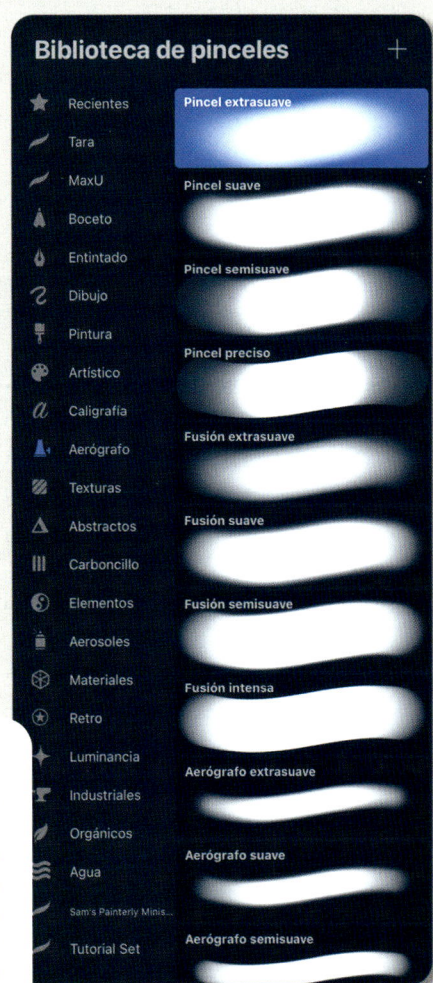

Biblioteca de pinceles

★ Recientes	**Pincel extrasuave**
Tara	
MaxU	Pincel suave
Boceto	
Entintado	Pincel semisuave
Dibujo	
Pintura	Pincel preciso
Artístico	
Caligrafía	
Aerógrafo	Fusión extrasuave
Texturas	
Abstractos	Fusión suave
Carboncillo	
Elementos	Fusión semisuave
Aerosoles	
Materiales	Fusión intensa
Retro	
Luminancia	Aerógrafo extrasuave
Industriales	
Orgánicos	Aerógrafo suave
Agua	
Sam's Painterly Minis...	
Tutorial Set	Aerógrafo semisuave

ERIC DICE: *"Hasta ahora, has aprendido a gestionar tu proyecto para mejorar las opciones de edición e impresión. Te has centrado en una pila de capas limpia y concisa, ¡pero recuerda mantener la flexibilidad! Explora ideas. Sé rápido, gestual y abierto a cometer errores. Las herramientas y los procesos específicos pueden aumentar la eficiencia, pero el objetivo final es una imagen bien comunicada. En esta etapa, estás creando una base. Puedes responder a lo que ves en el lienzo y comparar con lo que ves en la ubicación. Las herramientas y los procesos son solo medios para ayudarte a comunicar lo que capta tu atención".*

11

Ahora ya tienes una base estructural sólida por la que puedes responder. Después de haber evaluado lo que ves en el lienzo, ¿qué te parece importante en comparación con lo que ves en la ubicación? Quizá es hora de empezar a intensificar y atraer la atención hacia esas estructuras de hojas naranjas y amarillas. En lo que respecta al color y la forma, los colores de hojas ubicados en las copas de los árboles de la capa **Midground** podrían beneficiarse de una forma más completa y una silueta simplificada. Coge tu pincel **Rad** irregular y pinta algunos parches de bordes duros de hojas de otoño cayendo en cascada por la forma más grande de la copa.

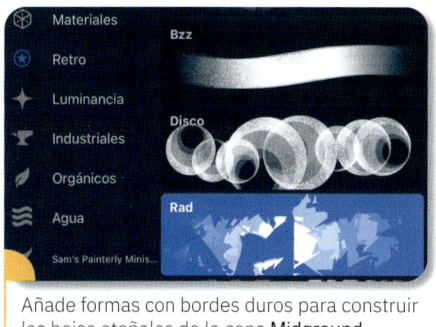

Añade formas con bordes duros para construir las hojas otoñales de la capa **Midground**.

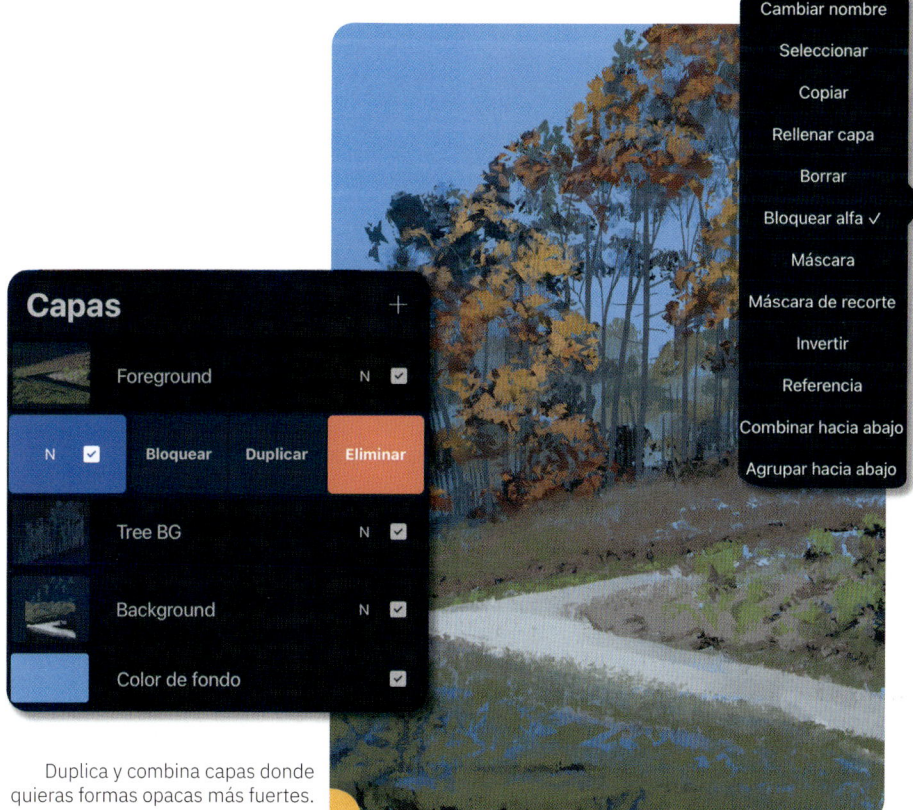

Duplica y combina capas donde quieras formas opacas más fuertes.

12

Si te parece que a la opacidad de tus bloques de color le falta intensidad, puedes aprovechar otro aspecto conveniente del software digital. En la pila de capas, desliza la capa hacia la izquierda y selecciona **Duplicar**. Toca en la duplicada y selecciona **Combinar hacia abajo**. Los resultados son colores más nítidos y fuertes. Una opacidad fuerte ayuda a evitar que las imágenes queden turbias. ¡Estás clarificando la imagen yendo forma de color por forma de color!

13

A medida que continúas centrándote en el plano medio, debes asegurarte de controlar el rango de valores del resto de la imagen. Mantén el fondo y el primer plano comparativamente bajos en contraste, ya que son menos importantes para el espectador. Reserva los valores más oscuros y más claros para fases posteriores. Puedes reducir el contraste del fondo pintado bajando la opacidad de la capa, fusionándola con el relleno azul de Color de fondo. Para ello, ve al menú Capas y suaviza los árboles del fondo tocando la N al lado de la casilla de verificación para activar o desactivar la visibilidad individual y bajando el deslizador Opacidad. El atajo gestual para Opacidad es un toque con dos dedos en la capa (y otra vez para descartar). Ahora, crea una capa nueva llamada "Main Tree" (árbol principal) en la parte superior de la pila, donde aislarás un árbol como foco de atención. Pinta el tronco usando un marrón grisáceo claro y un pincel sólido con textura, como **Entintado>Inka**.

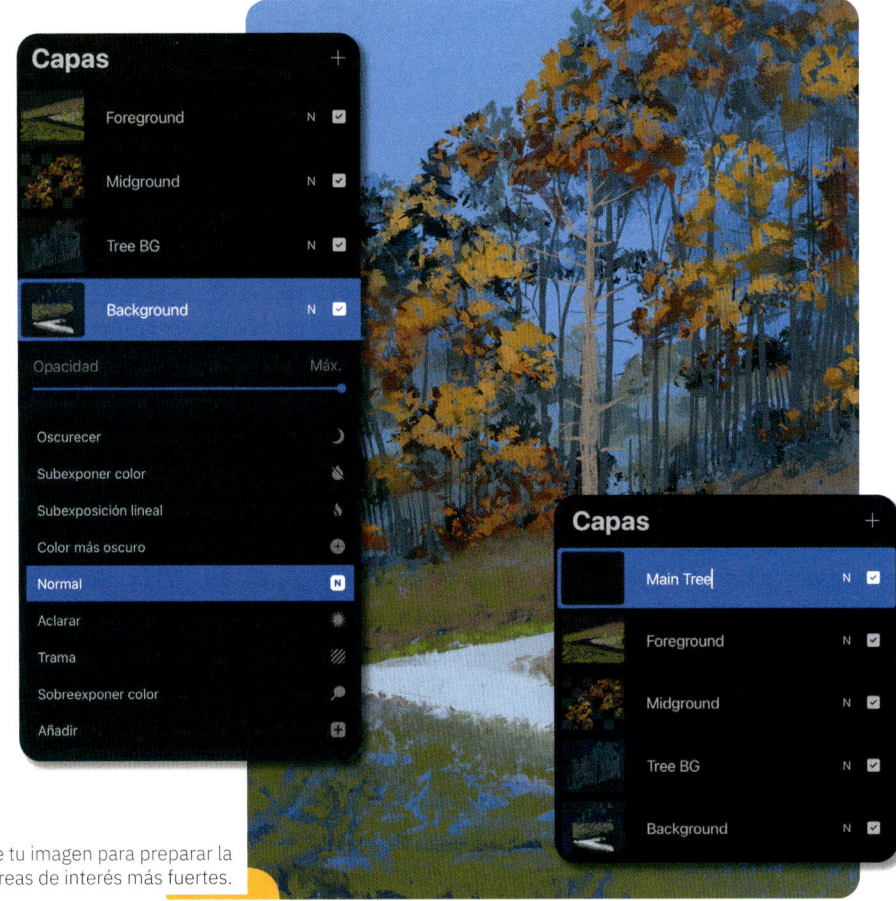

Equilibra el contraste de tu imagen para preparar la creación de áreas de interés más fuertes.

14

Ya has pintado la silueta de Main Tree con algunas ramas más detalladas. Ahora, aplica Bloquear alfa a la capa y empieza a pintar una gradación de color y valor que integre la forma en las copas y el plano del suelo. Puedes alternar entre tonos cálidos y fríos, como puntos finos ocasionales de saturación intensa. Incorpora las sombras de las ramas para crear roturas en la gradación a través de una variedad de bordes duros y suaves. Estas técnicas ayudarán a hacer que esta zona sea más interesante a nivel visual. Pon cuidado en comparar el contraste de esta zona con el naranja brillante de las hojas cercanas, de manera que el árbol destaque de manera distintiva en forma y color sin que parezca que está fuera de lugar.

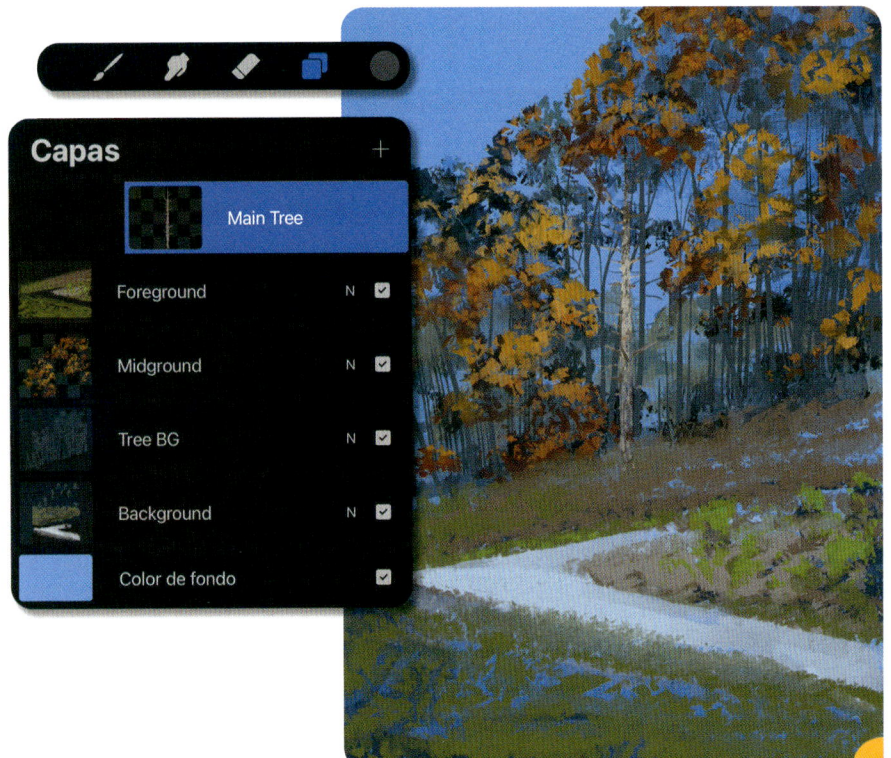

Emplea contraste de color, valor, borde y forma para desarrollar un foco de atención.

15

Ahora que ha empezado a emerger el foco de atención, evalúa las relaciones en el lienzo una vez más. ¿Cómo interactúa el plano del suelo con los árboles? Podrías añadir más vida a esta parte del lienzo eligiendo troncos más pequeños y ligeros que ayudarán a solidificar el plano del suelo. Usa la capa Foreground para hacerlo, añadiendo troncos pequeños y garabateando algunas hojas amarillas por el suelo. Recuerda ser flexible y mantener un nivel alto de energía. Es demasiado pronto en el proceso para ser restrictivo. Un equilibrio saludable entre una intencionalidad medida y una irreverencia "caótica" puede ayudar a capturar una vivacidad y un gesto que lleguen a la imagen final.

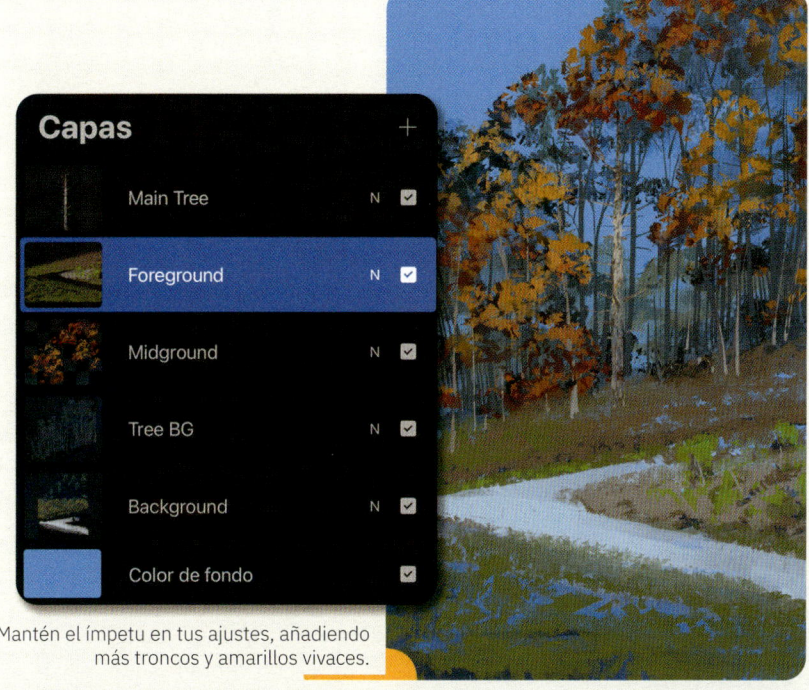

Mantén el ímpetu en tus ajustes, añadiendo más troncos y amarillos vivaces.

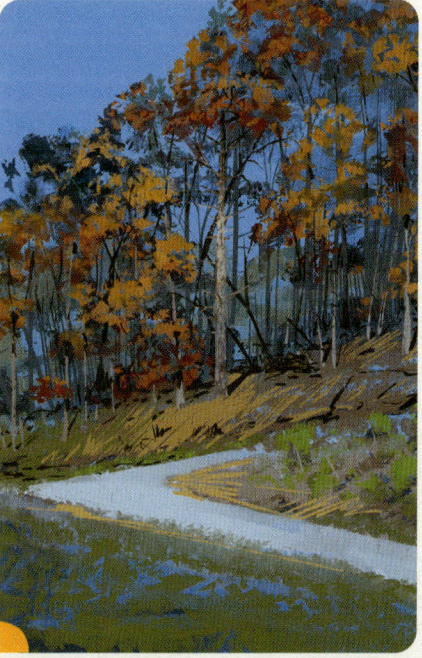

Pinta sombras proyectadas duras para establecer una sensación de espacio y forma.

16

Ahora, necesitas asentar tus objetos en el espacio con sombras. Crea una capa nueva llamada "Shadows" (sombras) encima de la capa Foreground; usa **Entintado>Inka** para establecer sombras marrones duras en puntos de contacto, como el suelo o donde las ramas se unen al tronco. Las sombras son un elemento muy potente para definir formas y establecer el espacio. Pinta las sombras proyectadas desde las copas y varíalas desde las siluetas de los árboles más claras que aparecen en la parte de atrás en el espacio.

17

Una vez que las sombras proyectadas de bordes duros estén en su sitio, usa un pincel más blando, como **Artístico>Hartz**, para las sombras difusas, que denotan una distancia mayor y el giro de las formas redondeadas. Tanto las sombras duras como las blandas son indicadores importantes de las condiciones de iluminación y el giro de las formas. A pleno sol, los objetos proyectan sombras duras que se contorsionan según las formas sobre las que caen. Las sombras tienden a suavizarse a medida que aumenta la distancia entre el objeto que proyecta la sombra y la forma sobre la que cae esa sombra. Con sombras blandas proyectadas en primer plano, puedes aludir a árboles lejanos detrás del espectador. Para las sombras blandas, no hace falta que tengas tanto cuidado con las formas. Simplemente aplícalas como un bloque y descomponlas usando la herramienta Dedo configurada como **Retro>Rad**.

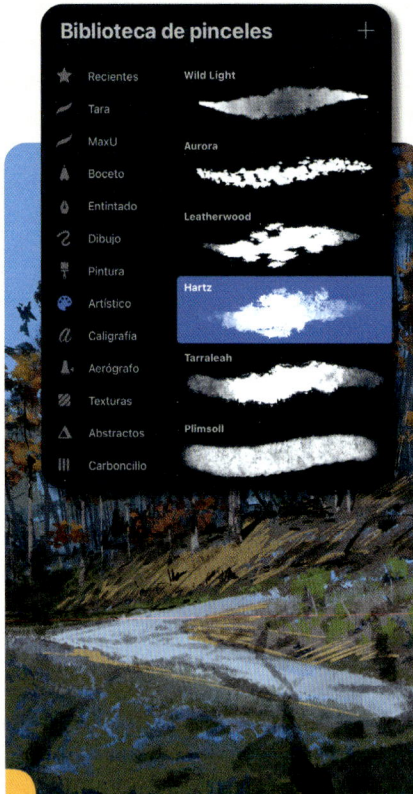

Proyectar sombras blandas en primer plano ayuda a desarrollar la ilusión de espacio.

18

¿Te acuerdas de que has reservado los valores más oscuros y los más claros? Ha llegado el momento de utilizarlos. Una manera simple y controlada de manipular el contraste es con una capa Overlay (superposición). Crea una capa nueva y toca la **N** (para el modo **Normal**) en el menú **Capas**. Selecciona Superposición en las opciones de modos de fusión. Con Superposición, los valores por encima del gris medio intensificarán su brillo, mientras que los valores por debajo del gris medio se oscurecerán. Si es la primera vez que usas Superposición, empieza con el gris, introduciendo poco a poco tono y saturación extra. Pruébalo ahora. Puedes llevarlo hasta el extremo al principio y recuperar la opacidad original después.

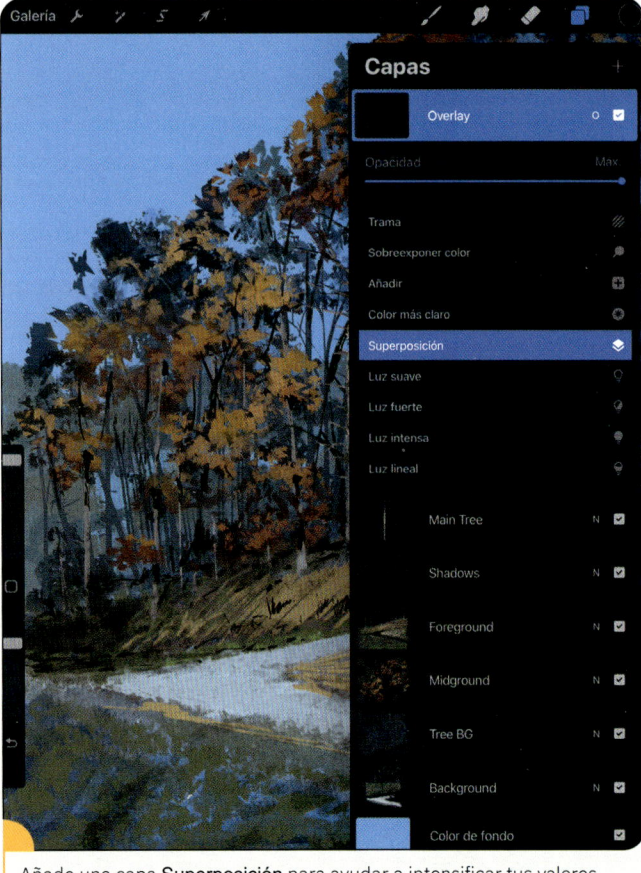

Añade una capa **Superposición** para ayudar a intensificar tus valores.

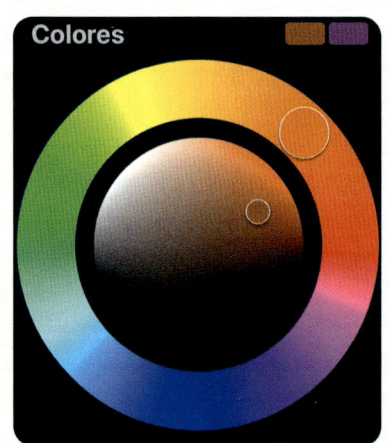

19

¿Has recopilado toda la información necesaria en la ubicación? Deberías haber capturado las principales referencias, áreas de interés, condiciones de iluminación, espacio, colores y texturas que producen el efecto general del otoño. A menos que haya algo más que despierte tu interés, haz una pausa hasta que hayas vuelto al estudio. Con la vista descansada, puedes hacer ajustes para mejorar la imagen. Por ejemplo, podrías modificar la forma del fondo para contrarrestar la composición diagonal. Selecciona **Transformar>Libre** y, después, toca y mantén la esquina de la capa Tree BG hasta que se mueva de forma independiente, llevando el ángulo un poco hacia arriba. Usa **Ajustes>Tono, Saturación**, **Brillo** para realzar el color de la capa del fondo pintado. Para atenuar el cielo a un azul más realista, prueba a cambiar el relleno de la capa Color de fondo.

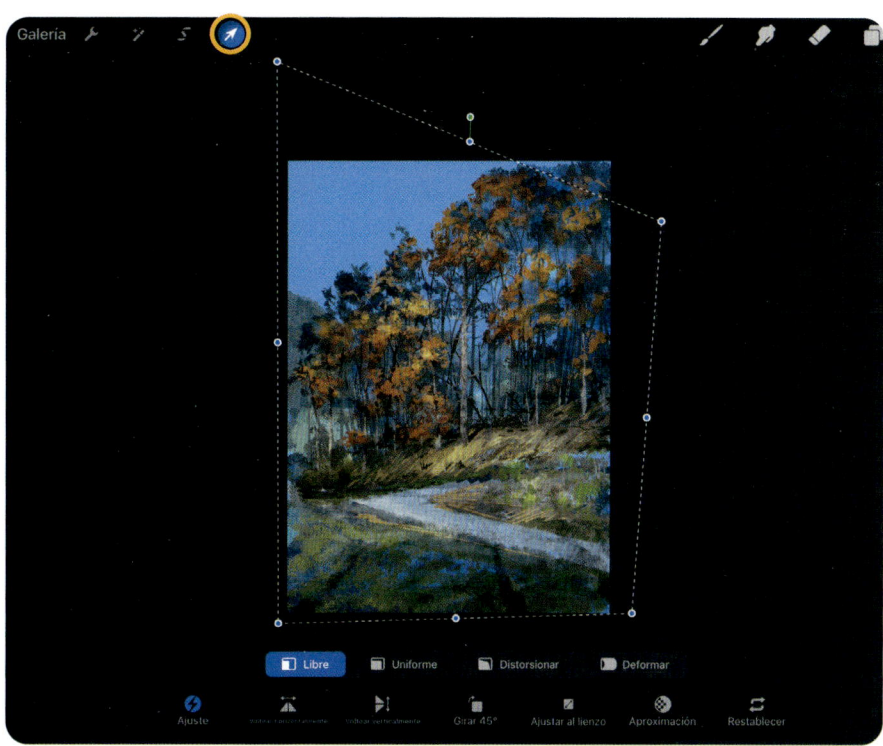

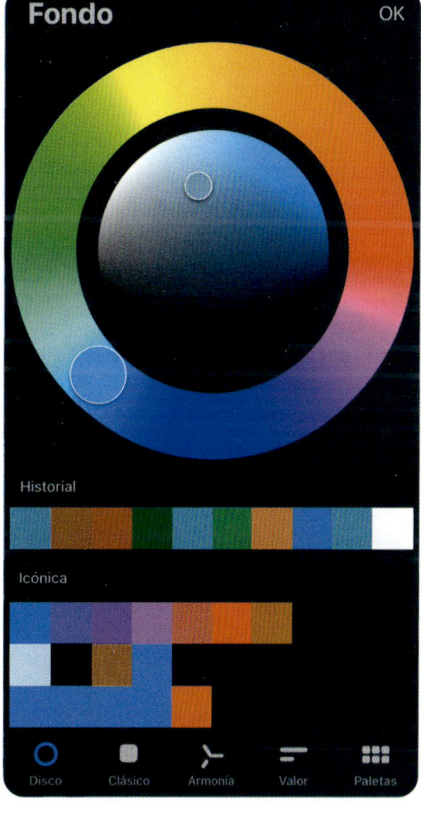

Ajusta la imagen en tu estudio con la herramienta **Transformar** y los ajustes Tono, Saturación, Brillo.

20

Sigue con los ajustes Tono, Saturación, Brillo (HSB) en la capa de las siluetas de los árboles para reequilibrar los valores con el nuevo color del cielo. Para ajustes más precisos en la capa Midground, usa **Ajustes>Curvas**; puedes utilizar el histograma para aumentar o reducir la intensidad en áreas seleccionadas de la imagen. Cambia de Gamma a los canales de color RGB individuales para modificar la mezcla de color en rangos de valores seleccionados; esto te permite modificar los colores a medida que los valores se atenúan de claro a oscuro. Usa Tono, Saturación, Brillo y Curvas para perfeccionar también las sombras, pero ten en cuenta que la información del color puede comprimirse hasta un punto sin retorno.

Perfecciona la imagen y la paleta con los ajustes Tono, Saturación, Brillo y Curvas.

21

Puedes experimentar más con los ajustes de tu paleta de colores para explorar diferentes impresiones de la escena. Por ejemplo, puedes dar un verde más rico y profundo al suelo del bosque para que contraste con las copas naranjas otoñales. Con la capa Foreground seleccionada, crea otro ajuste Curvas. Selecciona el canal Azul y restringe los valores oscuros a la parte inferior. Eso eliminará todo el azul de las sombras, dejando solo el rojo y el verde. El resultado es un color más rico en la hierba. Ahora, selecciona tu capa Superposición y toca con dos dedos para ajustar la opacidad a tu gusto. Aplica un ajuste Tono, Saturación, Brillo a la capa Superposición para aumentar el brillo general de la imagen, para que la zona de la hierba no quede demasiado oscura.

Explora la variedad de opciones de la paleta alternando los canales de color con ajustes en **Curvas**.

ERIC DICE: *"Al preparar el foco de interés, has creado una base neutral con un contraste comparativamente bajo en el fondo y el primer plano. A partir de ahí, has podido desarrollar áreas de interés con contraste aumentado de color, valor y densidad de detalles. Has creado profundidad y espacio mediante un uso meditado de las sombras duras y blandas. La adición de una capa Superposición y algunos efectos de ajustes te han permitido establecer un contraste mayor y empezar a componer la imagen final. ¡Ya casi estamos!".*

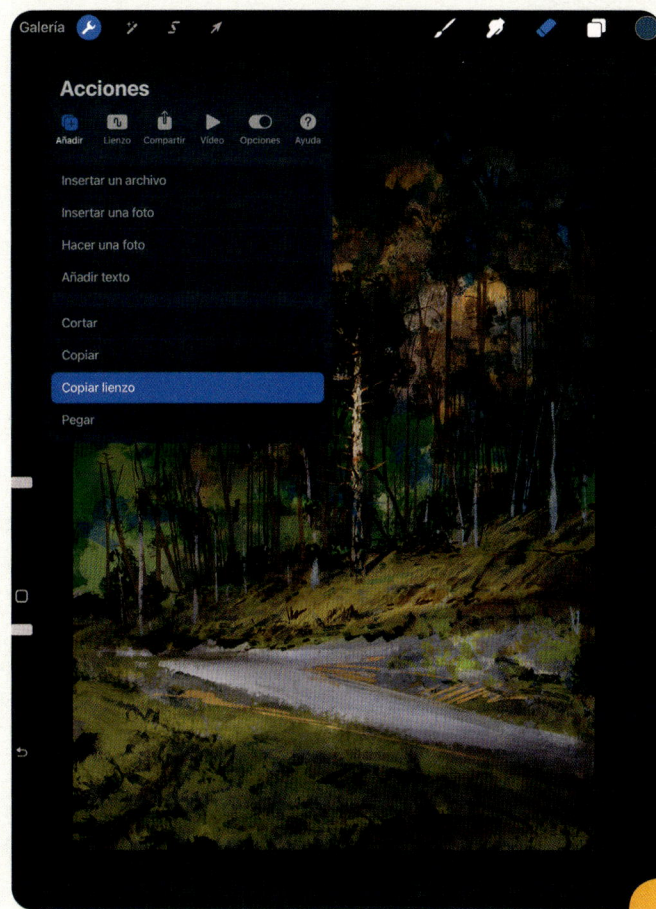

22

No todos los ajustes pueden realizarse con deslizadores. Tendrás que utilizar un pincel para ligar la imagen final. Salpica un poco de naranja en la capa Foreground para crear una asociación con los colores otoñales de la Midground. Crea una capa nueva debajo de todo lo demás y aplica con aerógrafo una atmósfera gris clara en el cielo. Te conviene hacer una copia del lienzo antes de realizar los ajustes finales. Para ello, primero oculta las capas Color de fondo azul y Midground, para poder manipularlas por separado. Toca **Acciones>Añadir>Copiar lienzo** y, después, **Pegar** para crear una capa duplicada Imagen insertada, que puede quedarse en la parte inferior de la pila como copia de seguridad.

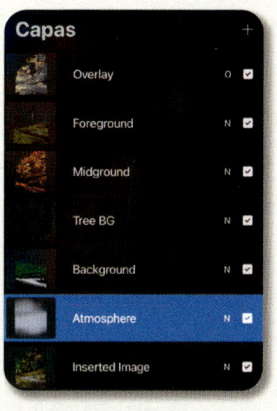
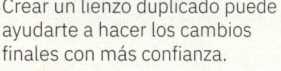

Crear un lienzo duplicado puede ayudarte a hacer los cambios finales con más confianza.

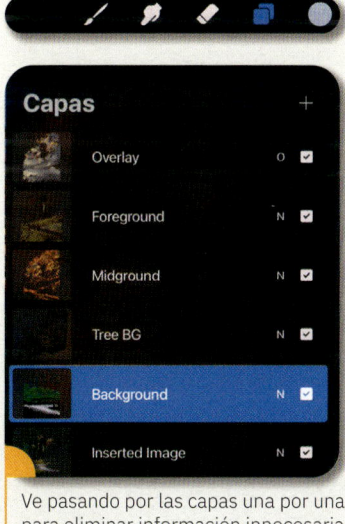

Ve pasando por las capas una por una para eliminar información innecesaria.

23

Pasa por cada capa con el deslizador de opacidad para medir su efecto en la imagen general. Puede que notes que una capa presenta compensaciones en algunas regiones del lienzo. Toma nota de ellas y prepara la herramienta Borrar con una opción texturizada. Si hay alguna zona que quite calidad a la imagen, quítala con Borrar, eliminando el fondo para revelar la capa con niebla atmosférica bajo ella. Quizá no era una mañana neblinosa en la ubicación, pero el efecto en el lienzo es agradable. Sigue ajustando la capa con relleno Color de fondo para explorar diferentes mezclas de colores. Un cielo un poco amoratado podría potenciar el resplandor otoñal cálido.

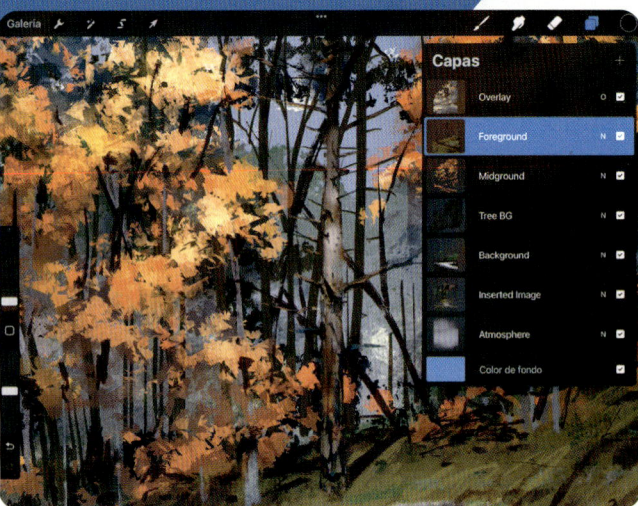

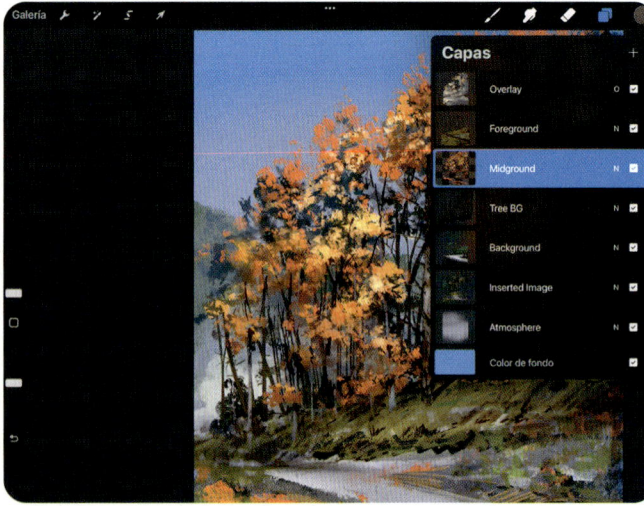

24

Acerca la vista del árbol central. Con Bloquear alfa en la capa Main Tree, crea un giro suave en la forma de los bordes exteriores utilizando un aerógrafo. Esto da al tronco una forma más cilíndrica. Fusiona gradaciones más suaves con el mismo pincel. Estas formas suaves pueden romperse con sombras dentadas para crear bordes más interesantes. Crea contraste entre las formas aclaradas pálidas y los marrones saturados de la corteza. Si vuelves a dar a Color de fondo un azul vívido, saturado y más o menos cálido, la imagen tendrá un acabado más fuerte.

Perfecciona el foco de interés y finaliza el dominante de color de la escena.

CONCLUSIÓN

Esta escena otoñal captura la esencia de un momento, una rotura en las copas con un tronco que destaca en el bosque. Se asienta una base simple dividiendo en regiones para el fondo, el plano medio y el primer plano. La eficiencia del proceso radica en los pinceles texturizados. Un bloque de color de bajo contraste ha proporcionado la base a partir de la cual se puede añadir o quitar contraste en áreas de interés. Por último, el conocimiento de los ajustes ha ofrecido flexibilidad para perfeccionar la imagen final.

MOSS LAKE: La pintura al aire libre nos da la ocasión de disfrutar de una escena simple, como un árbol caído en un estanque aislado; ese tronco se ha pintado varias veces desde diferentes ángulos.

MOSS LAKE 2: Moss Lake es una ubicación de fácil acceso y con buenas sombras; la cobertura del bosque significa que hay muy pocos brillos en la pantalla, lo que hace que sea ideal para la pintura al aire libre.

MOSS LAKE 3: A menudo, las visitas a la misma ubicación presentan temas nuevos e interesantes que se pasan por alto en las primeras excursiones.

MOSS LAKE 4: Como ves, este lago ha sido un sujeto habitual en la pintura; hay mucho que aprender con la repetición en la misma ubicación en condiciones diferentes.

PLAYA ROCOSA

POR KARIN BRANDENBERG

KARIN DICE: *"Uso mucho software 3D para el trabajo, así que pintar entornos naturales y crear estudios al aire libre es el contrapeso perfecto. Esta ubicación está en una playa en Stanley, Hong Kong, un lugar pequeño y tranquilo, bastante oculto, en el que me llamaron la atención las formas suaves de estas rocas grandes, entre sol y sombra".*

APRENDE A:

- Descomponer una escena compleja en formas simples.

- Pintar y estructurar formas con luces y sombras.

- Usar técnicas y herramientas de Procreate que te ayuden a trabajar con eficiencia y mantener la flexibilidad.

01

Empieza por crear un lienzo nuevo de unos 5.000 píxeles de ancho por 3.300 píxeles de alto. Selecciona el pincel **Boceto>Lápiz 6B** en la Biblioteca de pinceles y configura el color como negro. Asegúrate de que el deslizador inferior en la barra lateral vertical, que controla la opacidad del pincel, está configurado en la posición más alta posible. Usa el deslizador superior para configurar el tamaño de la punta del pincel como algo que resulte similar a un lápiz.

La **Biblioteca de pinceles** con el pincel Lápiz 6B seleccionado.

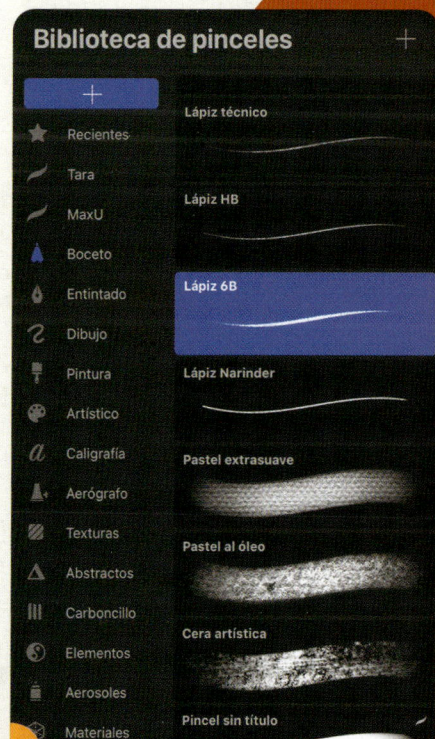

02

Con pinceladas rápidas y relajadas, añade las formas principales de los objetos en la escena con el pincel Lápiz 6B. Simplifica las formas lo máximo posible; no es necesario capturar cada detalle en las rocas y sus siluetas, solo los que más destaquen. Piensa hacia dónde quieres que mire el espectador. Ese será el foco de interés. En este caso, el foco de interés será el grupo de rocas en el centro de la escena. Añade más detalles en esta zona, de modo que la vista del espectador tenga un incentivo para dirigirse ahí. Los siguientes pasos hablarán de herramientas y opciones que resultan especialmente útiles durante esta primera etapa del boceto.

Un boceto simple con formas básicas creado con el pincel **Lápiz 6B**.

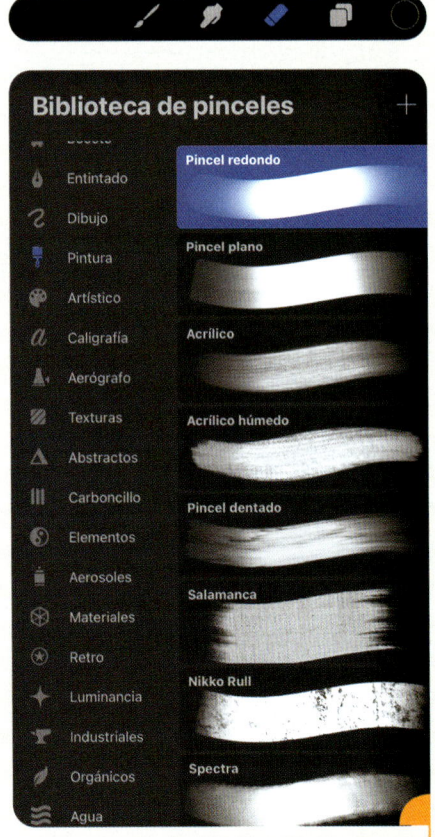

Utiliza las herramientas **Borrar** y **Selección** para corregir errores.

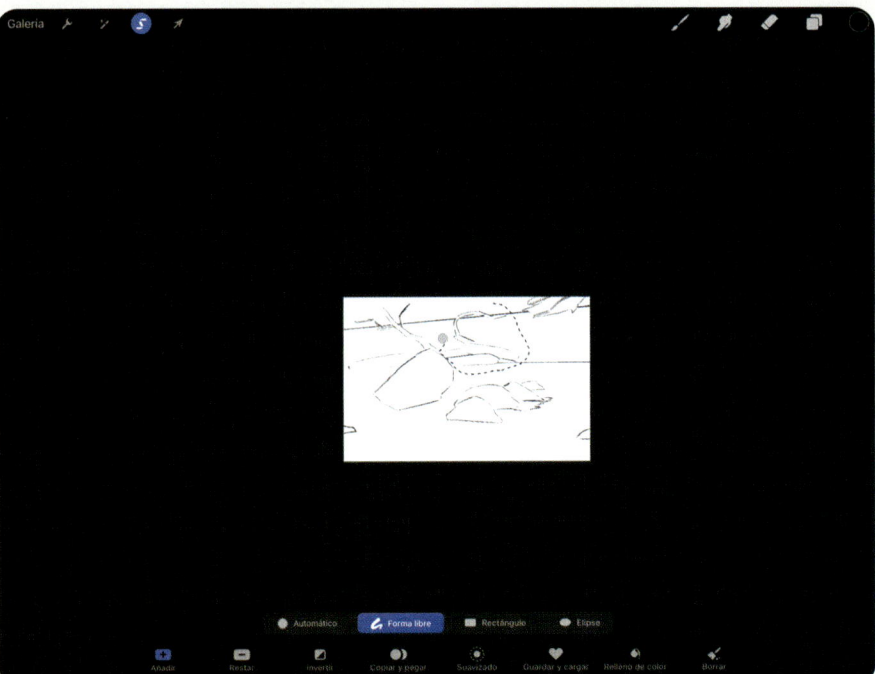

03

Hay muchas maneras de arreglar errores en el boceto si es necesario. Puedes utilizar Borrar, configurado como **Pintura>Pincel redondo** para un trazo limpio y sólido, o puedes modificar el dibujo utilizando las herramientas **Selección>Forma libre** y **Transformar**. Son útiles para mover o cambiar el tamaño de partes de tu boceto que están casi bien. Solo tienes que tocar otra vez en el icono de Selección para deshacer la selección una vez que hayas terminado.

04

Si necesitas dibujar una línea recta, una forma perfecta o una curva suave, dibuja la forma y mantén el pincel pulsado sobre el lienzo. Entonces, Procreate activará QuickShape por ti. Después, puedes editar esa forma haciendo clic en la flecha hacia abajo que aparece en la parte superior del lienzo junto al nombre de la forma. Esto te permitirá tocar y arrastrar los tiradores azules a las posiciones que desees.

No obstante, no te preocupes demasiado porque el boceto esté limpio, pulido o bonito. Intenta mantenerlo lo más parecido posible a un borrador mientras mantienes la precisión respecto a tu referencia.

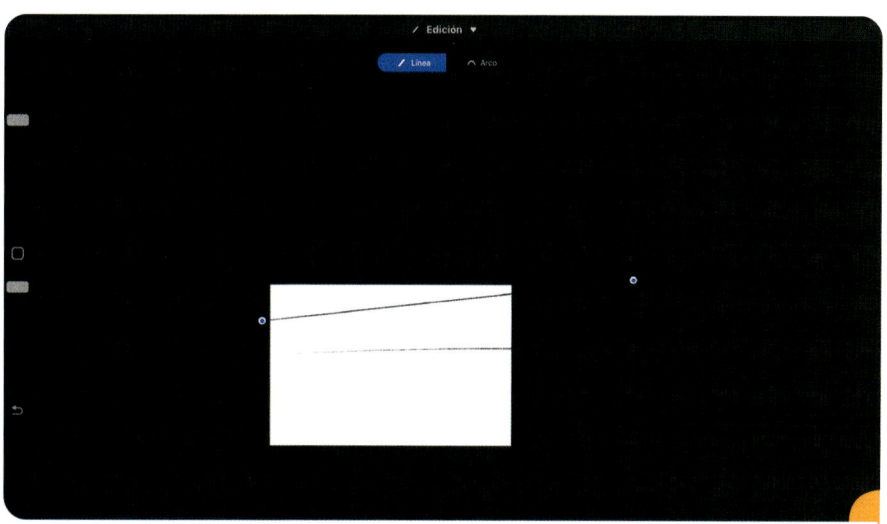

Dibujo de una línea recta con QuickShape.

El boceto antes (derecha) y después (debajo) de añadir formas para las sombras.

05

Para ayudarte a hacer un seguimiento de tus capas, puedes ir cambiándoles el nombre a medida que avanzas. Para ello, abre el menú Capas, toca Capa 1 y, después, toca Cambiar nombre en el menú de opciones que aparece. Escribe **Sketch** (boceto) para cambiar el nombre de la capa, de forma que sea más fácil encontrarla y gestionarla más adelante. Crea una capa nueva y llámala "Shadows" (sombras). Utilizando las mismas técnicas que antes, analiza, simplifica y esboza las formas de las sombras de la escena. Después, abre el menú Capas y toca la casilla de verificación de la capa Shadows para ocultarla por ahora.

06

Crea una capa nueva, mantenla pulsada y arrástrala entre las capas Color de fondo y Sketch y llámala "Underpainting" (pintura subyacente). Selecciona el pincel **Artístico>Aurora** y elige un color complementario a la escena cálida general, como un azul saturado frío. Aleja el lienzo para la siguiente fase, para evitar obsesionarte con detalles pequeños.

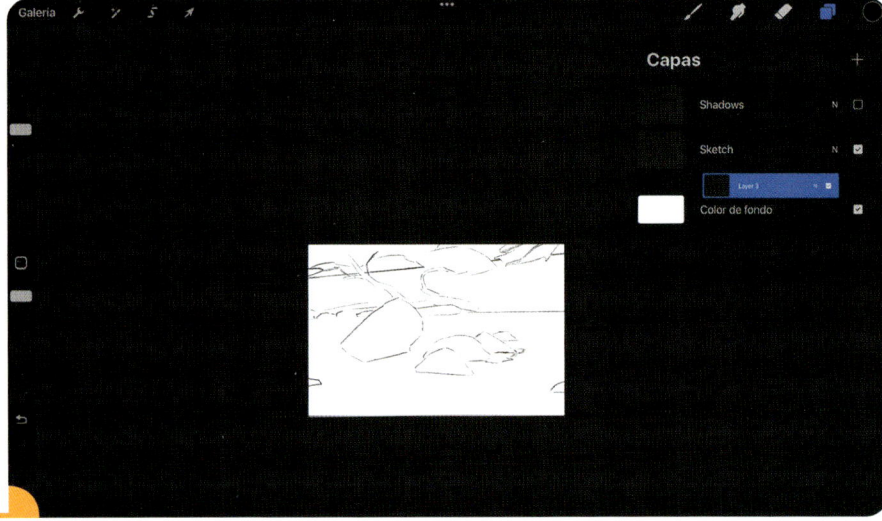

Cambia el orden de las capas arrastrando y soltando una dentro del menú **Capas**.

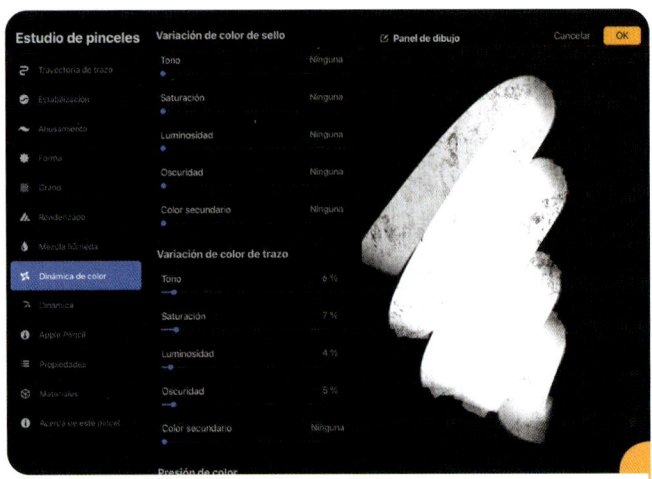

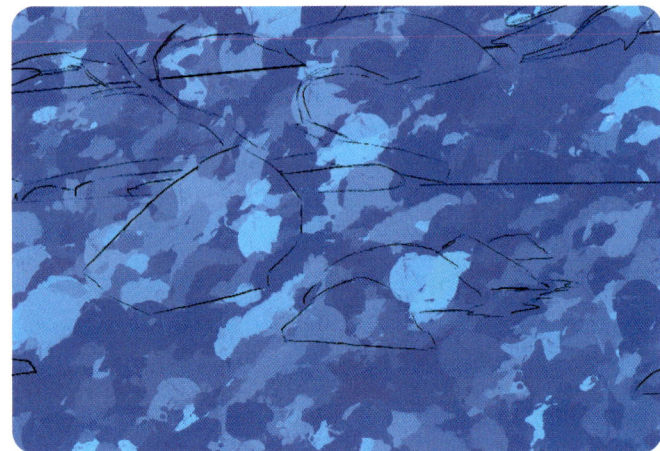

Configuración del pincel Nikko Rull en el **Estudio de pinceles** y adición de una nueva capa de fondo.

07

Arrastra el pincel de forma aleatoria por el lienzo hasta que esté lleno de azules diferentes. Esto aportará intensidad a la pintura final y te ayudará a empezar a pintar si el lienzo ya no está en blanco. Selecciona el pincel **Pintura>Nikko Rull** y toca en él para acceder otra vez al Estudio de pinceles. Ve a **Dinámica de color>Variación de color de trazo** y configura los deslizadores Tono, Saturación, Luminosidad y Oscuridad alrededor del 5 % cada uno. Esto garantizará que cada pincelada individual tiene alguna variación de color. Crea una capa nueva encima de la capa Underpainting y llámala "BG", de *background* (fondo). Elige un color verde oscuro y rellena el área detrás de los árboles. Utiliza varias pinceladas para sacar el máximo partido a la nueva variación de color del pincel.

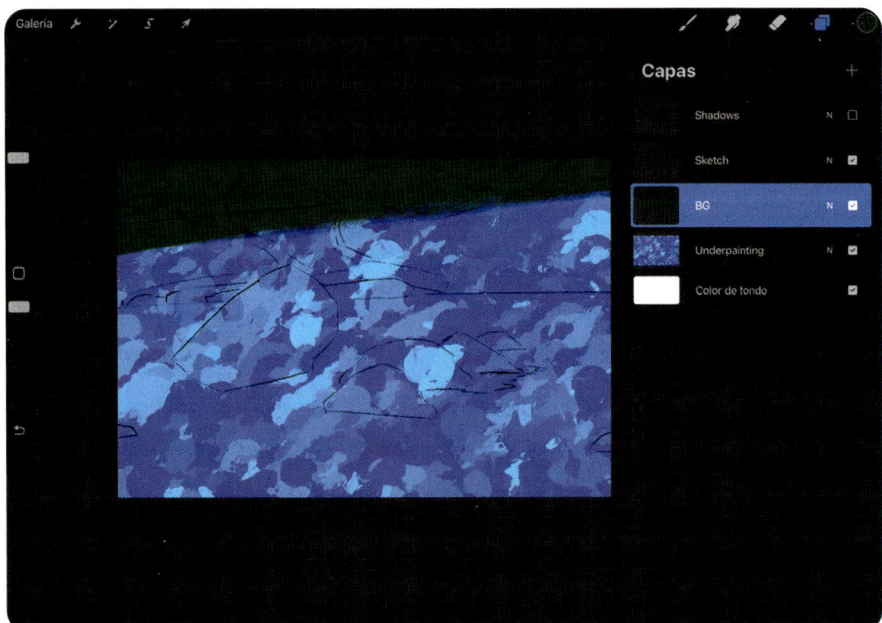

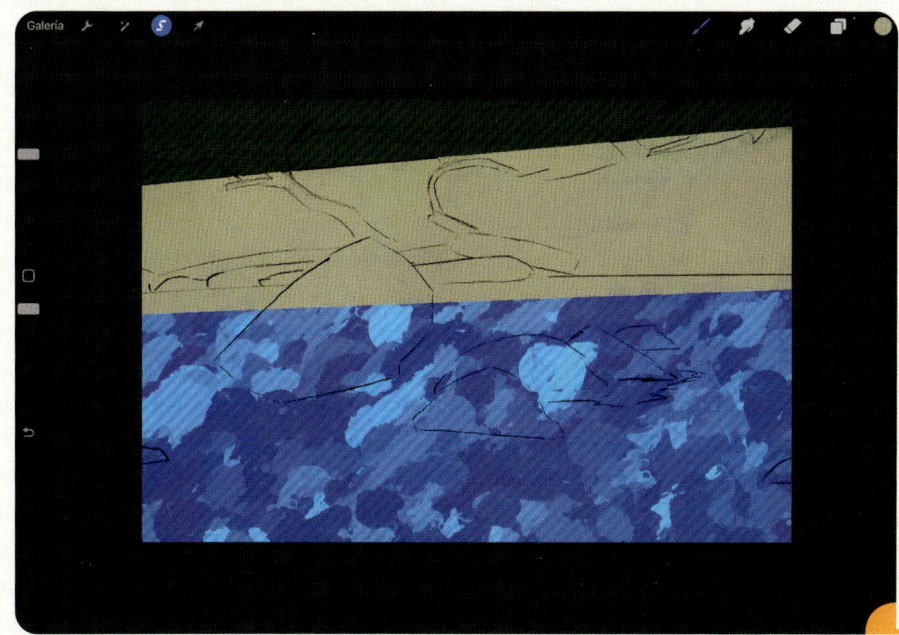

08

Crea otra capa encima de **BG** y llámala "Wall" (muro). Elige un color amarillento no saturado y utiliza la herramienta **Selección>Forma libre** para seleccionar el área que se convertirá en el muro, usando tu boceto como guía. La parte inferior no tiene que ser exacta, ya que las rocas y la arena se superpondrán de todos modos. Rellena la selección utilizando una punta de pincel de tamaño generoso y varias pinceladas con presión ligera, de forma que los tonos azules de la pintura subyacente puedan entreverse un poco.

La selección rellenada y la elección de color para la capa **Wall**.

09

Repite el paso 08 para la arena, el follaje, los árboles, las barcas y las piedras. Pon cada cosa en una capa, cambiando los nombres, en ese orden, desde el fondo al primer plano. Rellena los colores locales de los objetos (los colores tal y como aparecerían en una luz blanca plana, en vez de en una luz fuerte o con color). Cuando hayas aplicado los colores planos para cada elemento, oculta el boceto. Habilita **Bloquear alfa** en todas las capas deslizando hacia la derecha cada una de ellas con dos dedos en el menú **Capas**. Esto bloqueará la transparencia de la capa, garantizando que solo pintarás dentro de áreas que ya se han pintado. A menos que necesites modificar la forma general de un objeto, mantén **Bloquear alfa** activado en las capas en lo que queda de tutorial.

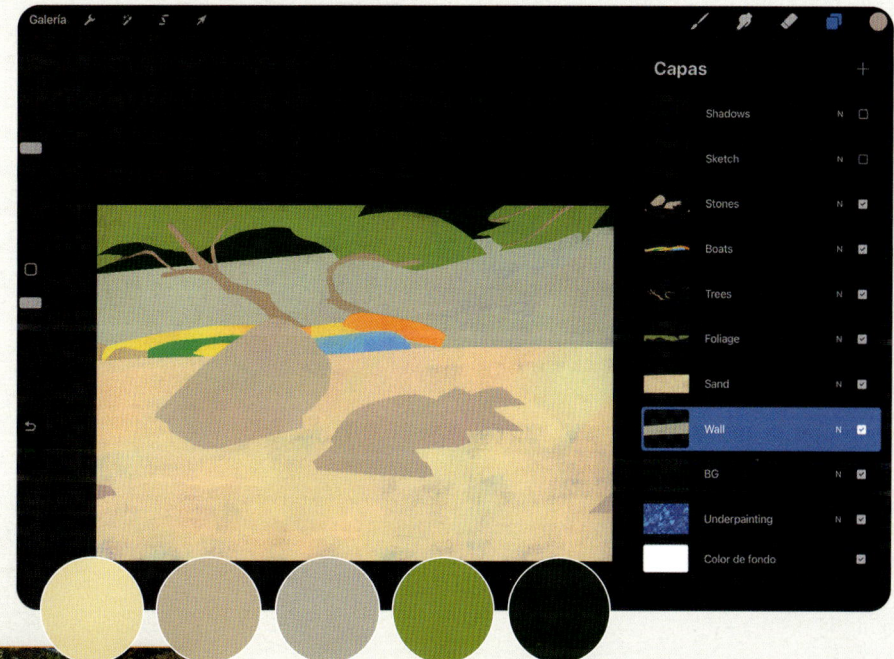

Rellena cada forma en función de la referencia y activa **Bloquear alfa** en cada capa.

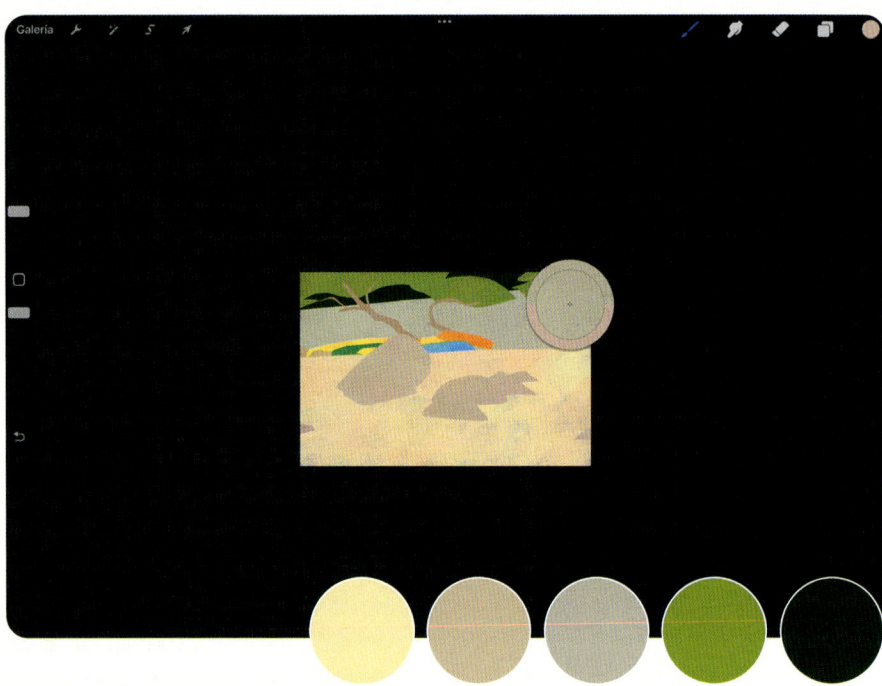

Biblioteca de pinceles

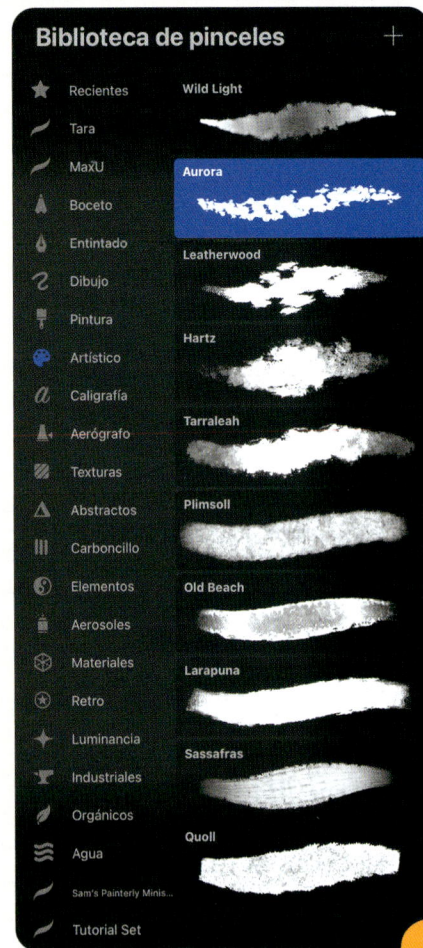

Elige el color y añade variaciones de color y texturas; después, selecciona el pincel **Aurora**.

10

Toca y mantén el dedo en el lienzo para activar el **Cuentagotas** y elige el color para el muro. Selecciona la capa Wall, reduce el tamaño del pincel con el deslizador de la izquierda y da algunas pinceladas para añadir variaciones de color. Repite este proceso con las capas para las barcas, las piedras y la arena. Con la herramienta Selección, selecciona y pinta las áreas más oscuras de la arena, según la referencia. Utiliza el pincel **Orgánicos>Arpillera** y oscurece un poco el color para añadir textura al muro. Utiliza el pincel **Artístico> Aurora** para pintar el follaje y los troncos de los árboles para simular las hojas y la textura de la corteza.

KARIN DICE: *"Mientras trabajas en la pintura, puede que te des cuentas de que los colores que has elegido antes empiezan a quedar mal en una etapa posterior. Acostúmbrate a reevaluar tus colores con regularidad y a ajustarlos si es necesario. Para ello, selecciona la capa en cuestión y toca en el icono de la varita mágica en la parte superior izquierda de la barra de menú para abrir el menú* Ajustes. *Utiliza los ajustes* Tono, Saturación, Brillo, Equilibrio de color *y* Curvas *para retocar los colores a tu gusto. Toca la flecha desplegable en el medio para cambiar al modo* Pencil *si quieres utilizar tu pincel para controlar dónde afectan los ajustes a la capa".*

11

Toca las casillas de verificación de las capas Shadows y Sketch para revelarlas. Después, con un dedo, desliza a la izquierda en la capa Wall en el menú y toca Duplicar. Selecciona esa nueva capa y cámbiale el nombre por "Wall Shadow" (sombra del muro). Utilizando el boceto como guía, selecciona todas las secciones de luz en el muro con la herramienta **Selección>Forma libre**. Si seleccionas un área por accidente, puedes cortar las partes no deseadas pasando la herramienta al modo Restar. Ahora, toca la capa Wall Shadow y selecciona la opción Máscara. Esto adjuntará una máscara de capa a esa capa en función de las formas de tu selección.

Utiliza el boceto de las sombras para seleccionar las formas de la luz.

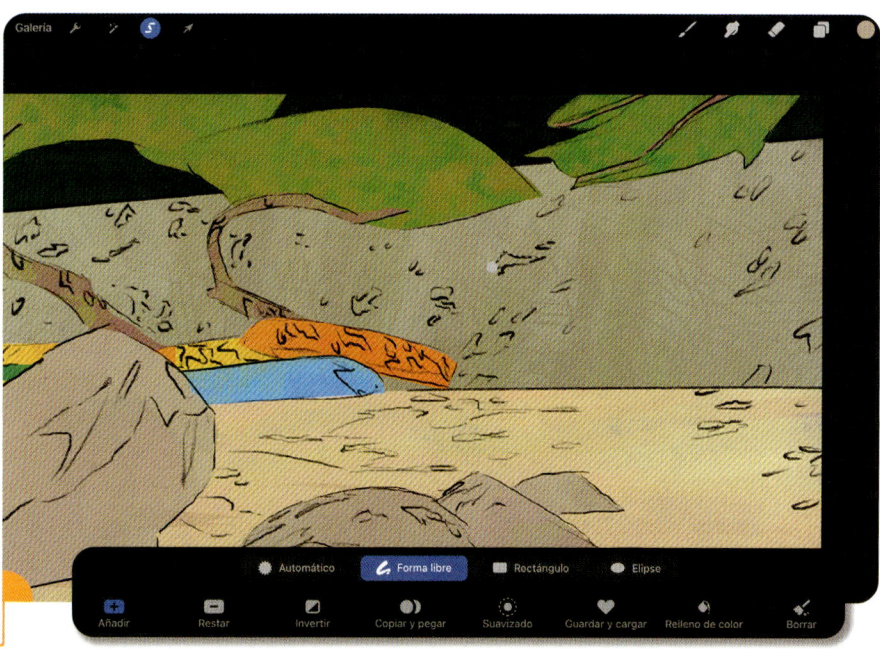

12

Puedes modificar la máscara de capa con tus herramientas de pintura habituales para ocultar o mostrar cualquier parte de su capa madre. Pintar con negro ocultará esas áreas de la capa original, mientras que las partes pintadas con blanco serán visibles. También puedes usar sombras de gris para cualquier cosa en medio. Las formas de la luz son visibles en lugar de las formas de las sombras, ya que eran más fáciles de seleccionar. Para invertir esto, toca la máscara de capa en el menú Capas y selecciona Invertir. Como las dos capas siguen siendo idénticas, todavía no podrás ver la diferencia.

La máscara de capa completada y su menú de máscara de capa con la opción Invertir.

13

Con la capa Wall Shadow seleccionada, abre **Ajustes>Curvas**. Ahora, puedes cambiar el brillo, el contraste y el tono de las sombras. Oscurece las sombras de modo considerable arrastrando el tirador superior derecho hacia abajo aproximadamente un cuarto del recorrido y, después, toca el centro de la curva para crear un tirador nuevo. Arrastra ese tirador un poco hacia abajo para crear una curva que incremente el contraste. Toca Azul y ajusta ligeramente la curva para añadir un tono azul frío a la sombra.

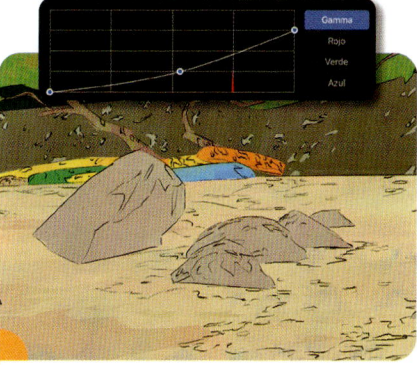

Las configuraciones de la curva Gamma y la curva Azul para la sombra del muro.

14

Repite los pasos del 11 al 13 para la arena, los árboles, las barcas y las piedras. Después, oculta las capas del boceto y crea una capa nueva llamada "Foliage Shadow" (sombra del follaje) duplicando la capa Foliage. Ajusta las curvas para oscurecer la capa y, después, crea una máscara de capa. Sin tener nada seleccionado, simplemente se rellenará de blanco. Asegúrate de que la máscara de capa está seleccionada, configura el color del pincel como negro y, a continuación, usa el pincel Artístico>Aurora para pintar las áreas de luz. Si pintas demasiada luz, cambia el color del pincel a blanco y vuelve a pintar las sombras. Puedes ir repitiendo este proceso hasta que estés satisfecho con las formas de las sombras.

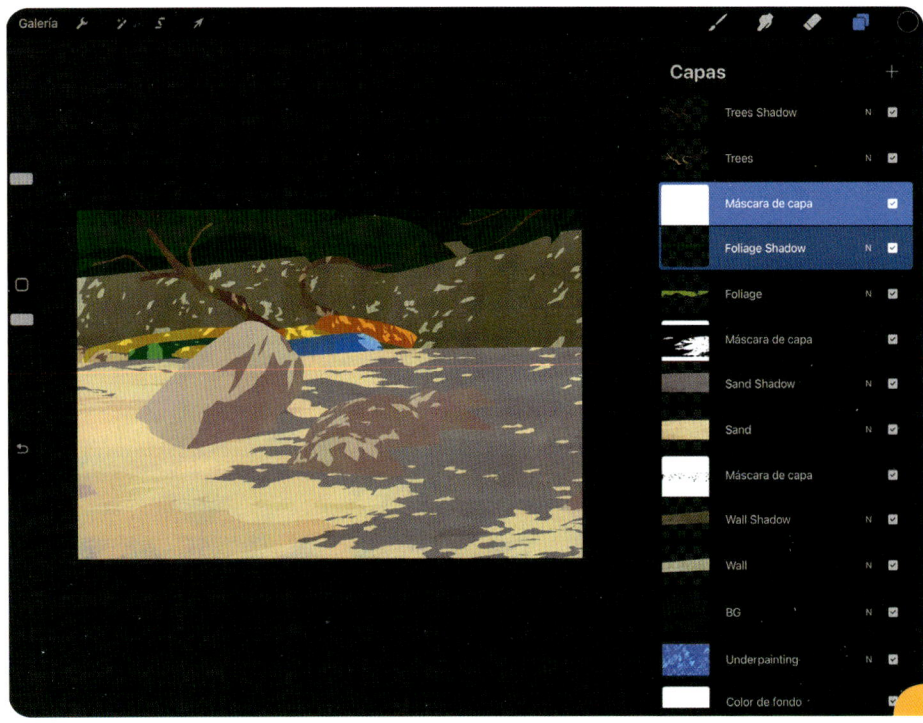

Las capas de sombras completadas con la máscara de capa Foliage Shadow seleccionada.

15

Toca la capa Foliage Shadow y, después, Máscara de recorte. La capa de sombras (y su máscara) estarán ahora vinculadas a la forma y visibilidad de la capa Foliage. Crea una máscara de capa para Foliage e inviértela. Ahora, Foliage Shadow también se verá afectada por esto y desaparecerá de manera temporal. Usa el pincel Artístico>Aurora para volver a pintar el follaje, pero deja algunas zonas vacías para romper los bordes de las formas para conseguir una sensación más orgánica. Repite los pasos 14 y 15 para las capas Trees (árboles) y Trees Shadow (sombra de árboles) para ocultar partes de las ramas cercanas al follaje. Debería parecer que las ramas están cubiertas por hojas aquí y allá.

Rompe las siluetas del follaje y las ramas utilizando máscaras de recorte y capa.

16

Crea una nueva capa llamada "Contact Shadows" (sombras de contacto) y recórtala según Wall Shadow. Toca la N junto a su nombre y selecciona Multiplicar en la parte superior de la lista de modos de fusión. Este modo oscurecerá las áreas que pintes, pero dejará las texturas de la capa subyacente intactas. El oscurecimiento depende del color con el que pintes. Para añadir solo oscuridad sin cambiar el tono, pinta con el mismo color que el de la capa subyacente.

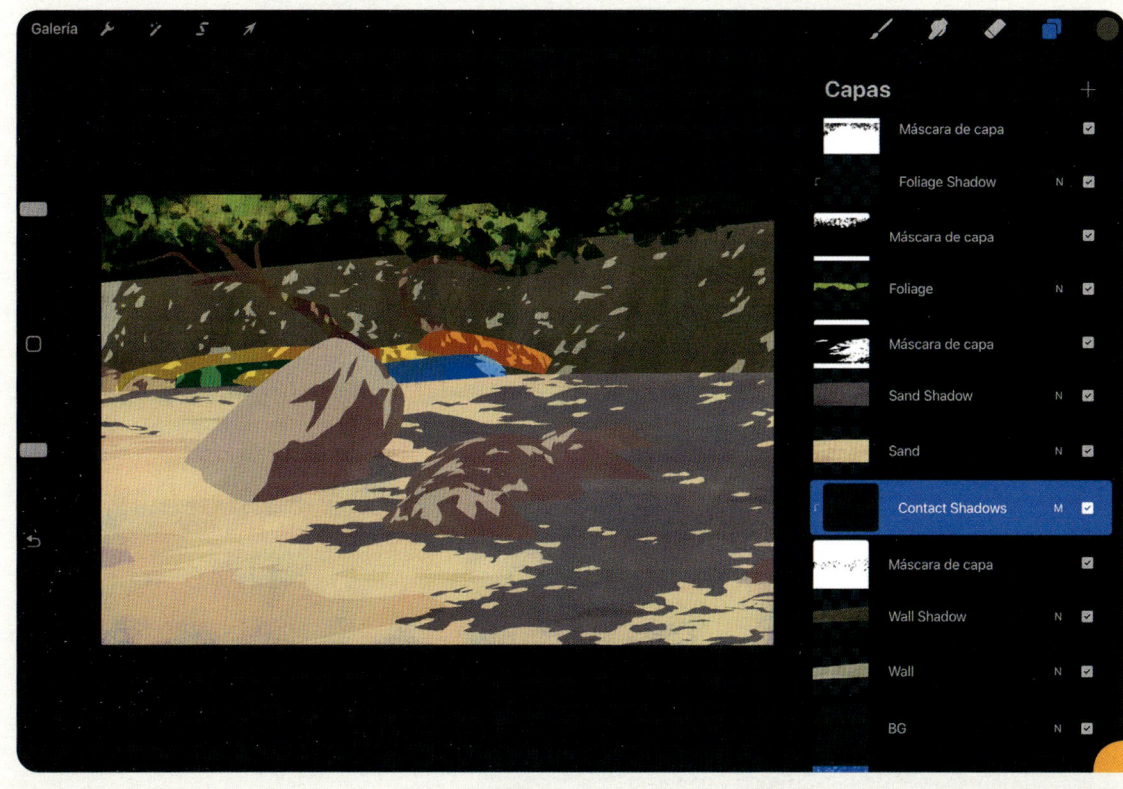

La capa Contact Shadows recortada según Wall Shadow y configurada como Multiplicar.

17

Toca y mantén un dedo sobre la sombra del muro para seleccionar su color con el Cuentagotas. Usa el pincel **Pintura>Nikko Rull** para añadir oscuridad donde el árbol queda cerca del muro. Utiliza menos presión a medida que te alejas del área para crear una transición suave entre la sombra de contacto y la sombra general. Usando el mismo método, añade sombras de contacto a la arena, sobre todo donde se unen las rocas con la arena. Si la sombra de contacto parece demasiado oscura, solo tienes que aclarar el color con el que estás pintando.

Las sombras de contacto del muro acabadas (y algunas correcciones en las sombras de las barcas).

18

Utilizando el pincel Nikko Rull, muévete por las capas para añadir algunos tonos más oscuros y brillantes a las piedras y sus sombras. Presta atención al modo en que se comporta la sombra, sobre todo cuando la luz del sol rebota en ella desde la arena. Selecciona el pincel **Pintura>Estuco** y úsalo para añadir texturas nítidas a las rocas eligiendo un color entre los colores ya presentes. Selecciona la máscara de capa Stones Shadow (sombras de piedras) y usa el pincel Estuco para romper ahí también algunos bordes. Asegúrate de equilibrar bordes duros con bordes suaves.

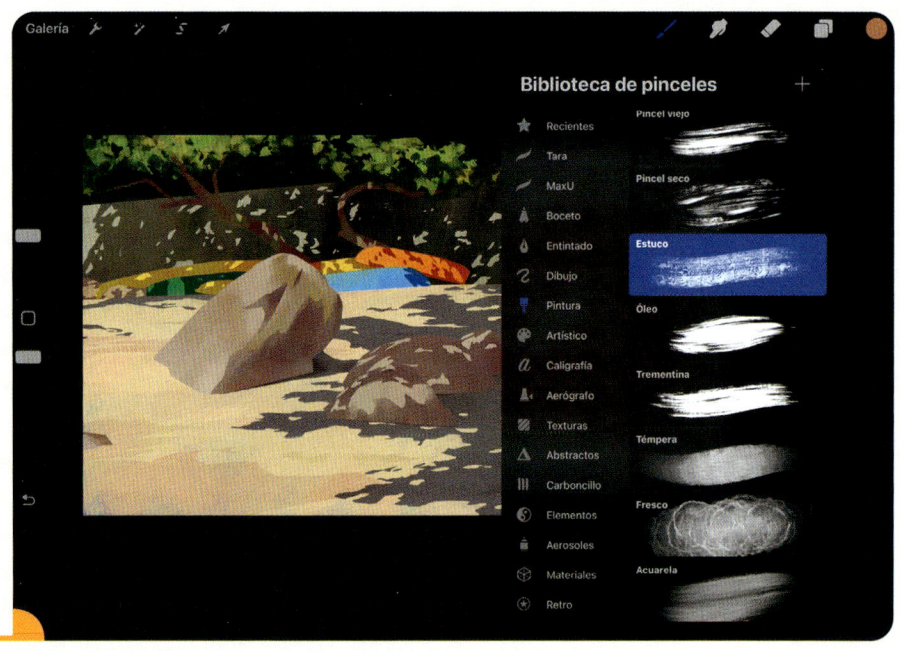

Selecciona el pincel **Estuco** después de añadir sombras más claras y más oscuras a las rocas con **Nikko Rull**.

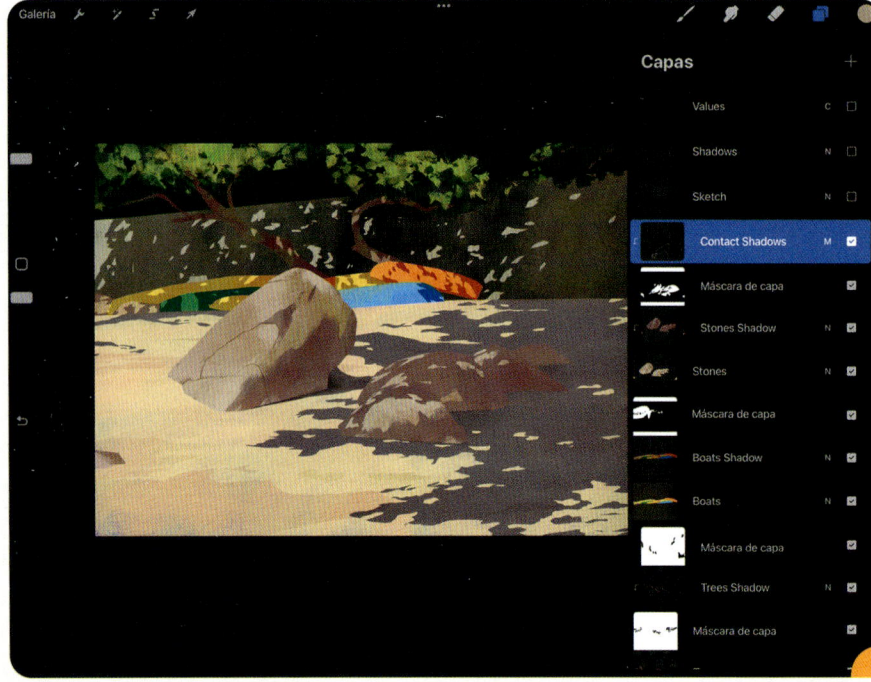

19

Crea una capa nueva encima de la capa Stones Shadow y recorta ambas según la capa Stones (piedras). Cambia el nombre de la nueva capa por "Contact Shadows" (sombras de contacto) y su modo de fusión por Multiplicar. Usa la herramienta Selección para crear formas para las grietas. Elige el color de la piedra y utiliza Nikko Rull para rellenar el área. Anula la selección y pinta algunas sombras de contacto en las rocas justo donde se unen al suelo. Añade una sombra propia a la sombra de las piedras oscureciendo el área que recibe menos luz. La sombra propia suele estar donde la sombra se encuentra con la luz, ya que es la que más lejos está de la luz reflejada que a menudo ilumina otras áreas de la sombra.

Añade grietas y sombras propias a la roca con una capa **Multiplicar**.

20

Como hemos visto en la referencia de la página 49, el fondo de esta playa es muy ruidoso, así que aquí es donde vamos a servirnos de la libertad creativa para mejorar la escena. Selecciona la pintura subyacente y usa el pincel Nikko Rull para pintar un cielo azul claro. Toca la capa BG, elige su color verde y, después, añádele una textura de hojas con el pincel Artístico>Aurora. Con la capa BG todavía seleccionada, crea una máscara de capa e inviértela. Pinta algunas áreas para que parezcan arbustos, mientras dejas algunos espacios negativos para mostrar el cielo. Intenta que estos espacios negativos se correspondan con las formas de la luz de la referencia.

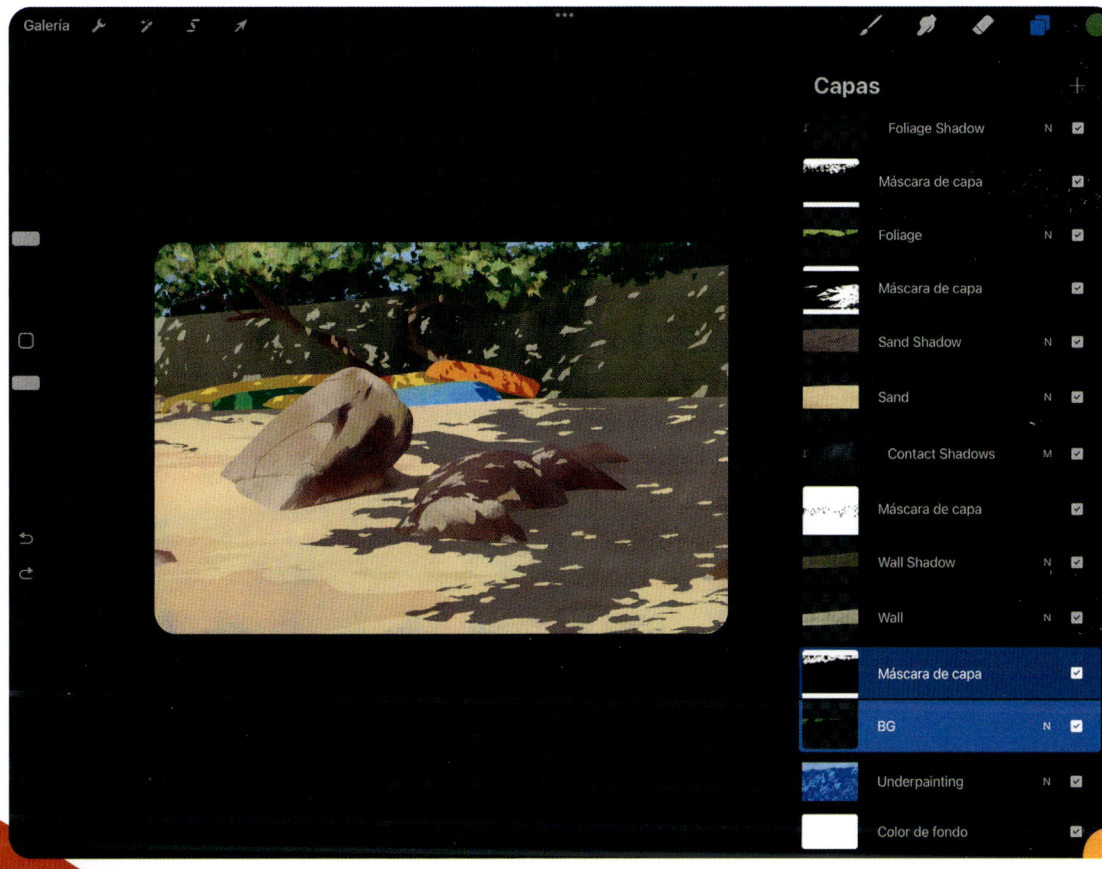

Retoca el fondo con colores adicionales, texturas y una máscara de capa.

KARIN DICE: *"Ahora que has añadido sombras, el cuadro ya no consiste solo en colores planos y texturas, así que también tienes que prestar atención a los valores. Revisa el cuadro como un todo alejando la vista con frecuencia. Acostúmbrate a acercar solo cuando trabajes en detalles. Comprueba los valores añadiendo una capa encima de todo, rellenándola de negro puro y configurando el modo de fusión como Color. Así se mostrará la pintura en escala de grises, lo que te ayudará a evaluar qué áreas son demasiado brillantes o demasiado oscuras".*

21

Selecciona la capa Sand Shadow (sombra de la arena) y elige un color rojo anaranjado saturado. Utiliza los pinceles Nikko Rull y Estuco para pintar cierta rojez a lo largo de los bordes de la sombra. Repite este proceso para las sombras del muro, de las barcas, de los árboles y de las piedras. Selecciona la máscara de cada capa de sombras y usa los mismos pinceles para romper más los bordes, como has hecho con las sombras de las piedras en el paso 18. Recuerda utilizar esto con moderación y mantener un buen equilibrio entre bordes duros y blandos.

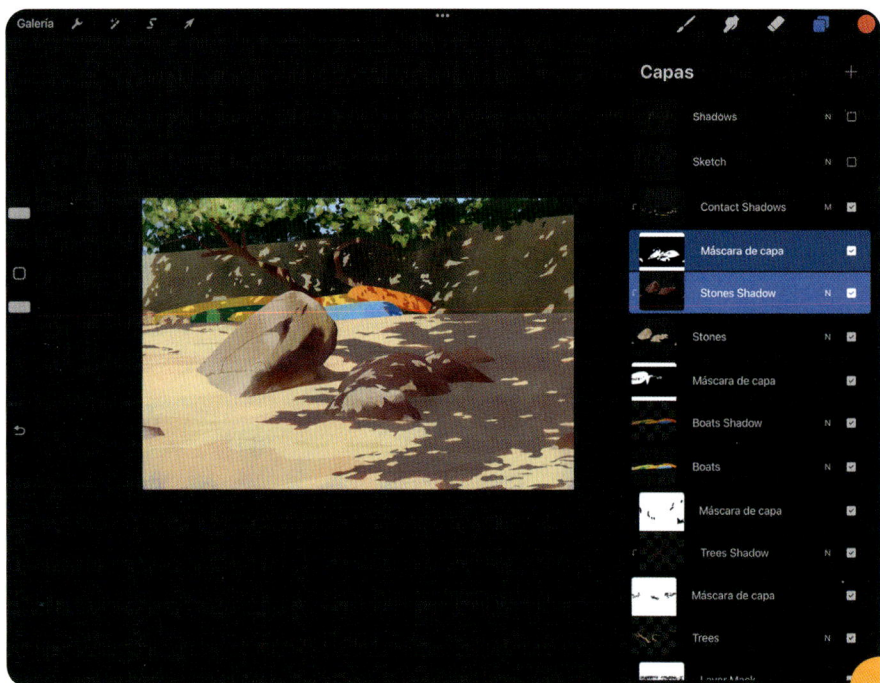

Añade un borde rojizo sutil a las sombras usando pinceles texturizados.

22

Selecciona **Aerógrafo>Pincel extrasuave** y elige un color marronáceo. Crea una capa nueva encima de todas las capas visibles y configura su modo de fusión como Sobreexponer color. Este modo creará un efecto de resplandor basado en el color que elijas. En este caso, hará que las áreas que pintes parezcan más brillantes y también un poco más saturadas y naranjas, lo que ayuda a transmitir el efecto que tiene la luz del sol sobre superficies amarillas brillantes y reflectantes.

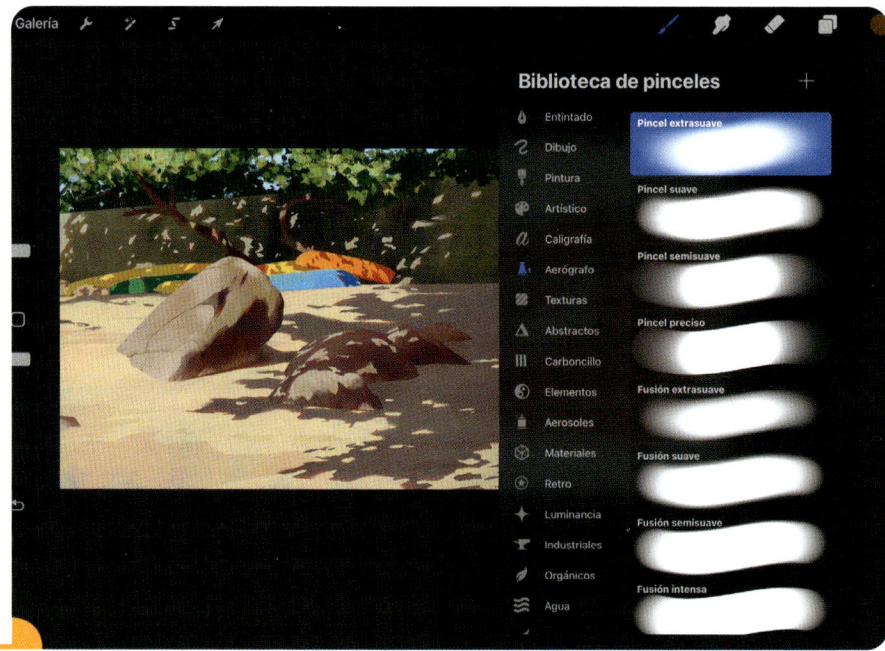

Selecciona el **Pincel extrasuave** y un color marrón para la capa **Sobreexponer color**.

23

Usa el Pincel extrasuave para pintar donde el sol toca el foco de interés, en este caso, la roca grande. Pinta con él un poco más en otras áreas brillantes, como los puntos de luz del muro o de otras rocas, y en el follaje. Haz que el Pincel extrasuave sobrepase el borde de la sombra para suavizarla más, pero asegúrate de no pintar exclusivamente en las áreas de sombra.

Observarás que el resplandor es demasiado intenso cuando lo apliques por primera vez. Para suavizarlo, toca la capa con dos dedos para ajustar su opacidad y, después, desliza un dedo a la izquierda para reducir la opacidad a un 40 % aproximadamente.

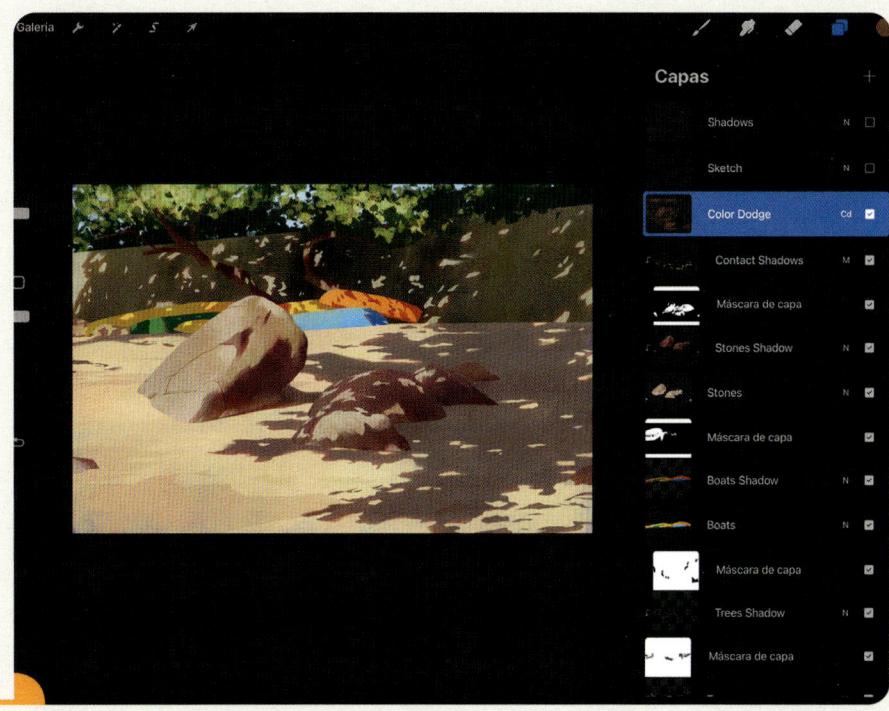

La capa **Sobreexponer color** añade un leve resplandor a las áreas iluminadas por el sol.

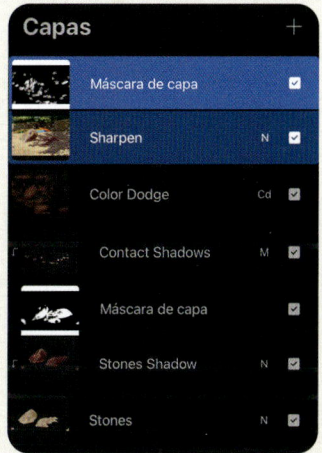

El menú **Acciones** después de tocar **Copiar lienzo** y la capa enmascarada **Sharpen**.

24

Ve a **Acciones>Añadir>Copiar lienzo** y, después, a **Pegar**. Esto copia y pega el cuadro completo como una imagen acoplada en una capa nueva. Cámbiale el nombre por "Sharpen" (enfocar) y, después, ve a **Ajustes>Enfocar** y desliza el dedo a la derecha para incrementar el efecto a un 60 % aproximadamente. Crea una máscara de capa, inviértela y, después, utiliza Nikko Rull para volver a pintar algo de la nitidez. Céntrate en las texturas y las transiciones entre la luz y la sombra de las rocas y la arena para hacer que destaquen.

KARIN DICE: *"Cuando se rompen bordes duros o se suaviza una transición, la herramienta Dedo puede ser una opción mejor que la herramienta Pincel. La encontrarás justo al lado del icono de Pincel, en la parte superior derecha de la barra del menú. Experimenta con diferentes pinceles para efectos distintos. Aquí, Nikko Rull y Estuco funcionan muy bien. Incluso puedes usar el Pincel redondo (con el Flujo en la configuración del Apple Pencil establecido como 0 % y la opción Dedo en Propiedades configurada como Máx.) para perfeccionar con facilidad las formas de tus objetos llevando la pintura de un lado a otro en el lienzo".*

CONCLUSIÓN

Ahora, la imagen acabada debería ser tu interpretación personal de la escena y reflejar tus decisiones respecto a lo que te ha parecido lo bastante importante para detallarlo con claridad y lo que has simplificado para que llame menos la atención. Practica a menudo y con sujetos diferentes, pero mantente lo más fiel posible a la referencia. Una vez que te sientas a gusto con este proceso, puedes empezar a desviarte y experimentar con pinceles, herramientas y elecciones de valores o colores poco convencionales para conseguir resultados únicos.

LANDSCAPE ILLUSTRATION: Esta imagen fue un intento de crear un tipo de paisaje inventado y más estilizado pensado para la impresión.

IMÁGENES © KARIN BRANDENBERG

SUNSET SCENE: El objetivo principal de esta obra era capturar la atmósfera del atardecer y las nubes imponentes.

PLEIN AIR: Una escena al aire libre que pinté para estudiar el comportamiento de la luz y el color.

SEA STUDY: Un estudio convertido en desafío donde me limité a utilizar solo un pincel cuadrado que ajusté un poco para cada elemento específico.

ESQUINA DE UNA CALLE EN SÍDNEY

POR MOMO SUGIMOTO

MOMO DICE: *"Hay muchas maneras diferentes de abordar la pintura de un paisaje o entorno, dependiendo de la escena, la iluminación o el objetivo del cuadro. Este tutorial utiliza una serie de pasos simples para iluminar tu escena con un flujo de trabajo que puede aplicarse después a tipos de entorno similares, lo que te permite contar lo que ves a tu alrededor con tu propio estilo".*

Esta foto de referencia se hizo en Sídney, Australia.

01

Vamos a empezar por buscar una foto de referencia. La foto que elijas no tiene por qué ser perfecta; el objetivo es encontrar un momento ordinario en la vida real que contenga elementos potencialmente interesantes en los que puedas centrarte en tu pintura. Estos elementos incluyen luces y sombras interesantes, edificios que te resultan llamativos, ángulos extraños o flora y fauna únicas. Puedes elegir una foto de una fuente externa como Internet, pero, si puedes, prueba a sacar tus propias fotos; explora tu vecindario o ciudad y mira qué te llama la atención.

FONDO

PLANO MEDIO

PRIMER PLANO

Analiza tu foto de referencia para ver cómo puedes hacer que funcione en tu cuadro.

02

Considera la perspectiva y la preparación de la foto y elige con intención dónde atraen la vista las formas; usa una cuadrícula si te ayuda. Evita las perspectivas complejas y las escenas con detalles excesivos, ya que complicarán de modo innecesario el proceso de pintura mientras estás todavía aprendiendo. Intenta elegir una foto con primer plano, plano medio y fondo, ya que eso hará que sea más fácil crear una pintura con profundidad. Dicho esto, como hemos mencionado antes, la referencia no tiene por qué ser perfecta. Siempre puedes exagerar y mover cosas para lograr que la composición funcione; al fin y al cabo, es tu cuadro.

Mantén la vista alejada al principio para evitar centrarte demasiado en los detalles.

03

Ahora, puedes empezar con el boceto. Importa la foto a tu iPad y, después, crea un lienzo nuevo en Procreate. Para este cuadro, el lienzo está en formato horizontal y tiene unos 3.300 píxeles de ancho × 2.550 píxeles de alto. Cambia el color de fondo a algo pálido, claro y desaturado para establecer el tono del cuadro. Lleva la foto de referencia al lienzo yendo a **Acciones>Lienzo>Referencia** y, en la ventana de referencia que se abre, selecciona **Imagen>Importar**. Selecciona tu imagen entre las fotos del iPad. Mantén el lienzo de modo que se vea relativamente pequeño y la foto de referencia todavía más pequeña en esta fase.

04

Elige un pincel con un borde texturizado, como **Entintado>Tinta corrida**, y configúralo con un color oscuro. En una capa nueva, empieza a esbozar las formas principales; mantén el dibujo poco definido y evita añadir detalles pequeños. No tengas miedo de forzar las formas y exagerar la perspectiva, y no te preocupes si las proporciones no son perfectas. El objetivo no es crear una copia hiperrealista de la foto. Voltea el lienzo horizontalmente de vez en cuando tocando la pantalla para acceder a QuickMenu predeterminado o yendo a **Acciones>Lienzo>Voltear lienzo horizontalmente**. Esto te ayudará a identificar cualquier elemento que esté desequilibrado o ambigüedades espaciales, como líneas tangentes. Para enfatizar aún más las formas, utiliza la herramienta **Selección** para hacer selecciones de forma libre o poligonales y, después, la herramienta **Transformar** en modo **Libre**, **Distorsionar** o **Deformar** para transformar la selección en la forma deseada.

Usa la foto de referencia como guía, pero no tengas miedo de forzar las formas y las proporciones.

MOMO DICE: *"Este es tu cuadro, así que haz cambios en la escena como mejor te parezca. Aunque el objetivo es interpretar una escena de la vida real, si hay elementos poco importantes que atraen una atención no deseada sobre un área concreta y pueden afectar de modo negativo a la composición, puedes modificarlos o no incluirlos. Por ejemplo, en esta pintura, se han movido algunos indicadores, y algunos elementos del lado derecho del cuadro se han simplificado, ya que esa no era un área de interés. También se ha hecho más grande el primer plano, para encuadrar mejor la imagen".*

05

Cambia el nombre a cada capa principal para mantener las cosas organizadas. Toca la capa del boceto en el menú Capas, selecciona Cambiar nombre en el menú desplegable y llama a la capa "Sketch" (boceto). Una vez que estés satisfecho con la capa del boceto, configúrala en el modo de fusión Multiplicar tocando la N en el menú Capas y desplazándote hasta que llegues a Multiplicar. Una vez que estés en el modo Multiplicar, baja la opacidad de la capa a un 30 %-50 % reabriendo las opciones de modos de fusión y ajustando el deslizador Opacidad. Deja esta capa en la parte superior de la pila al aplicar los colores.

Mantén la opacidad de la capa baja para que distraiga menos.

Empezar por los colores del cielo y el suelo ayudará a establecer la atmósfera general de la escena.

06

Crea una capa nueva debajo de la capa Sketch para añadir color local. El color local es el color real de un sujeto sin que haya una luz externa que lo afecte (como un edificio rojo o hierba verde). Dicho esto, los colores no tienen por qué ser exactos. Puedes exagerar, crear tu propia paleta o ajustar sobre la marcha. Elige un pincel versátil, como **Pintura>Nikko Rull** (tu pincel principal de ahora en adelante) y rellena los colores del cielo y el suelo. Ve a **Ajustes>Desenfoque gaussiano** y desliza el dedo a la derecha hasta que se fusionen los colores. Cambia el nombre de la capa por "Sky & Ground" (cielo y suelo).

07

Crea una nueva capa encima de Sky & Ground y empieza a aplicar los colores locales del elemento principal, que es el edificio en el centro. Ten en cuenta que no necesitas añadir volumen todavía. Los colores que indican volumen y las sombras se añadirán en la fase de la iluminación. Repite este paso para cada uno de los elementos del primer plano, el plano medio y el fondo. Mantén cada uno de estos elementos en capas separadas a medida que avanzas, para que sea más fácil trabajar en ellos por separado, aunque, para ahorrar espacio, puedes usar la misma capa para partes del cuadro que estén en el mismo plano, pero no estén tocándose. Cambia el nombre de cada capa según avances (por ejemplo, "Main Building" (edificio principal), "BG" (fondo), "FG" (primer plano)).

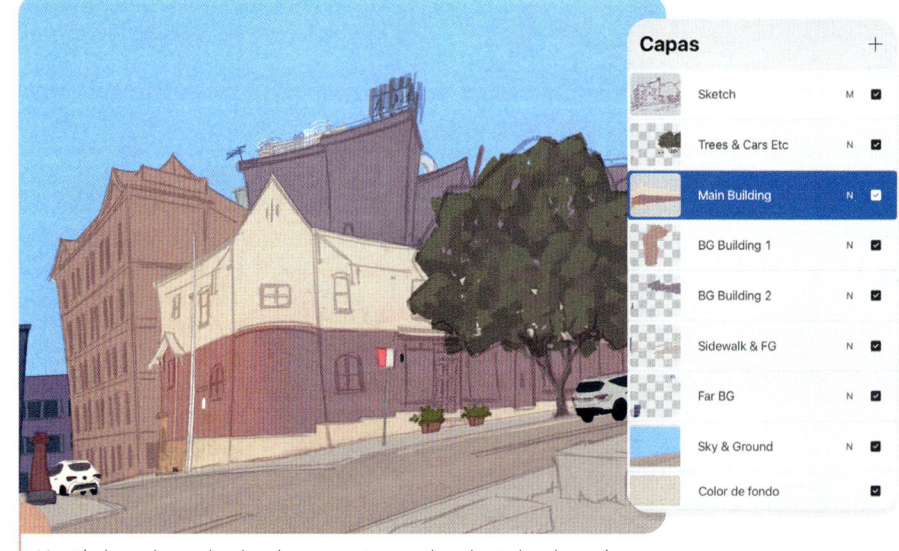

Mantén los colores simples de momento; puedes ajustarlos después.

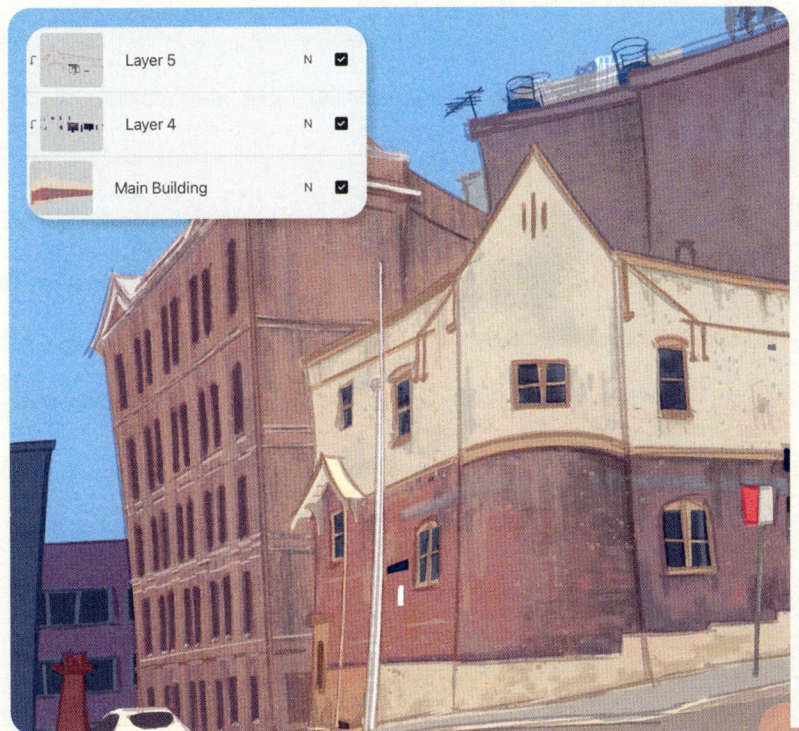

Añade formas y texturas interesantes a los elementos principales bloqueando los píxeles.

08

Pinta los detalles grandes de cada elemento, como ventanas y puertas, usando máscaras de recorte y **Bloquear alfa** (abajo) para mantenerlos unidos al edificio al que pertenecen. Cuando hayas acabado, empieza a añadir variaciones de textura y color a cada elemento del primer plano, el plano medio y el fondo, pero sigue manteniendo los colores planos, sin volumen ni sombras. Experimenta con distintos tonos y pinceles con texturas en diferentes niveles de opacidad para obtener resultados interesantes, pero no te pases. También puedes utilizar la herramienta **Selección>Forma libre** para delimitar una zona específica y tocar con suavidad el pincel para rellenarla con textura.

MOMO DICE: *"Bloquear alfa te permite pintar solo dentro de las áreas existentes, sin preocuparte de pintar fuera de la forma. Para habilitarlo, ve al menú Capas y desliza de izquierda a derecha en la capa con dos dedos o tócala y selecciona Bloquear alfa en el menú. Las máscaras de recorte te permiten hacer lo mismo, pero de un modo no destructivo, usando una capa separada. Crea una máscara de recorte añadiendo una capa nueva encima de la capa en la que estás trabajando, tocándola y, después, seleccionando Máscara de recorte. Esto recortará la capa nueva en función de la existente, permitiéndote*

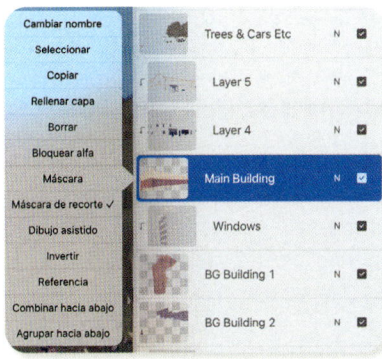

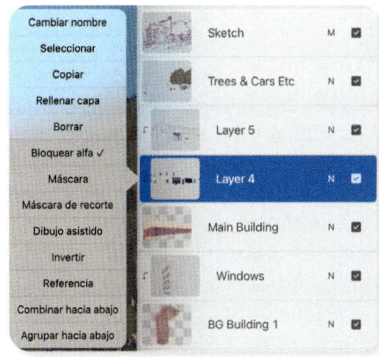

pintar algo dentro de su forma, al tiempo que conservas la libertad para transformarla o modificarla más adelante. Estas técnicas son perfectas *para añadir elementos como ventanas y puertas encima de la superficie de un edificio".*

09

No te preocupes por que las líneas queden perfectas, ya que el boceto es solo una guía y te conviene mantener una sensación y un aspecto orgánico para esta ilustración. Utiliza la herramienta Dedo para fusionar los colores y elige colores intermedios para crear variación en los tonos, pero ten cuidado de no utilizar en exceso la herramienta Dedo en el cuadro real. No tengas miedo de usar algunos bordes firmes; no te interesa que la pintura quede demasiado suave o mezclada en exceso. También puedes utilizar Tono y Saturación (en **Ajustes>Tono, Saturación, Brillo**) para ajustar los colores si es necesario, hasta que consigas el aspecto deseado.

Un ejemplo de cómo utilizar la herramienta **Dedo** para encontrar colores nuevos.

Basta con añadir indicadores de que los detalles están ahí para que parezca creíble.

10

Empieza a añadir detalles más finos utilizando las mismas técnicas de Bloquear alfa y máscaras de recorte que en los pasos anteriores. No te preocupes por definirlo todo con total precisión; lo único que necesitas es dar la impresión de que hay algo ahí, y el cerebro del espectador rellenará el resto de la información. Por ejemplo, no dibujes cada ladrillo ni cada brizna de hierba. Para las paredes del edificio, experimenta con diferentes pinceles y pinta algunos ladrillos y mortero de una manera aleatoria.

MOMO DICE: *"Mantén las capas organizadas agrupándolas en sus respectivos grupos de capas para el primer plano, el plano medio y el fondo. Para crear un grupo, selecciona todas las capas que quieras agrupar deslizando cada una hacia la derecha y, después, selecciona la opción* Agrupar *que aparece. Cambia el nombre a cada grupo en consecuencia (por ejemplo, "Buildings" [edificios]) y sigue creando grupos nuevos para cada elemento según sea necesario".*

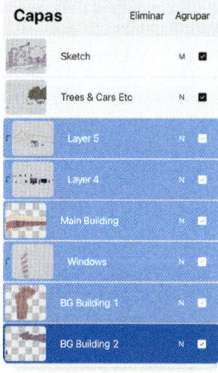

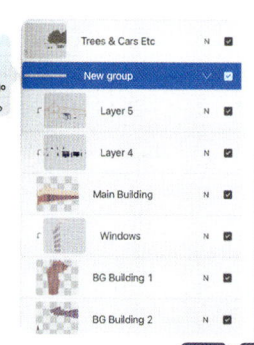

11

Para empezar a añadir algo de iluminación, fíjate en la escena de referencia y observa qué partes quedan en sombra. El edificio principal es un buen lugar para comenzar. Crea una máscara de recorte encima de tu capa Main Building y configúrala en modo Multiplicar. Utiliza tu pincel principal con un tamaño grande y empieza a pintar las áreas sombreadas con un azul claro desaturado. Si necesitas definir bordes de sombras más nítidos, utiliza la herramienta Selección>Forma libre. Si los bordes necesitan suavizarse, mezcla los colores o utiliza un pincel Dedo texturizado. Puede que notes que algunas superficies tienen sombras más oscuras o saturadas que otras, ya que les llega menos luz; ajusta el tono y el valor de la sombra para reflejar estos cambios. Repite el proceso para los demás edificios y elementos.

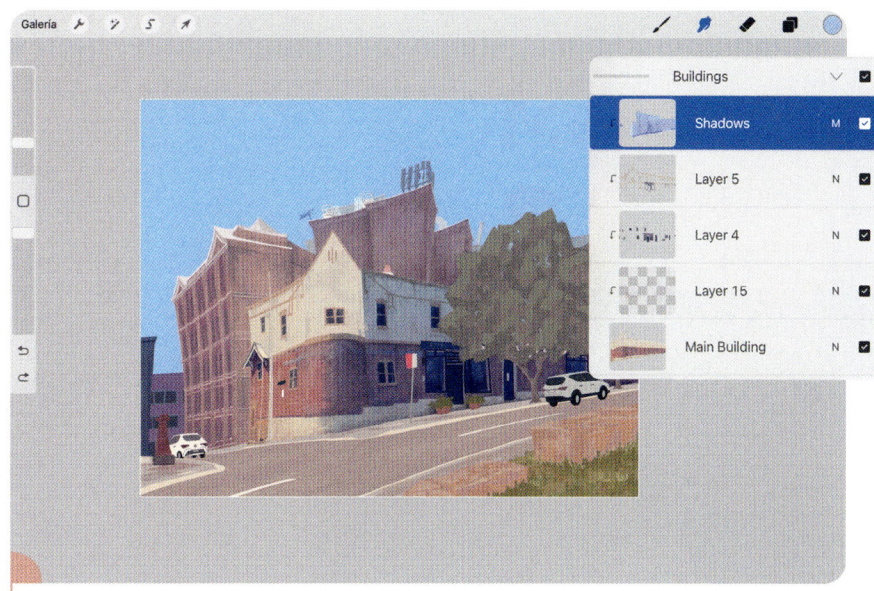

Establece de dónde viene la luz y pinta sombras en capas **Multiplicar**.

12

Puedes añadir volumen a las superficies en las mismas capas Multiplicar. Presta atención a la temperatura de la luz atmosférica en las sombras; aunque las sombras suelen ser bastante frías, añade algo de calidez para crear volumen en áreas donde la luz tiene más dificultades para llegar (como debajo de los alféizares o donde los objetos tocan el suelo). Ajusta el tamaño del pincel como sea necesario. Si no lo has hecho ya, puedes desactivar la capa Sketch; siempre puedes volver a activarla luego.

Ahora que se ha añadido la iluminación, la escena empieza a quedar cohesionada.

13

Hay muchos tipos diferentes de luz que afectan a cada superficie, así que fíjate en la foto y ajusta los colores sobre la marcha. Puede que notes que en la foto hay cierta "luz de rebote" que refleja un color diferente en una superficie, como un ladrillo naranja reflejándose en una pared cercana. Pinta la luz de rebote utilizando tu pincel principal con una opacidad más baja, en la misma capa de sombra Multiplicar si está en sombra; si no lo está, adjunta una máscara de recorte a la capa a la que afecta y configúrala en modo Superposición.

La luz de rebote en las sombras añade una variación de color sutil.

MOMO DICE: *"Cuando añadas diferentes tipos de luz, juega con los modos de fusión de las capas para ver cómo reacciona la luz con la superficie en cada modo. Puede que te des cuenta de que te interesa utilizar diferentes modos de fusión (como* Superposición, Luz lineal *o* Trama*) para distintas superficies, dependiendo de la combinación de colores que estés utilizando. Usa la herramienta* Tono, Saturación, Brillo *o* Curvas*, ambas dentro de* Ajustes*, para realizar ajustes de color en general para cualquiera de las capas si es necesario".*

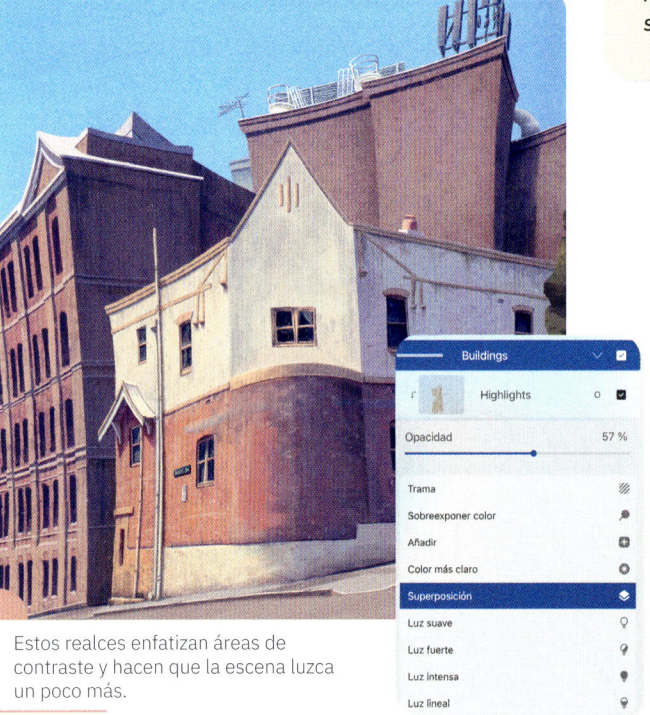

Estos realces enfatizan áreas de contraste y hacen que la escena luzca un poco más.

14

Ahora, puedes empezar a añadir algunos realces. Añade una nueva máscara de recorte encima de las capas Main Building y configura el modo Superposición (o experimenta y encuentra un modo de fusión diferente que quede bien con tu trabajo). Usando tu pincel principal, elige un color naranja/amarillo desaturado y añade luz a las zonas que reciben la mayor cantidad de luz. Baja la opacidad de la capa o el pincel si el efecto es demasiado intenso. Repite con los demás edificios y elementos.

15

Ahora es un buen momento para comprobar tus valores si no lo has hecho ya. Crea una nueva capa en la parte más alta de la pintura, configura su modo de fusión como Color y cámbiale el nombre por "Values" (valores). Rellena la capa con negro. Ahora deberías poder ver tu cuadro en blanco y negro. Activa y desactiva esta capa para comprobar los valores mientras continúas trabajando en tu pintura. Las áreas con el contraste más fuerte deberían ser el foco de atención del cuadro, con el contraste reduciéndose a medida que vamos hacia el fondo. Fíjate en cualquier edificio que quede alejado y ajusta los valores si es necesario, utilizando las opciones **Ajustes> Tono, Saturación, Brillo** o **Ajustes>Curvas.**

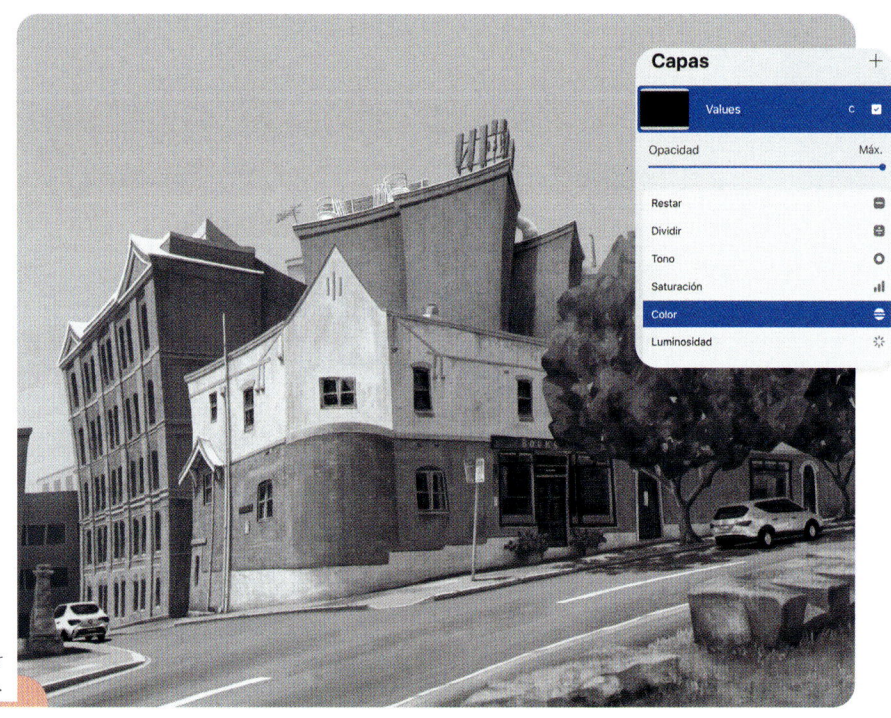

Comprueba tus valores en blanco y negro para ver qué áreas tienen demasiado contraste.

MOMO DICE: *"Mientras trabajas en tu cuadro, podrías toparte con algunos obstáculos estilísticos, donde la forma o la textura no funcionan como habías planeado y unos ajustes ligeros en los colores y valores no parecen solucionar el problema. En casos así, como en los árboles de este cuadro, no tengas miedo de volver atrás y rehacer el elemento. Aquí es donde el uso de capas reparadas resulta beneficioso, ya que puedes cambiar y revisar áreas específicas y seguir los mismos pasos para añadir luces y sombras otra vez".*

VIEJO

NUEVO

16

Ahora el cuadro debería estar tomando forma. Consulta la foto y busca detalles que puede que hayas pasado por alto. Recuerda, no obstante, que no hace falta que incluyas todos los detalles, solo aquellos que creas que proporcionarán carácter e intensidad a la pintura. Con un pincel suave, por ejemplo, puedes pintar algunos reflejos en las ventanas del edificio principal. Añadir porciones de hierba aleatorias a la acera también puede hacer que resulte más real y envejecida. Estos detalles pueden pintarse en una capa nueva, en las capas originales o añadirse con máscaras de recorte. Una vez más, experimenta con diferentes modos de fusión para ver qué queda bien con tu trabajo.

Los reflejos de la ventana se pintan usando un pincel suave en una máscara de recorte de opacidad baja configurada en modo **Trama**.

17

Ahora que el entorno ya casi está completado, puedes añadir algunos personajes. Este paso es opcional, pero es una buena idea para quienes deseen añadir un elemento narrativo a la pintura. Como ves en la referencia original, no hay personas ni animales por la calle en ese momento, pero añadir algunos ayuda a dar vida a la ubicación y a determinar su escala. Este cuadro incluirá unos personajes gatunos sencillos, pero tú puedes crear unos propios; ¡sé tan creativo como quieras! Añade una capa nueva encima de todo (pero debajo de la capa Values), cámbiale el nombre por "Characters" (personajes) y aplica al personaje o personajes un color plano usando tu pincel principal.

Establecer primero las siluetas te ayudará a ver si los personajes se interpretan bien respecto al resto de la imagen.

Los personajes ayudan a dirigir la vista del espectador y a encuadrar la escena.

MOMO DICE: *"Intenta no acercar la imagen demasiado mientras pintas. Si está demasiado cerca, es fácil enfrascarse y acabar trabajando en detalles innecesarios que pueden afectar a la cohesión general de la pintura. Cuando te concentres mucho en una parte específica del cuadro, recuerda alejar la imagen con regularidad y ver la ilustración en su conjunto. Esto se aplica durante todo el proceso de la pintura".*

18

Sigue los mismos pasos que has utilizado para los edificios y otros elementos para dar vida a tu personaje, utilizando Bloquear alfa y máscaras de recorte en diferentes modos de fusión para añadir sombra y luz. Añade sombras proyectadas bajo los personajes para que den la sensación de estar asentados en el entorno. Por una cuestión de organización, mantén las capas de los personajes en un grupo como hemos mencionado en la página 72. Sigue volteando el lienzo para comprobar que los personajes también quedan equilibrados.

19

Crea una capa nueva encima del grupo **Characters** y configúrala en modo **Trama**. Haz el pincel principal pequeño, alrededor de 2-3 %. Con un color naranja/amarillo cálido, pinta un halo de luz alrededor de los bordes iluminados por el sol de los elementos que quieras enfatizar. Añade con ligereza un halo de luz más frío en algunos de los bordes que estén en la dirección contraria a la luz, usando un color azul menos saturado. Mantén la imagen alejada y no abuses de este efecto; no todos los objetos lo necesitan. Añade todavía más realces vívidos a las áreas importantes creando otra capa encima de la capa **Trama** y configurándola en modo **Añadir**. Usando el mismo pincel, pinta algunos realces para dar una intensidad adicional a las principales áreas de interés.

Añade realces extra a los bordes que reciban más luz.

20

Crea una capa nueva encima y configúrala en modo **Superposición**. Utilizando el mismo pincel, pero esta vez con un color naranja saturado brillante, pinta a lo largo de las transiciones de las sombras en áreas clave, además de alrededor de los bordes de las sombras moteadas bajo los árboles. Ve a **Ajustes>Desenfoque gaussiano** y desliza el dedo hacia la derecha para aplicar un desenfoque de alrededor de un 10 %. Baja la opacidad de la capa hasta que el color sea menos intenso, de forma que dé a los bordes de las sombras cierta aberración cromática.

ANTES

DESPUÉS

Añade un borde de color a las sombras y baja la opacidad para que el efecto sea sutil.

21

Aleja la pintura para verla pequeña y comprueba qué aspecto tiene en tamaño miniatura. Debe poder distinguirse bien, ahora que el cuadro está casi terminando. No olvides comprobar otra vez los valores activando y desactivando la capa Values. Haz los ajustes finales y mira si hay elementos que necesiten retoques o si hay que añadir realces extra. Puedes hacerlo en una capa nueva o, simplemente, editando la capa o capas originales.

¿Se distingue bien la pintura en este tamaño? En este caso, aún es necesario ajustar los valores.

22

Crea una capa nueva encima de la pila de capas y configúrala en modo Multiplicar. Utilizando un azul-morado claro desaturado y un pincel suave y grande como **Aerógrafo>Pincel extrasuave**, extiende ligeramente algo de color por las esquinas y los bordes de la pintura para crear un efecto leve de viñeteo. Reduce la opacidad de la capa y aplica **Ajustes>Desenfoque gaussiano** para hacer que sea menos intenso.

Aunque a veces el viñeteo puede resultar un poco hortera, ayuda a cohesionar la imagen.

23

Barre hacia abajo con tres dedos para que aparezca el menú Copiar y pegar. Selecciona Copiar todo. Repite el gesto de barrido y selecciona Pegar. Mira la imagen alejada para hacer los cambios finales. Utiliza los ajustes Curvas, Equilibrio de color y Tono, Saturación, Brillo para realizar los últimos ajustes de color. Si quieres probar diferentes aspectos, duplica la capa deslizando hacia la izquierda sobre ella en el menú Capas y seleccionando Duplicar. Puedes crear una capa nueva encima de esas si sientes la necesidad de añadir algo más.

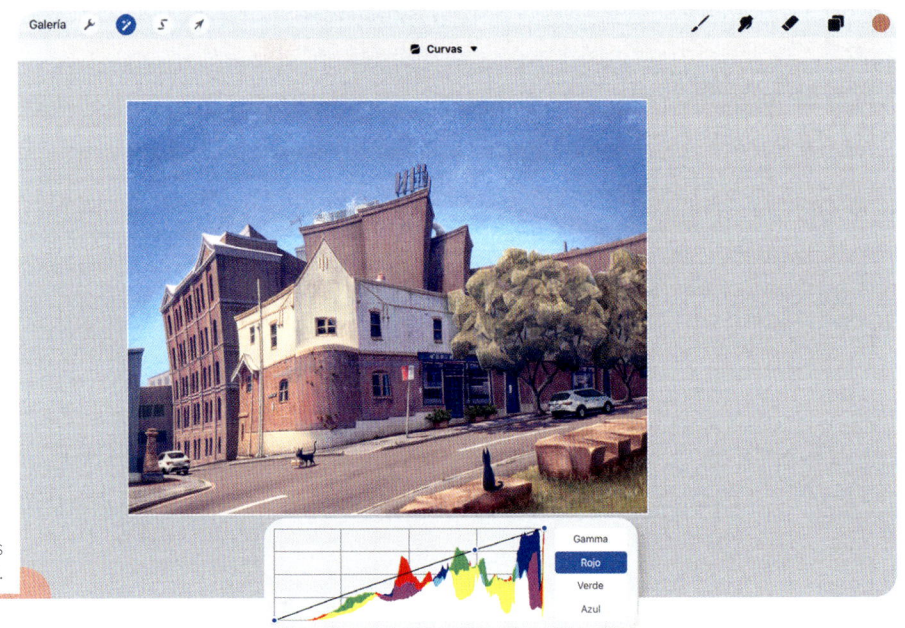

Los colores pueden realzarse un poco más usando ajustes como Curvas.

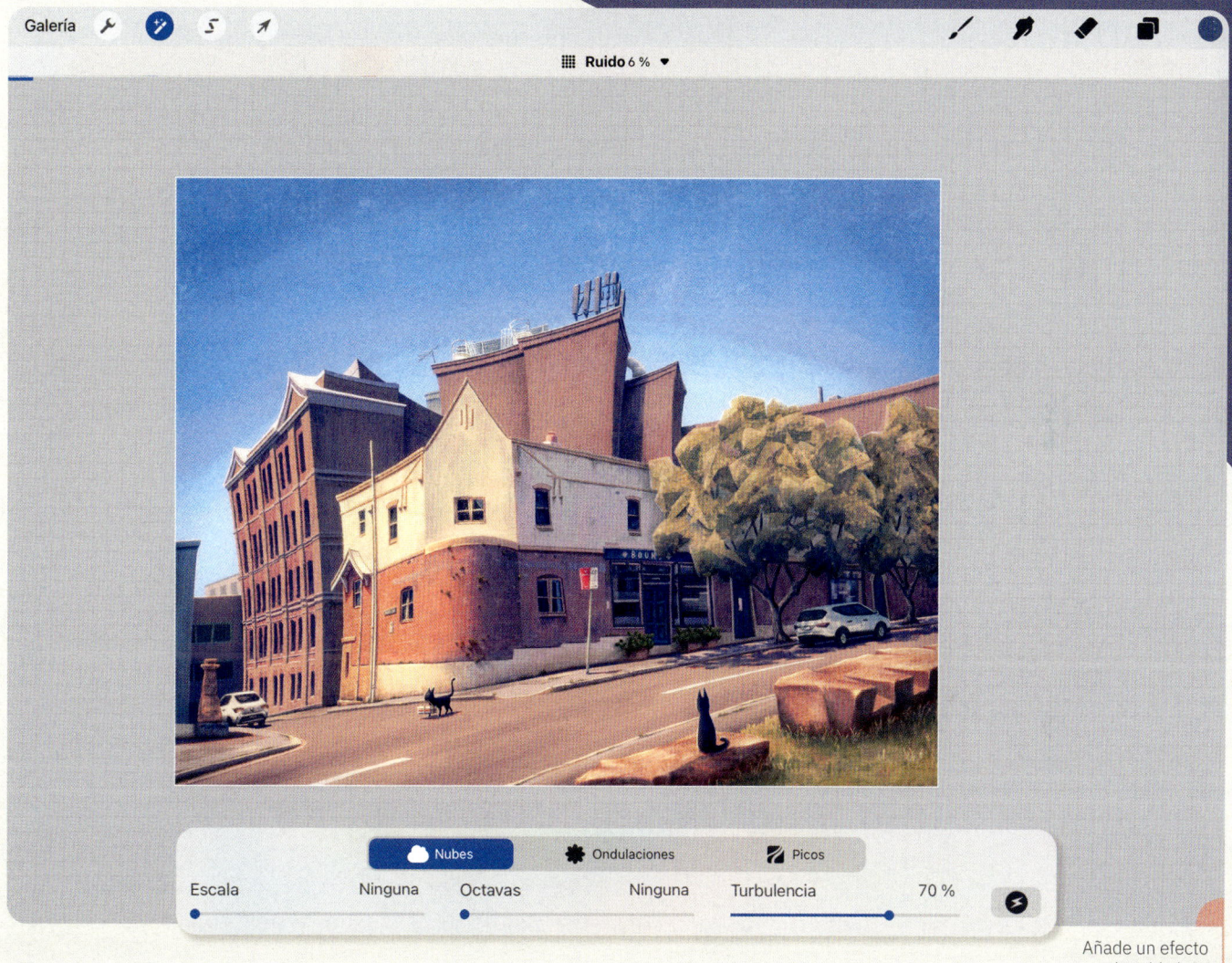

Añade un efecto
de ruido leve
para acabar la
escena.

24

Como toque final opcional, puedes añadir algo de ruido a la pintura para crear una sensación granular más texturizada y vibrante. Copia y pega el lienzo usando el gesto de deslizamiento con tres dedos. Cambia el nombre de esta capa por "Noise" (ruido). Ve a **Ajustes>Ruido** y arrastra el dedo por la pantalla hacia la derecha para ajustar el ruido al nivel deseado (prueba con 5-8 % aproximadamente para un efecto sutil).

CONCLUSIÓN

Crear una pintura completa de un paisaje o entorno puede ser una tarea abrumadora, pero este tutorial ha mostrado cómo puede usarse Procreate para descomponer el proceso en pasos que se asimilan con facilidad. Estas técnicas pueden aplicarse de modo sencillo a entornos similares. Dicho esto, recuerda que no hay reglas estrictas y rápidas en la pintura digital; no tengas miedo de experimentar con diferentes modos de fusión y combinaciones de color, mientras exploras maneras únicas de reinterpretar de forma creativa momentos ordinarios del mundo real.

WONKY HOUSE: Este dibujo está inspirado en los apartamentos independientes y estrechos que se encuentran a veces en el Japón suburbano.

DOWN BY THE RIVER: Esta es una reinterpretación libre de un lugar local real, con elementos del fondo y el primer plano modificados y añadidos para crear una historia.

RIVER SUNSET: Esto se pintó con un estilo más gráfico, con énfasis en la forma y el color, y está inspirado en las casas situadas junto al río cerca de donde vivo.

MUELLES DE NUEVA ESCOCIA

POR TREVOR CLARE

TREVOR DICE: *"Este será un cuadro de una escena con barcos pesqueros que fotografié cuando estaba de vacaciones en Nueva Escocia. Esta ubicación específica me intrigó porque la marea estaba baja y los barcos reposaban sobre el suelo marino. Como la marea estaba subiendo otra vez, pintar directamente en la ubicación era peligroso, así que saqué unas fotos rápidas de referencia para trabajar con ellas".*

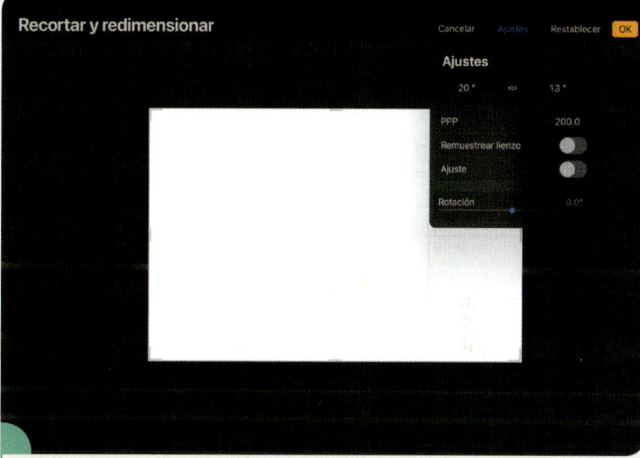

Configura tu lienzo y define tu resolución preferida.

01

Esta escena tendrá una orientación horizontal para capturar la vista de la zona portuaria, así que empieza por crear un lienzo que tenga 20 pulgadas de ancho × 13 pulgadas de alto, con una resolución de 200 ppp. Esto garantizará impresiones de alta calidad si decides imprimir la ilustración final.

02

Incluso si no puedes quedarte en la ubicación mucho tiempo (¡la seguridad es lo primero!), tienes la ventaja de poder tomarte tu tiempo para deconstruir las referencias fotográficas que tienes delante. Revisa la foto de referencia y analiza la escena. ¿Cuál es el foco de interés principal? En este ejemplo, el ojo se dirige de forma natural de izquierda a derecha en un arco y llega al punto de interés principal, que es el barco grande de color turquesa. Por lo general, una pintura de un paisaje que esté bien hecha tendrá una entrada y una salida. Solo tienes que determinar qué incluir y qué eliminar.

En este caso, puedes eliminar el edificio rojo lejano y las trampas para langostas rojas, porque distraen demasiado y compiten por la atención del espectador. También puedes eliminar la parte trasera del barco que se ve en el extremo derecho y el poste en el centro de la escena.

Determina el foco de interés principal y analiza qué elementos eliminar.

03

A continuación, tienes que configurar una cuadrícula. Esta herramienta puede activarse y editarse yendo a **Acciones> Lienzo>Guía de dibujo**. Una cuadrícula resulta útil para organizar mejor los objetos mientras se consulta la foto de referencia. Configura una cuadrícula con 6 columnas de ancho × 4 filas de alto. Arrastra por la barra de color para hacer las líneas de un color brillante, como el magenta, para que haya mucho contraste y puedas ver la cuadrícula.

Establece una cuadrícula para que te ayude en el proceso de la creación del esbozo.

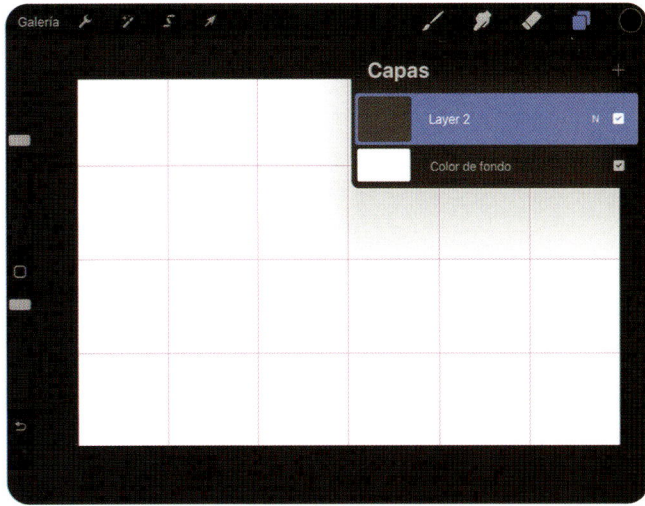

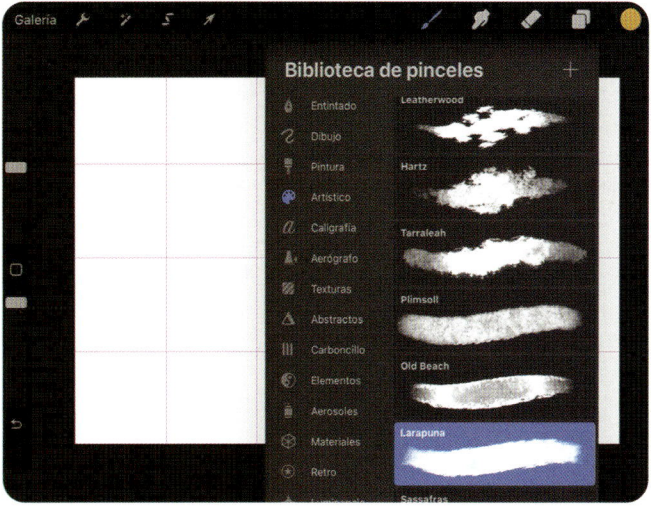

Crea una capa nueva y prepara el lienzo usando un pincel texturizado grande y un color base amarillo cálido.

04

Ahora, puedes crear una base y "preparar" el lienzo como lo harías si estuvieses pintando en un lienzo de verdad con pintura real. Crea una capa nueva y establece el tono con color base, como un amarillo ocre o un pardo. Tener un color base, en vez de un lienzo blanco total, hace que el proceso resulte mucho menos intimidatorio y añade cohesión a la pintura resultante. No importa qué pincel utilices en este punto, pero **Artístico>Larapuna** es una buena opción.

La capa preparada con el subtono.

05

Comienza el proceso de creación del boceto, trabajando a partir de la foto de referencia para establecer una composición. Elige un color oscuro y el pincel **Boceto>Procreate Pencil**, que funciona bien para bocetos rápidos y ligeros. Empieza por crear una capa nueva y, a continuación, establece una línea de horizonte, creada en el fondo, y, por último, esboza los barcos en primer plano. No entres en muchos detalles en esta etapa, o no podrás tomar tus propias decisiones o añadir tu estilo personal mientras realizas tu viaje por el proceso de la pintura y acabarás con un resultado más similar a un cuadro de "pintar por números".

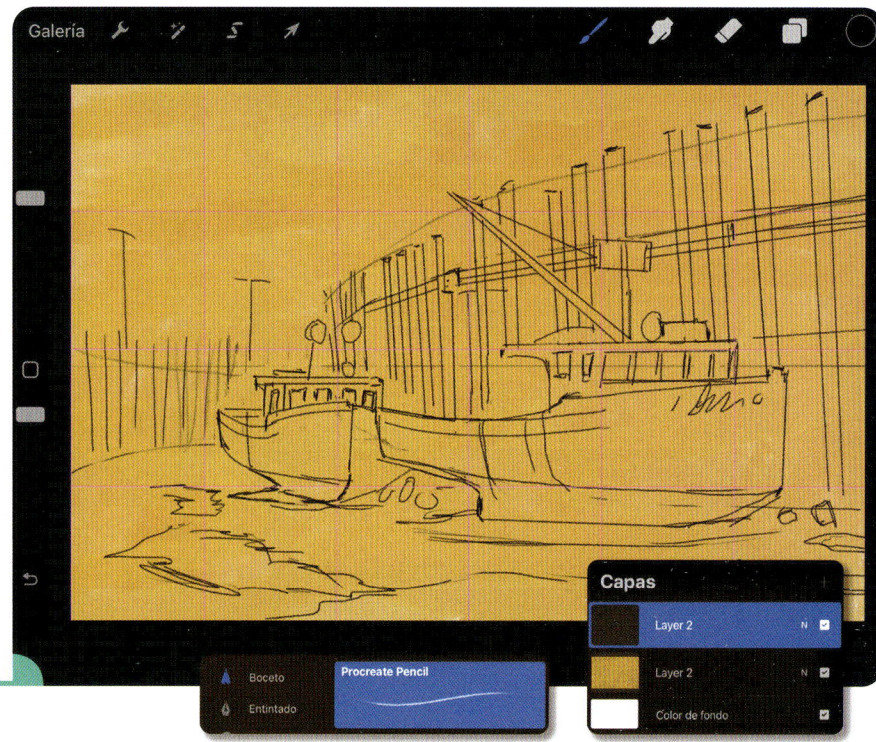

Esboza la composición y los elementos de tu escena.

06

Ahora puedes crear una paleta de colores basada en los colores principales que observes y te llamen la atención en esta escena. Abre el menú Paletas, toca + y selecciona Crear nueva paleta. Ahora, vuelve a la vista Disco (o la vista de Paletas que más te guste), selecciona tus colores y guárdalos como muestras tocando los cuadros vacíos de la paleta. Puedes eliminar o reemplazar una muestra guardada manteniéndola pulsada y luego soltando. Ten en cuenta que esta paleta será simplemente una base para tu pintura; puedes desviarte y explorar colores adicionales sobre la marcha. No tengas miedo de probar cosas nuevas y añadir tus propios toques únicos por el camino. Siempre puedes rehacer cualquier sección; las imperfecciones naturales dan personalidad a tu pintura.

Crea una paleta de colores principales a partir de la cual puedas extraer colores adicionales.

07

Ahora que has establecido tu paleta de colores y has esbozado la composición, puedes empezar con la parte divertida: determinar valores. Empieza por crear una capa nueva para el cielo y colócala detrás de la capa del boceto. Selecciona el pincel **Pintura>Nikko Rull**, que es bueno para bloquear un área grande aproximada, y pinta con ligereza un cielo azul pálido. Mantén la vista alejada para que se vea el lienzo completo y utiliza un pincel grande para evitar la tentación de enfrascarte en detalles innecesarios. Un pincel grande también te permitirá dar pinceladas más seguras mientras creas las masas y formas principales. Mantener el cielo separado de momento permite cambios rápidos sin tener que esquivar los detalles del puerto ante él.

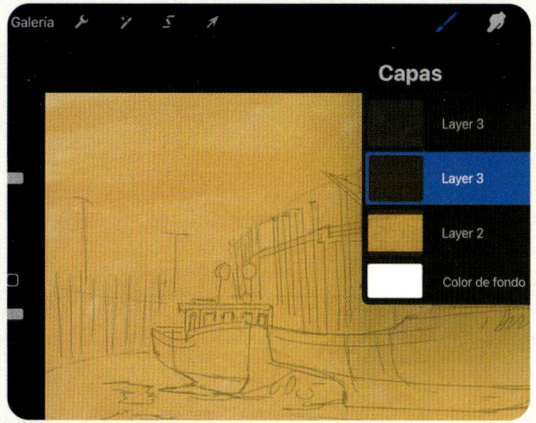
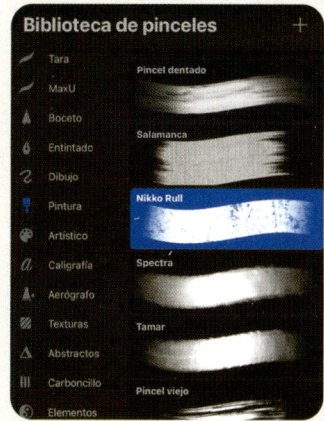

Empieza a aplicar el color del cielo con pinceladas grandes y ligeras.

Empieza a sintetizar los valores más oscuros en masas y formas.

08

Es hora de empezar la importante labor de dar forma a las masas e identificar los valores. Determinar los valores correctos por adelantado es crucial. Los colores pueden ser inadecuados, pero, si los valores son exactos, ¡la pintura seguirá quedando genial! Crea una capa nueva para todo lo que hay delante del cielo y elige un color gris azulado oscuro. Sigue usando el pincel Niko Rull con la opacidad al máximo y un tamaño bastante grande. Empieza a rellenar masas más oscuras y áreas de sombras y verás como empiezan a aparecer formas y profundidad.

09

Cuando hayas identificado los valores más oscuros, quédate en la misma capa y empieza a aplicar los valores medios de la misma manera que has hecho con las sombras. Para esto, utiliza un gris azulado medio. El objetivo es trabajar rápido y con ligereza en esta etapa preliminar, así que no te preocupes todavía por el perfeccionamiento. A continuación, usa un gris azul claro para pintar las formas de valores más brillantes que representan los realces en la escena. Observa que aún se entreven algunos trocitos de amarillo de la capa del subtono; es una buena forma de tener algo de textura y cohesión durante el proceso.

Sintetiza los valores medios y claros de la escena en masas y formas.

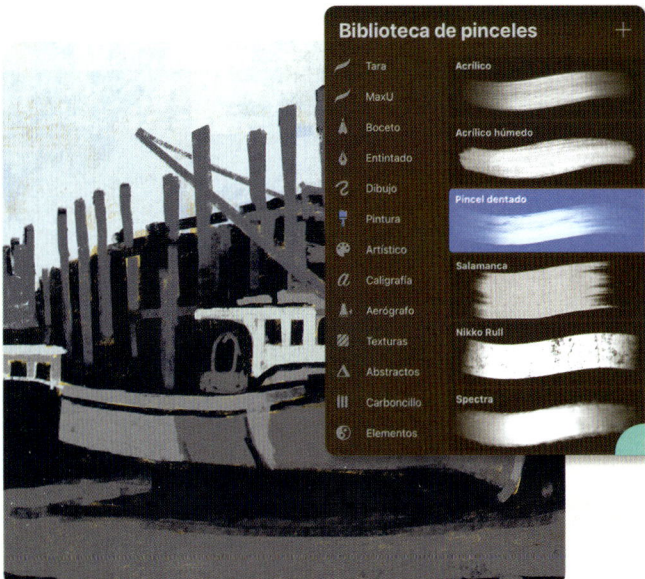

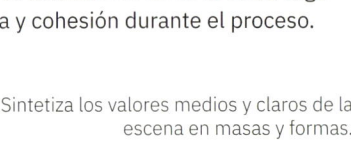

10

Ahora que has aplicado los valores, desactiva la capa del boceto y crea encima una capa nueva, donde empezarás a añadir color. Escoge un pincel o dos de tu elección que transmitan la atmósfera y el estilo que quieres reflejar. Los pinceles que he utilizado en este proyecto son **Pintura>Pincel dentado** y **Pintura>Nikko Rull**, ya que tienen una cualidad pictórica atractiva. Cíñete a una selección muy pequeña de pinceles con máxima opacidad, ya que eso dará a tu trabajo parámetros consistentes y creará cohesión en todo el cuadro.

Selecciona algunos pinceles pictóricos grandes para aplicar el color.

TREVOR DICE: *"Ten cuidado de no depender de demasiadas capas. Mi enfoque es bastante tradicional; me gusta encontrar el punto perfecto donde las técnicas tradicionales se unen con las contemporáneas/digitales. Las capas pueden resultar muy útiles, pero intento usarlas con moderación para que la obra tenga un aire pictórico orgánico. Si uso múltiples capas, voy combinándolas mientras trabajo, arreglando errores y reelaborando una parte del mismo modo en que lo haría en un lienzo. Esas imperfecciones naturales crean carácter. Ese es solo mi enfoque. Si estuviese creando un estilo más ilustrativo para un proyecto complejo, utilizaría mucho más la parafernalia de Procreate".*

11

En la nueva capa, rellena el cielo con azules más claros, grises y, quizá, algunos amarillos suaves para plasmar una escena nublada con el sol intentando abrirse paso. Intenta trabajar con ligereza y moverte con rapidez. Puesto que el fondo se desvanece de forma natural en la distancia, elige conscientemente utilizar tonos y valores más claros en la lejanía. Esto permitirá que el primer plano sea el centro de atención, que es el modo en que el ojo humano observa la realidad.

Empieza a pintar con el color para el cielo y los elementos más lejanos.

Empieza a añadir color a las estructuras del puerto.

12

En la misma capa, empieza a añadir color a los postes del puerto mientras tienes en mente los valores que has planeado originalmente debajo. Intenta mantener los postes lejanos menos detallados, pero ve añadiendo cada vez más detalles y colores más saturados a medida que empieces a definir los postes en primer plano. Al ir moviéndote por el lienzo y utilizando colores similares, crearás una armonía y una cohesión naturales. Intenta mantener las pinceladas simples y ligeras. Utilizar pinceladas más anchas y bordes más ligeros en la distancia permitirá que el primer plano tenga más contraste y destaque.

13

Ahora puedes empezar a añadir algo de color al suelo marino y esbozar un poco el color básico para los charcos. Sigue trabajando en la misma capa para estas etapas de coloreado; así crearás un aspecto más orgánico parecido a los cuadros reales. Hay una técnica útil que puedes utilizar más adelante para perfeccionar los charcos y definir algunos de los reflejos y los bordes del agua, pero, por el momento, mantenlos como esbozos. Dejar elementos como los reflejos casi para el final te permitirá reflejar los entornos naturales con mayor precisión.

Establece el suelo marino con una aplicación básica de colores.

14

Ahora puedes progresar un poco más con los barcos. Céntrate primero en el más lejano, sin añadir demasiados detalles; empieza solo a definir las ventanas y a esculpir el contorno del barco un poco más. Un pincel un poquito más pequeño empezará a generar formas más definidas, dar claridad a los barcos y compensar los barcos del fondo que has establecido.

Empieza a definir la forma del barco más lejano.

15

Ahora puedes centrarte en crear el barco en primer plano (que es el foco de interés principal, así que tienes que trabajar de forma un poco más precisa). Sigue dando las pinceladas con una intención clara. Evita usar la herramienta Dedo para este estilo de pintura; cambiar los tonos y valores tú mismo es mucho más interesante y crea un efecto armonioso y brillante que da vida y carácter a un cuadro.

Empieza a crear el barco en primer plano, que es el foco de interés principal.

16

Ahora que has aplicado los colores, puedes empezar a trabajar en algunos detalles más del barco en primer plano. Céntrate en detalles intermedios de tamaño mediano y deja los más finos para más adelante. Es importante señalar que esos detalles secundarios pueden "insinuarse" al trabajar de manera más ligera. También puedes empezar a añadir bordes más nítidos donde quieras atraer la atención del espectador. También observarás que, una vez que empiezas a añadir pequeños toques de color, la pintura empieza a cobrar vida de verdad.

Ve desarrollando el barco en primer plano con detalles intermedios.

Añade algo de textura y más detalles al barco en primer plano.

17

A continuación, puedes empezar a añadir texturas y detalles más pequeños a los barcos. Si te fijas bien en el barco real, verás que tiene detalles como un nombre a un lado, un número y otros elementos que pueden insinuarse sin más o escribirse con precisión. Los detalles pueden simplificarse, comprimirse o minimizarse para ajustarse a la complejidad que desees para tu cuadro final; por ejemplo, acortar el número y sugerir con ligereza el texto en vez de replicar cada letra florida. En este punto, también puedes empezar a refinar las sombras bajo los barcos. Centrarte en la luz y las sombras empezará a generar un entorno más creíble.

18

Ahora, dirige tu atención a los detalles del suelo marino. Añade algunas algas verdes sueltas en el lado izquierdo. La inclusión de un tono verde no solo contribuirá a crear texturas interesantes, sino que también encajará con colores que ya están presentes en otras partes en el cuadro, como en determinadas secciones de los postes del puerto.

Céntrate en los detalles del suelo marino.

19

Crea una capa nueva y dibuja un lazo alrededor de los charcos utilizando la herramienta **Selección>Forma libre** que se encuentra en la barra de herramientas principal. Esta forma se utilizará para los reflejos y, como es independiente del cuadro, te permitirá controlar los reflejos y ajustar los charcos como quieras a medida que progresas con la imagen.

Puedes desactivar la selección tocando el icono Selección y volver a activarla cuando sea necesario manteniendo pulsado el mismo icono. Para asegurarte de que no pierdes selecciones útiles, puedes guardarlas y volver a cargarlas con la opción **Selección>Guardar y cargar**.

Crea una selección en una capa nueva para los charcos.

TREVOR DICE: *"Puedes tener bordes de pinceles que tengan valores cercanos para crear suavidad sin necesidad de usar la herramienta Dedo. Esto te obliga a comprometerte con tus pinceladas y tomar cada decisión de manera deliberada y con una intención. Cada pincelada importa. Aunque puede parecer abrumador al principio, empieza a resultar más natural y habitual cuanto más practicas y perfeccionas tu estilo".*

Rellena la selección del charco con reflejos pictóricos del cielo y los barcos.

20

Con la selección activa en la nueva capa, ahora puedes pintar los reflejos en el charco. Intenta mantenerlos bastante ligeros. Fíjate en que el agua es marrón oscuro donde el suelo es más visible en los bordes poco profundos y, después, cambia de color para reflejar el cielo y los barcos. Si quieres, puedes seleccionar la herramienta Dedo y un pincel de tu elección y utilizar una mezcla de la función de Dedo y las pinceladas para crear un reflejo. Sin embargo, es una buena costumbre no utilizar la herramienta Dedo en absoluto y, en su lugar, mantener el pincel con la opacidad máxima y usar el Cuentagotas para tomar los colores del barco. Usar en exceso la herramienta Dedo puede alejarse demasiado de las cualidades pictóricas que has establecido en el resto de la pintura.

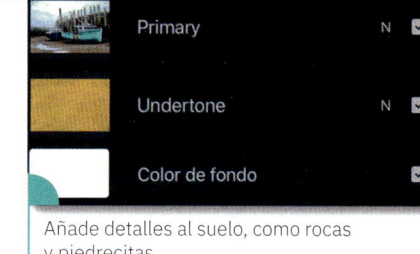

21

Ahora mismo, el suelo marino parece bastante plano, así que crea una capa nueva encima de la capa de los charcos y añade algunas rocas y piedrecillas al agua y al suelo para darle textura. Usar una capa separada te permitirá hacer cualquier revisión que quieras sin dañar los charcos. También puedes utilizar la capa de las rocas para añadir detalles y rugosidad a los bordes de los charcos para darles un aspecto más realista y no tan "perfecto".

Añade detalles al suelo, como rocas y piedrecitas.

22

A veces, los detalles más pequeños pueden dar vida y personalidad a una pintura. En este caso, la escena no muestra realmente signos de vida, así que prueba a añadir un par de pájaros por el cielo en la distancia. También puedes añadir los postes de luz que se ven en la foto de referencia, que equilibrarán la pintura un poco más y llenarán el vacío en el lado izquierdo. Es importante señalar que mantener más énfasis en el lado derecho sigue siendo crucial y, al final, creas un destino hacia el que debe moverse el ojo.

Perfecciona la pintura añadiendo detalles sutiles en la lejanía.

TREVOR DICE: *"Intenta trabajar con ligereza en la distancia, con bordes suaves y pinceladas más anchas. A medida que te muevas hacia el primer plano, pinta con bordes más nítidos y más detalle. Esto mantiene el foco de interés del primer plano como centro de atención; los ojos del espectador se guían de manera automática hacia él sin distracciones".*

23

Ahora puedes volver a moverte por el lienzo, reelaborando las secciones que necesiten mejorar y añadiendo realces, detalles y texturas sutiles. Unas pinceladas verticales en el cielo acentúan la sensación de día nublado y lluvioso; algunas pinceladas marrones trasmiten la erosión del suelo y los postes del puerto. En esta etapa, es fácil exagerar con los detalles, así que ten cuidado de no pasarte con la imagen, incluso puedes eliminar detalles si es necesario. Céntrate en los sujetos del primer plano y el suelo marino insuflando vida y personalidad a la imagen como te parezca oportuno.

Haz los ajustes finales en la escena añadiendo realces, detalles y texturas sutiles.

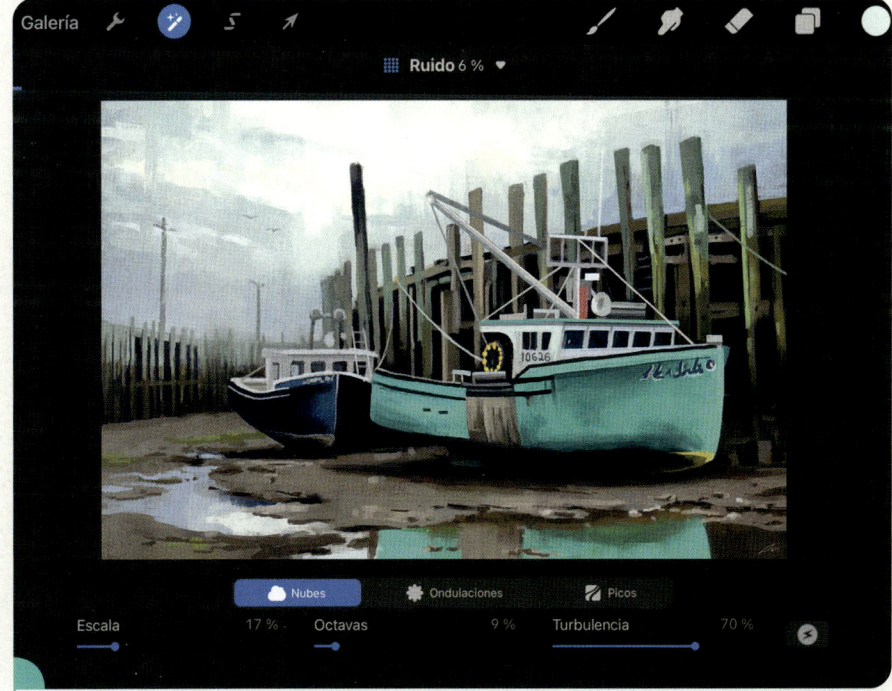

Perfecciona la pintura completa ajustando la intensidad y el contraste y añadiendo algo de grano.

24

Repasa el barco turquesa una última vez para darle unos bordes más nítidos y limpios, trabajando detalles más finos como las líneas y las ventanas. Utiliza un gris azulado claro para enviar los postes de madera hacia el fondo, para crear más distancia respecto al primer plano. Una vez que estés satisfecho con todo, combina todas las capas y ve al menú Ajustes para realizar los últimos retoques generales. Prueba a incrementar la intensidad y el contraste de la imagen ajustando un poco las opciones de color para hacer la ilustración más dinámica.

Un buen toque para el acabado es el grano o "ruido", que da a las pinturas digitales algo de gravilla y una textura más orgánica, pero asegúrate de usarlo con moderación. Ve a **Ajustes>Ruido**. Configura el Ruido en un 6 % deslizando el dedo por la pantalla y, después, selecciona Nubes y configúralo a 17 % en Escala, 9 % en Octavas y 70 % en Turbulencia.

CONCLUSIÓN

La pintura acabada captura una escena nublada con barcos pesqueros con un estilo pictórico. Has utilizado con éxito las capas de Procreate para construir la pintura y has aplicado la técnica de las pinceladas deliberadas para crear una cualidad pictórica con aspecto tradicional. A medida que vayas haciendo pinturas digitales, recuerda empezar por descomponer las secciones en masas y formas para que el proceso resulte menos intimidatorio y más abordable".

ECHOES: Después de revisar mis fotos de una excursión a Niagara-on-the-Lake, supe que necesitaba capturar esta casa inhóspita que se alzaba sola en un campo mientras se acercaba una tormenta fatídica.

THE VISITOR: Inspirado por una película con una cinematografía excepcional, intenté capturar la atmósfera del desarrollo de una narrativa misteriosa en esta pintura.

FLIGHT OF MOMENT: Fijándome en los ejemplos de las hermosas tierras de los países del sur de Asia, creé esta utopía de fantasía centrándome en el uso de la luz cálida y una paleta de colores vibrantes.

STUDIO CITY DE NOCHE

POR JOJO LU

APRENDE A:

- Crear una composición estilizada basada en lo que ves.

- Elegir colores que resulten realistas, pero vibrantes.

- Gestionar la complejidad de un paisaje urbano.

Este paisaje urbano nocturno está lleno de detalles que descomponer y simplificar.

01

Los paisajes urbanos son complicados, pero, al descomponer el proceso en pasos más pequeños, se vuelven más manejables. Aquí el entorno está lleno de luces de la ciudad, edificios, colinas, coches y árboles; vas a tener que ser selectivo respecto a lo que quieres capturar. Empieza por crear un lienzo nuevo, de 96 cm de ancho × 72 cm de alto y 72 ppp (o más ppp si piensas hacer impresiones grandes). Para la fase inicial del boceto, selecciona un pincel bastante sólido y sencillo, como **Pintura>Pincel redondo**.

JOJO DICE: *"Antes de empezar una pintura, pregúntate siempre qué es lo que te interesa. A cada uno le parecen interesantes cosas distintas y eso es lo que crea el estilo y la voz únicos de un artista. Aquí he pintado Studio City, en Los Ángeles, de noche. Me gustaba mucho el contraste entre la ciudad y la luna, además del resplandor naranja del aparcamiento en primer plano. Piensa en lo que te gusta y tenlo en mente cuando pintes para asegurarte de expresarlo".*

02

Antes de empezar a pintar, asegúrate de que tienes una buena composición. Esboza varias miniaturas rápidas con solo dos o tres colores para hacerte una idea más clara de cómo se verá la pintura desde cierta distancia. Intenta mantener la sencillez; el objetivo de este paso es conseguir una visión general y no centrarse en pequeños detalles. Para hacer una composición más interesante, varía el uso de formas grandes, medianas y pequeñas. Una buena pintura debería poder distinguirse con claridad desde lejos. Aquí, el ejemplo superior derecho consigue un buen equilibrio de formas legibles de diferentes tamaños y valores con contraste.

Intenta crear entre tres y cinco composiciones antes de elegir la definitiva.

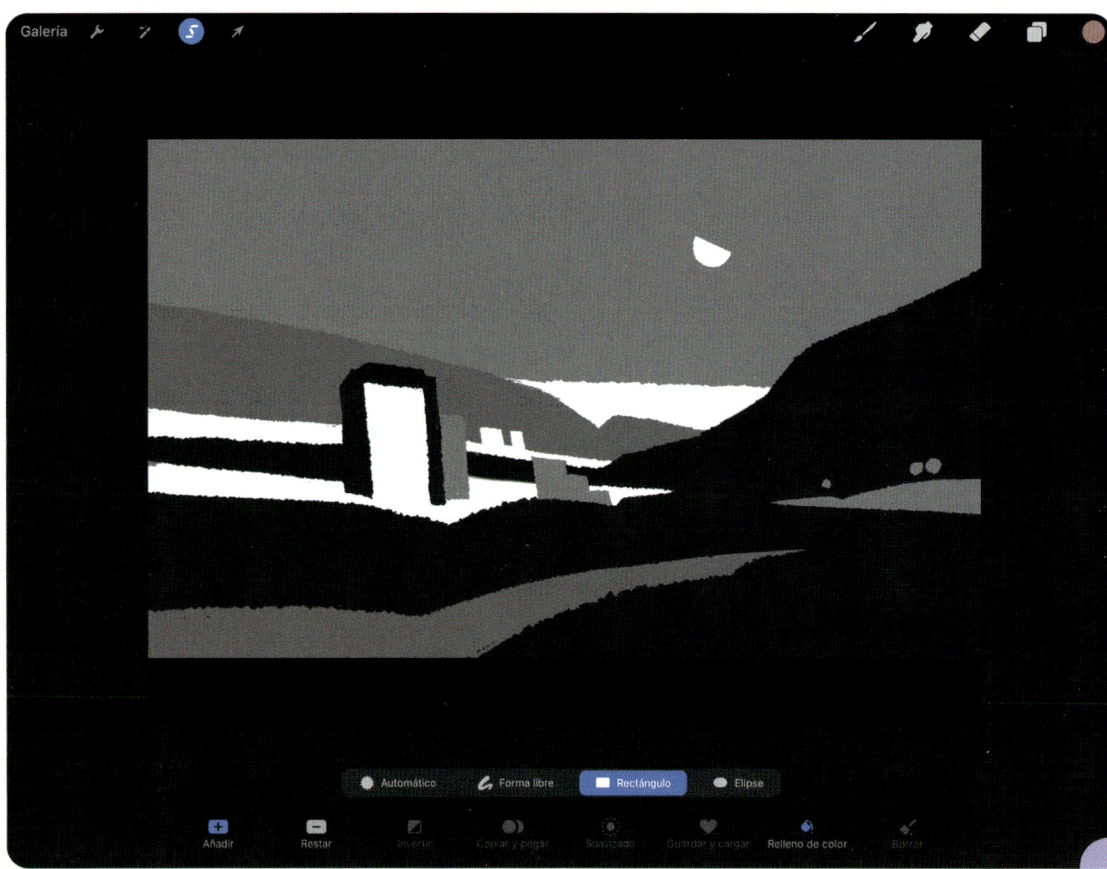

Mantén los valores y las formas simples y fáciles de distinguir a primera vista.

03

Selecciona la miniatura elegida con la herramienta Selección y amplíala para rellenar el lienzo completo con Transformar. Perfecciona las formas un poco más, usando un pincel opaco con textura, como Dibujo>Evolve. Ten en cuenta tu visión original del paso 02 y asegúrate de que todas las ideas para las formas grandes siguen ahí. Crea una capa nueva encima de esta y añade barras negras de tipo *letterboxing* en la parte superior y la inferior del lienzo para dar a la escena un aspecto cinemático. Para ello, utiliza Selección>Rectángulo con Relleno de color configurado como negro.

04

Duplica la capa con la composición refinada en ella. Ahora, puedes utilizar la opción ColourDrop para rellenar los colores base de cada área de la composición. Para utilizar ColourDrop, arrastra rápidamente el icono de color desde la parte superior derecha de la pantalla al área que quieres volver a colorear. Manteniéndolo pulsado, puedes deslizar a izquierda y derecha para ajustar el umbral si se está rellenando con demasiado poco o demasiado color. Empieza por usar ColourDrop con un azul grisáceo en el cielo.

La función **ColourDrop** es muy útil para volver a colorear diferentes partes de una pintura.

Aquí los colores no son definitivos; intenta transmitir solo una sensación básica del aspecto que podría tener la escena.

05

Al elegir los colores base, intenta pensar en su valor y temperatura. El valor es el rango de lo claro u oscuro que es un color, y la temperatura es lo cálido o frío que es. Puedes elegir cualquier color que quieras, siempre y cuando mantengas las relaciones coherentes. Los colores se perciben en relación con lo que hay a su lado; por ejemplo, aquí puedes utilizar un azul más cálido (más morado) para la parte superior del cielo y un azul más frío (más verde) para la parte inferior para crear una sensación de profundidad.

06

Cuando hayas terminado de elegir los colores base, podrás pasar a perfeccionar la pintura y añadir detalles. Sigue utilizando el pincel **Dibujo>Evolve** para esta parte. Esta pintura va a ir construyéndose desde el fondo hacia delante, así que empieza por el cielo y comienza a añadir sombras intermedias y variaciones de color sutiles. En esta noche hay mucho esmog, así que añade también algunos grises en la parte inferior del cielo.

No te preocupes todavía por la fusión; nos ocuparemos de eso en un paso posterior.

07

Una vez que hayas terminado de perfeccionar los colores del cielo, sigue el mismo proceso para la montaña del fondo y los edificios. Ignora las luces de la ciudad por ahora; se añadirán más adelante. Para facilitar el cambio frecuente de colores, intenta trabajar con la ventana Colores extraída del menú. Para ello, toca el menú Colores y después, mantén pulsada y arrastra la barra gris superior para extraer el menú. Ahora puedes cambiar los colores sin tener que abrir el menú cada vez.

Es práctico tener la ventana **Colores** fuera para poder cambiar los colores con facilidad.

08

Termina de perfeccionar los colores de las montañas y los árboles en primer plano. Haz una pausa y evalúa tus elecciones de color hasta el momento. Prueba a aplicar capas alternas de colores fríos y cálidos para crear una sensación de profundidad y atmósfera en la pintura. Si los colores parecen turbios, comprueba las temperaturas. Si la pintura resulta plana, comprueba los valores. Piensa en las ideas que querías transmitir en el paso 02 y mira si la pintura las refleja. Hasta ahora, este cuadro captura los tonos cambiantes de un cielo nocturno con esmog, el resplandor cálido de las luces de la ciudad y los colores diversos del follaje sombrío.

El color siempre es relativo, así que piensa en lo que rodea al color elegido.

Encontrar el equilibrio entre fusionar y no fusionar es complicado.

09

A continuación, puedes empezar a fusionar algunos de los colores en el cielo y la montaña más lejana utilizando la herramienta **Dedo**. Toca el icono de la mano en la barra de herramientas para seleccionar la función Dedo y, después, configúrala con el mismo pincel **Dibujo>Evolve** que has usado para pintar. El objetivo es encontrar un buen equilibrio entre bordes suaves (fusionados) y duros (sin fusionar) para hacer el cuadro más interesante. Arrastra el pincel a lo largo de los bordes de los colores y vuelve atrás según sea necesario hasta que la escena esté bien fusionada.

10

Una vez que hayas terminado la fusión, podrás empezar a añadir las formas de los edificios más pequeños del paisaje urbano. En vez de intentar replicar ahí todas las formas de los edificios, intenta plasmar el ritmo de los edificios. Aquí el objetivo debería ser transmitir la sensación de que hay muchos edificios, más que dibujar cada uno con exactitud, así que trata de simplificar y agrupar las formas. Quieres que el edificio principal destaque, así que intenta organizar las otras formas de una manera que guíe la vista hacia él para crear un punto de interés. Puedes crear el ritmo de los edificios apilando líneas horizontales y rectángulos, usando un tono más oscuro para sugerir los lados en sombra.

No intentes pintar cada edificio; intenta capturar una impresión general.

11

Ahora que tienes todos los edificios creados, puedes pasar a la parte más divertida: las luces. Empieza por las luces en la montaña más lejana, en el fondo. Cuando miras la escena en el mundo real, ves que las luces se amontonan hacia el edificio principal, así que puedes utilizar eso para guiar al espectador hacia tu punto de interés. También puedes atraer ahí la vista reservando el contraste de temperaturas para las luces en esa zona. Para ello, mantén la mayoría de las luces naranjas y reserva unos pocos realces azules para el área cerca del edificio principal.

Puedes dar unos toquecitos de puntos para indicar las luces de la ciudad, no hace falta que sea demasiado complicado.

JOJO DICE: *"Comprueba la composición haciendo un gesto de pellizco para alejar la vista y hacer el lienzo más pequeño. ¿Sigue distinguiéndose de manera similar a las composiciones iniciales de los pasos 02 y 03? Recuerda que es importante que un cuadro siga siendo reconocible incluso aunque sea una miniatura pequeña. Si te parece que no se distingue bien, vuelve a comprobar la composición que has hecho antes para guiarte. Descomponer el proceso en pasos más pequeños lo facilita, así que no hace falta que hagas malabares con todas las partes de una pintura a la vez. En vez de eso, puedes imaginarla dividida en fragmentos más fáciles de gestionar".*

12

Cuando hayas terminado de añadir las luces en el fondo, pasa a las luces en el medio. Observa que son, sobre todo, tonos naranjas, amarillos y verdes que se iluminan desde abajo en la zona frontal, y muchas luces azules más frías cerca del edificio principal. Intenta organizar las luces de un modo que implique que ahí hay edificios. Por ejemplo, puedes dibujar varias líneas horizontales para insinuar la luz que sale de las ventanas de un edificio de oficinas. Puedes dibujar una variedad de formas de luces para hacerlo más interesante.

Prueba a variar las formas y colores de las luces dentro del mismo tono para crear interés.

13

A continuación, vas a pintar las luces del lado derecho delante de la montaña. En este lado no hay tantos colores y parece, sobre todo, verde. Aún puedes añadir colores diferentes para crear interés, pero mantenlos dentro de un tono verde. También deberías mantener las luces más oscuras de lo que son en realidad, para que no alejen la atención del foco de interés del edificio principal. A medida que te mueves de derecha a izquierda, haz una transición del verde al naranja para volver a conectar con las luces principales en el centro de la escena.

Intenta mantener esta zona más simple que el área del foco de interés.

14

Cuando la mayoría de las luces están terminadas, podrás pasar a los detalles del edificio principal. Dibuja algunos puntos para representar las luces en la parte superior y también algunos puntos brillantes para representar luces encendidas en oficinas individuales. También puedes añadir puntos más oscuros para ventanas oscurecidas, para representar oficinas donde nadie está trabajando hasta tarde. No tienes por qué seguir los colores exactamente como los ves; haz lo que más convenga a tu pintura. Es importante no comprometerse demasiado con lo que ves en la vida real o la imagen de referencia, sino tomar decisiones que encajen con tu cuadro.

Incluso aunque estas luces no parecen ventanas de cerca, sí lo parecen de lejos.

15

Ahora puedes añadir la luz en contrapicado en los árboles bajo el edificio principal. Mantén esas luces en el rango de tono
amarillo/naranja para conservar la mayor
parte de la variación de color en el área
principal. De nuevo, no deberías pasarte
con el brillo o se generará un conflicto con
el foco de interés principal. Intenta agrupar la mayoría de las luces por debajo del
edificio principal mientras mantienes otras
áreas como siluetas oscuras de árboles.

El espectador deducirá que estos puntos y líneas
simples son las luces de unos edificios.

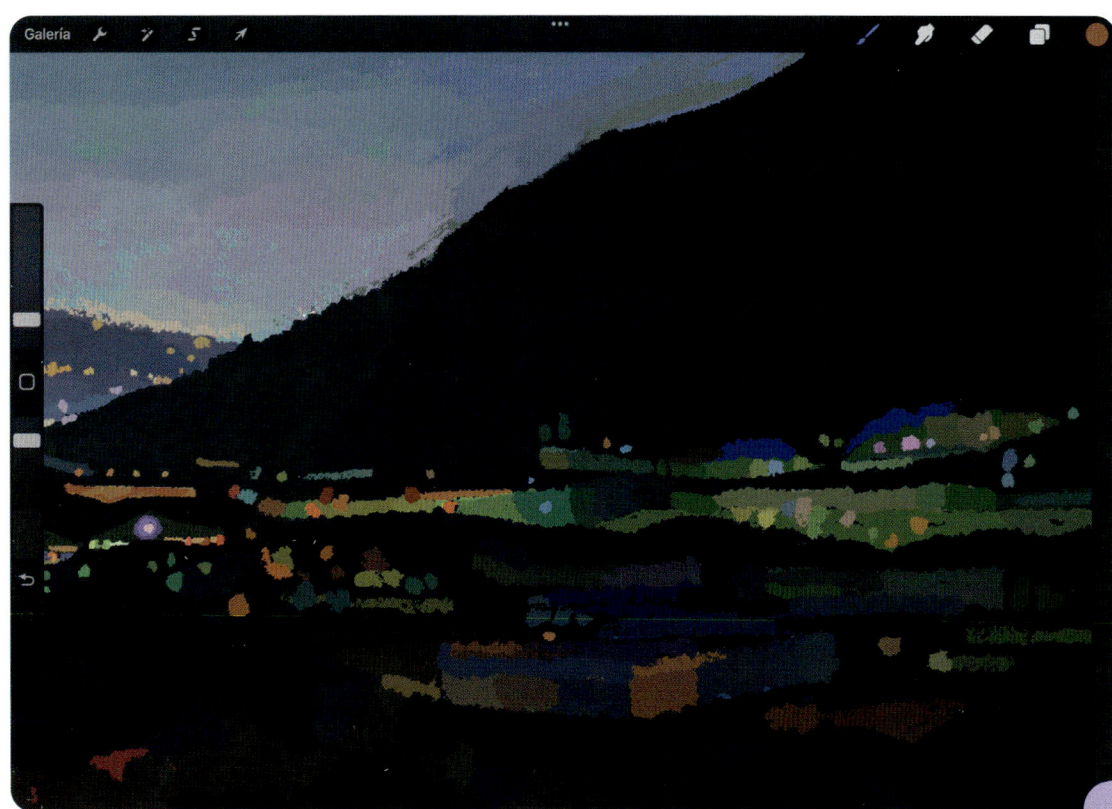

La clave es insinuar
que hay algo ahí; el
espectador imaginará el
resto.

16

Para equilibrar el área principal, puedes
indicar con ligereza los edificios en primer
plano a la derecha. Deberían ser más oscuros para no competir con el foco de interés.
Al igual que con los pasos previos, no es
necesario que los hagas muy detallados;
basta con unas pocas líneas para indicar
que hay edificios en la parte delantera. Si
te cuesta simplificar las formas, prueba a
entrecerrar los ojos para que los detalles
se vuelvan borrosos y pinta las formas
grandes que aún puedas ver. Recuerda que
la composición más grande es más importante que los detalles más pequeños.

17

Ya casi has terminado con los detalles de la pintura. La última parte que tienes que perfeccionar son los árboles en la parte delantera. De nuevo, queremos hacer que las zonas iluminadas en contrapicado continúen hacia el edificio que es el foco de interés. Ahora es un buen momento para hacer una pausa y alejarse del cuadro. Es importante hacer descansos mentales y físicos de la pintura para poder refrescar la mente y el cuerpo. También podrás ver la imagen con una mirada fresca; puede que falten cosas que habías pasado por alto mientras pintabas.

Intenta ubicar las luces en contrapicado de un modo que guíe hacia el punto de interés.

18

¿Te has fijado en algo que quieras arreglar en el cuadro después de tomarte el descanso? Algo que podría mejorarse es la fusión de la luz en contrapicado naranja. Como has hecho en el paso 09, usa la herramienta Dedo configurada como Dibujo>Evolve para esto. Mantén sin fusionar las partes donde la luz en contrapicado toca los árboles y fusiona la luz que va hacia arriba en sombra. Esto da a los árboles un degradado más creíble, ya que las fuentes de luz serían más brillantes más cerca del suelo. Ten cuidado de no fusionar en exceso y de que los bordes de las siluetas de los árboles sigan teniendo forma. Fusiona las luces en contrapicado hacia arriba y, después, de lado a lado.

Difumina las luces hacia arriba y de lado a lado.

19

Para resaltar la paleta, puedes poner algunos colores junto a su color complementario u "opuesto". Las parejas complementarias principales son rojo/verde, amarillo/morado y azul/naranja. Puedes fijarte en el círculo cromático de Procreate y buscar el color opuesto en diagonal al que elijas. Prueba a cubrir parte de la montaña del fondo con un naranja pálido para ayudar a que el azul destaque. Haz esto por toda la pintura en áreas que quieras realzar un poco más, pero no exageres.

Añadir toques de color complementario es un detalle muy sutil, pero hace que los colores resulten más ricos.

Pintar todo en una capa mejorará tu planificación y tu disciplina; aquí está la pintura sin el efecto del *letterboxing* negro.

20

Puede que te hayas fijado en que has trabajado esta pintura desde el fondo al primer plano. Incluso aunque la pintura digital te permite trabajar con múltiples capas, es un buen ejercicio pintar todo en una sola, de modo que el proceso sea similar a una pintura tradicional. Puesto que has estado pintando principalmente en una capa, construir la pintura desde el fondo al primer plano te permite ir añadiendo los detalles sin tener que repintar partes. Te obliga a pensar en la pintura de manera más concienzuda, porque tienes que planear de antemano lo que vas a hacer. Evalúa tus capas hasta el momento y mira si algunas pueden combinarse o eliminarse.

21

Para añadir algo de resplandor, puedes utilizar una capa Luz suave. Crea una capa nueva y cámbiala al modo Luz suave tocando la N en el menú Capas. Desliza hacia abajo hasta que encuentres Luz suave y selecciónalo. Utilizando **Aerógrafo>Pincel extrasuave**, aplica con delicadeza un resplandor naranja claro a la luna. Añade un poco de naranja claro a la parte superior del edificio principal y un poquito de azul claro a la parte inferior.

JOJO DICE: *"Podemos generar interés con los colores utilizando el contraste. Los colores se ven de manera relativa, así que escoger un color adecuado depende de qué color pueda poner al lado para realzarlo. Por ejemplo, el mismo matiz de amarillo parece más brillante junto a un azul apagado que junto a un azul brillante. Prueba a crear contraste con la saturación poniendo un color brillante junto a uno apagado, a crear contraste con el tono poniendo un color junto a su 'opuesto' complementario o a crear contraste con los valores poniendo un color claro junto a uno oscuro".*

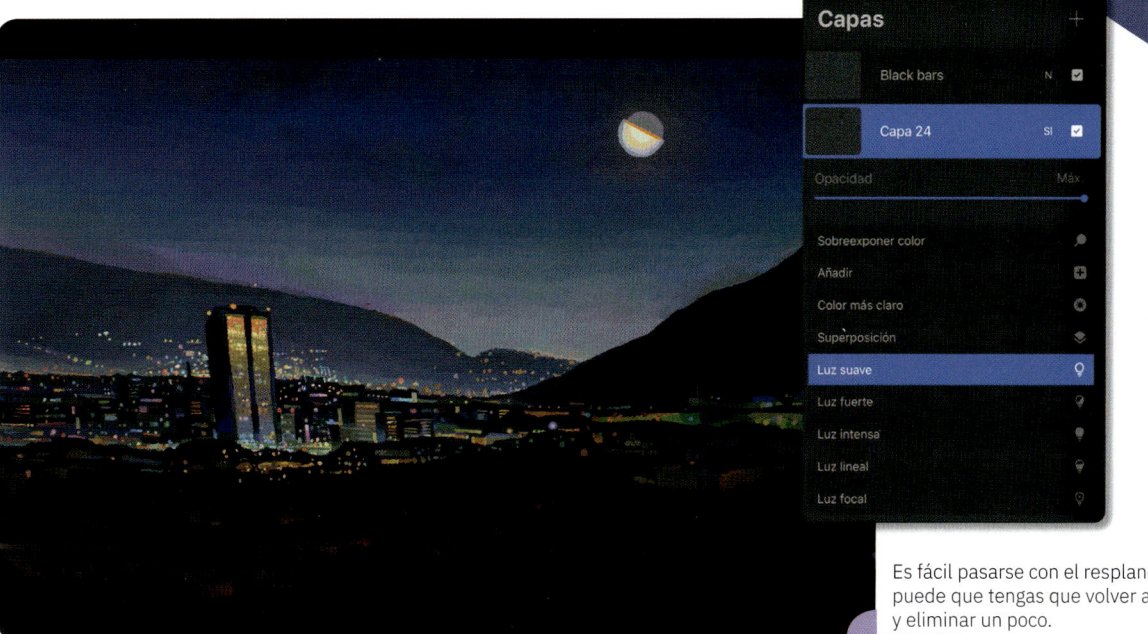

Es fácil pasarse con el resplandor; puede que tengas que volver atrás y eliminar un poco.

22

Ya estás listo para añadir los ajustes finales al cuadro entero. Para ello, primero necesitas crear una capa de todas las capas combinadas. Ve a **Acciones>Añadir>Copiar lienzo** y **Acciones>Añadir>Pegar**. Así se insertará una capa nueva de todas las demás combinadas en una. Es un duplicado, así que no te preocupes por perder las capas existentes. Esta nueva capa resulta útil para aplicar ajustes a la escena entera una vez que te parezca que el proceso de pintura se ha completado. También puedes encontrar estas opciones en el menú Copiar y pegar, al que se accede barriendo hacia abajo con tres dedos.

Copia y pega un duplicado del lienzo completo para editar con facilidad.

ANTES

DESPUÉS

23

Para ajustar un poco los valores, puedes utilizar el ajuste Curvas. Para ello, ve a **Ajustes>Curvas**. El extremo izquierdo ajusta los valores más oscuros y el extremo derecho, los más claros. Puedes hacer que los realces sean un poco más brillantes y las sombras un poco más oscuras arrastrando la curva a la posición que se muestra a la derecha, o simplemente intentar jugar con la herramienta hasta que encuentres algo que te guste.

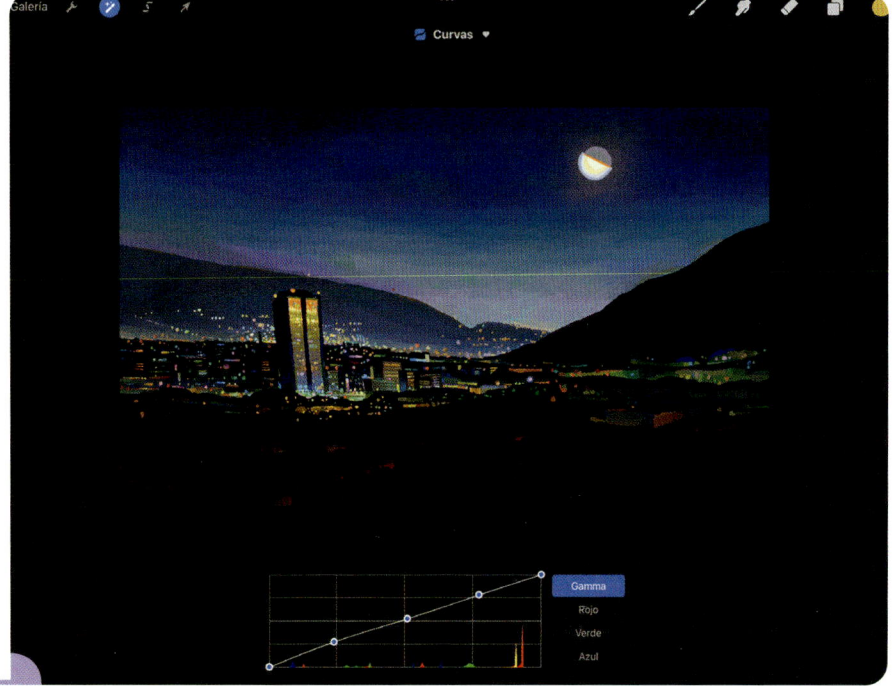

Juega con la herramienta **Curvas** para conseguir entender mejor lo que hace.

JOJO DICE: *"Dependiendo del nivel de realismo que quieras para tu imagen final, podrías plantearte añadir un personaje pequeño, un animal u otro elemento de ficción. Insertar un personaje es una manera genial de añadir una historia y ayudar al espectador a imaginar cómo es estar en el cuadro. Para ello, puedes añadir capas nuevas encima para el boceto del personaje, el arte lineal, los colores base y el sombreado. ¡Por ejemplo, esta escena de noche urbana podría tener un zorro brujo que vuela en una escoba y reparte comida a los trabajadores de la oficina que se quedan hasta tarde y necesitan un aperitivo!".*

ANTES

DESPUÉS

Añade unos pocos efectos sutiles para realzar la presentación final de la pintura.

24

Para añadir los últimos retoques ve a **Ajustes>Ruido** para añadir un efecto de grano a la imagen. Duplica la capa, vuelve a Ajustes para añadir algo de Desenfoque gaussiano y Aberración cromática y reduce la opacidad de esa capa para suavizar el resultado. Eso hace que el efecto resulte más sutil y un poco menos digital.

CONCLUSIÓN

La pintura final capta la sensación que transmite Studio City por la noche, una mezcla de vida nocturna bulliciosa con un paisaje sereno iluminado por la luna. Al ir creando el cuadro desde el fondo hacia el primer plano, puedes imitar un proceso de pintura tradicional que te obliga a ser organizado con la composición y los niveles de detalle. Al simplificar una escena como pinceladas y puntos de luz y colores estilizados, puedes abordar los sujetos más complejos de un modo atractivo a nivel visual. ¡Ahora podrás aplicar estos principios para pintar cualquier cosa, no solo paisajes urbanos!

NOBE YOUNG FALLS: Me puse debajo de la cascada de Nobe Young Falls; hacía mucho frío.

MONACO: Estudio a partir de una referencia; me gustaría ir a Mónaco un día.

TAIWAN: Taiwán es otro de los destinos de mis sueños.

MONTREAL: Pinté esta escena después de visitar Montreal; quería captar la sensación del final del invierno en una ciudad.

ATARDECER EN MALIBÚ

POR JENNIFER WANG

JENNIFER DICE: *"En la pintura al aire libre, a menudo tienes que pintar rápido y a pequeña escala; pocas veces la sesión dura más de dos horas, porque, para cuando has acabado, la iluminación y las formas de las sombras han cambiado. Es importante obtener un vocabulario rico y amplio para el color y la luz, y eso significa salir y pintar a horas diferentes del día, incluso aunque sean cuadros pequeñitos y rápidos con pinceladas grandes y abstractas. Una pintura no tiene por qué estar pulida para ser informativa. Siempre puedes combinar esta primera impresión con fotos de referencia y crear un estudio más grande más adelante; este tutorial explorará ese enfoque".*

APRENDE A:

- Pintar digitalmente una escena en la playa de Malibú basada en un estudio al aire libre.

- Diseñar formas, valores y colores para transmitir la historia y la atmósfera de un entorno.

- Crear un color dinámico utilizando múltiples herramientas, modos y opciones de Procreate.

Captura la vista con un boceto inicial (debajo), rápido y observacional, en una capa independiente.

01

Empieza por llevar tu equipo para la pintura al aire libre (el iPad) a la ubicación. En este caso, la escena es una playa en Malibú, California. Aplica con rapidez un color de fondo con un pincel grande. Para un entorno al atardecer como este, un buen color base es un semitono y cálido, como un naranja o un rosa ligeramente desaturado que dará a los colores un tono general más cálido con el que relacionarse a medida que pintas capas encima. Añade una capa nueva encima y empieza a esbozar con el pincel **Boceto>Lápiz 6B** en un marrón oscuro. No hace falta que el boceto sea perfecto, solo tiene que ser una base para las formas y los colores. Añade los acantilados, las rocas y la orilla, las principales formas grandes de la escena.

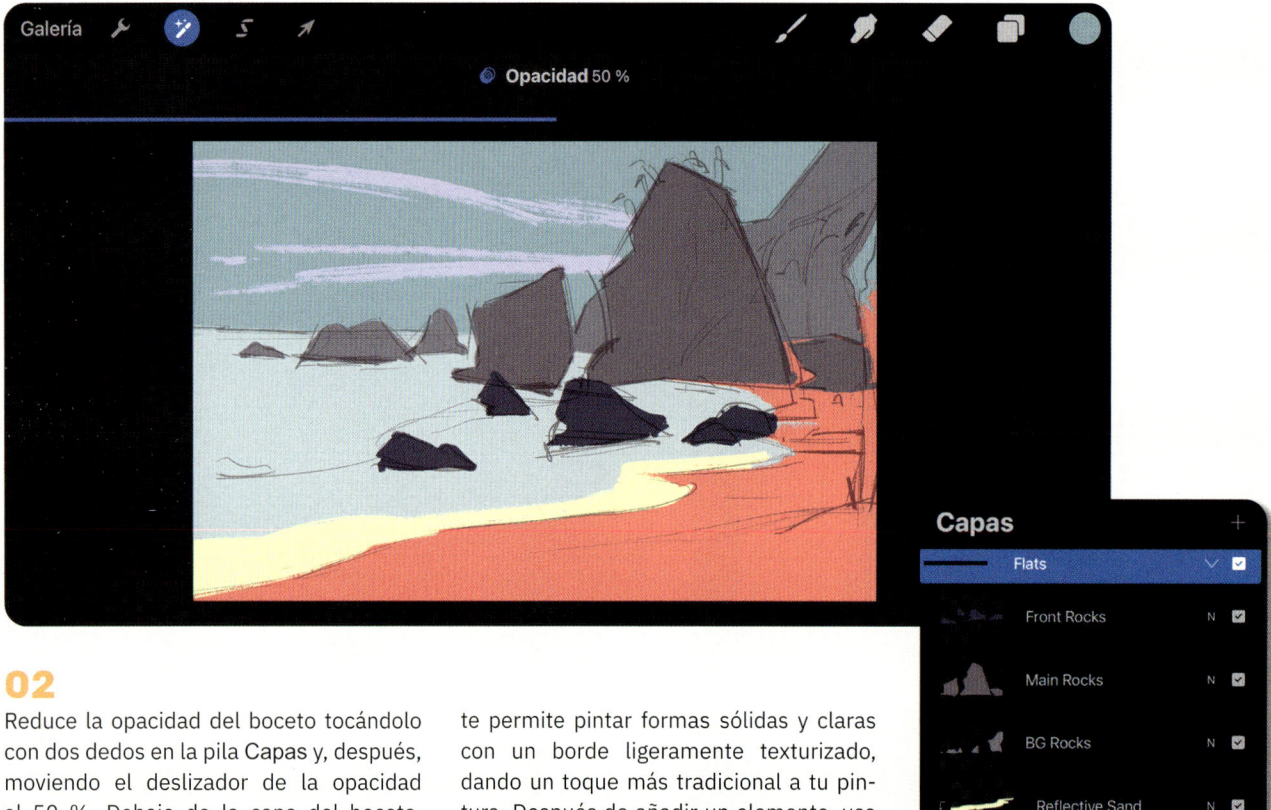

02

Reduce la opacidad del boceto tocándolo con dos dedos en la pila Capas y, después, moviendo el deslizador de la opacidad al 50 %. Debajo de la capa del boceto, coloca cada forma del estudio en una capa diferente, yendo desde el elemento que queda más al fondo al que queda más cerca del espectador. En este caso, las capas son Base Colour (color base), Sky (cielo), Clouds (nubes), Ocean (océano), Reflective Sand (arena reflectante, para la arena brillante cerca del agua) y tres capas de rocas. Usar el pincel **Dibujo>Blackburn**

te permite pintar formas sólidas y claras con un borde ligeramente texturizado, dando un toque más tradicional a tu pintura. Después de añadir un elemento, usa dos dedos para barrer hacia la derecha en la capa en la pila Capas. Esto activa **Bloquear alfa**, lo que significa que no puedes pintar fuera del objeto que ya has pintado en la capa.

Pintar las formas en diferentes capas proporciona mayor flexibilidad más adelante.

03

Procreate tiene varias opciones para la selección de colores. La vista **Clásico** te permite moverte con rapidez entre diferentes tonos, saturaciones y valores, dependiendo de a qué esquinas y lados del panel rectangular muevas el selector. También puedes utilizar el deslizador de tonos que hay debajo para pasar a otros colores del espectro. Elegir colores que graviten más cerca del lado de la escala de grises del panel, en vez de en el lado totalmente saturado, permitirá por lo general que los colores armonicen más entre sí. Tenlo en cuenta cuando crees cada objeto y rellenes la escena.

*El lienzo y el panel **Colores** están uno junto a otro para que el flujo de trabajo sea más rápido.*

Las formas permanecen iguales, pero ahora los colores son más vibrantes e impresionistas.

04

Ahora que Bloquear alfa está activado en todas las capas, puedes pintar en cada una con los colores que ves en la playa ante ti. La velocidad es esencial, ya que el sol al ponerse acelera el cambio de los colores a tu alrededor. Empieza por pintar los elementos que tengan probabilidades de cambiar de manera más drástica primero: el océano, el cielo y, por supuesto, el sol en sí. Una vez que hayas aplicado esos colores principales, puedes pintar también la tierra de los alrededores: la arena, las rocas y los acantilados.

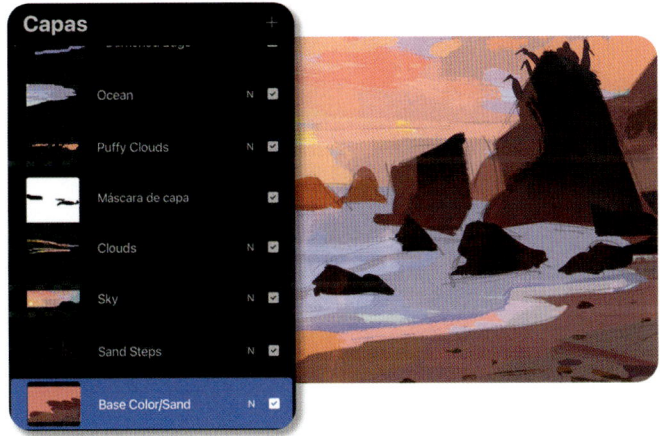

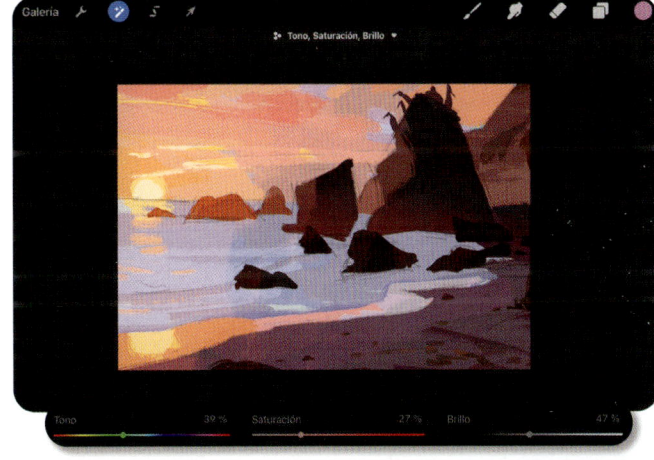

05

La arena se oscurece y se vuelve más fría (con un tono más morado que rojo) cuanto más lejos queda del sol. Hay una manera de oscurecerla sin modificar todas las pinceladas que ya has dado. Duplica la capa Base Colour/Sand y ve a **Ajustes>Tono, Saturación, Brillo**. Cambia el tono hacia el morado y desatura y oscurece los otros deslizadores. Añade una máscara a la capa y pinta en ella con negro para retirar parte de la arena más oscura. Usar una máscara te permite preservar la capa subyacente.

Usar las opciones de ajuste y las máscaras permite realizar cambios rápidos.

06

Por último, para plasmar el resplandor del sol, aplica con el pincel un tono melocotón en una capa nueva. Abre el panel Capas, toca la letra junto a esa capa y selecciona el modo **Superposición** en la lista. Eso creará un resplandor muy fuerte, así que tendrás que reducir su opacidad para lograr un efecto más sutil. Cuando pintas al aire libre, puedes observar una mayor complejidad en el color, calidez, profundidad, movimiento y vida salvaje. Lo más importante del aire libre es capturar la impresión fresca de la puesta de sol que acabas de presenciar, la manera en que se propagaba y transformaba los alrededores.

El estudio al aire libre final está completo; ¡a estas alturas, el sol ya se ha puesto!

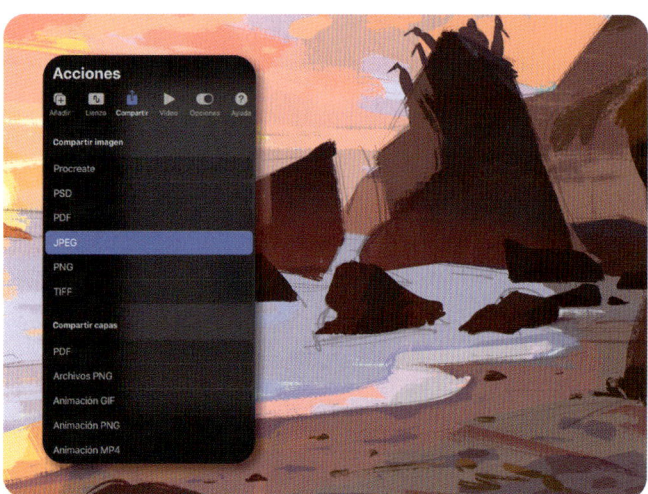

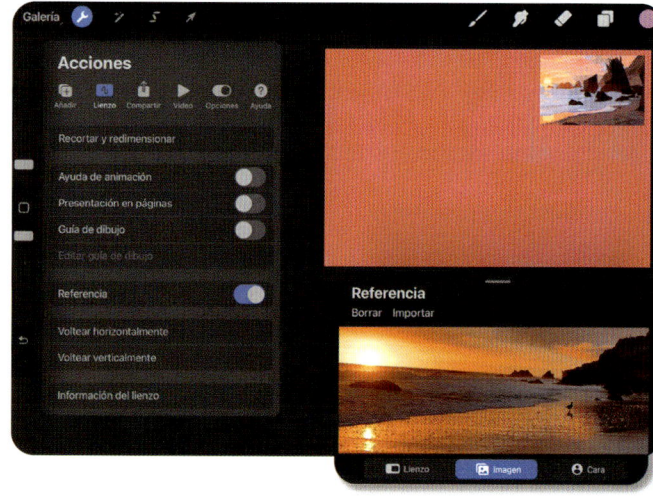

07

Una vez que el estudio al aire libre está completo, puedes empezar a perfeccionar todo hacia una pintura final en tu estudio. Ve a **Acciones>Compartir imagen>JPEG> Copiar** para exportar tu estudio como un archivo JPEG. Crea un nuevo archivo de Procreate llamado "Linework" (trabajo de líneas) y utiliza **Acciones>Añadir>Pegar** para insertar la copia del estudio al aire libre como una capa. Si has hecho fotos de referencia, ve a **Acciones>Lienzo>Referencia** e importa una. Empieza a reelaborar tu dibujo en capas sobre una pintura subyacente naranja. Piensa en la historia y la atmósfera que quieres enfatizar y en cómo quieres que se mueva la vista del espectador por la pintura (por las rocas, la orilla y el cielo) para llegar al foco de interés del sol que se pone.

Usa el estudio al aire libre y referencias fotográficas para rediseñar el dibujo y estilizarlo.

08

Añade "papel de calco" encima del primer dibujo rellenando una capa nueva encima con blanco y reduciendo su opacidad al 50 %. En otra capa nueva encima, sigue perfeccionando la composición, redibujándola con más detalles. El boceto al aire libre original era una representación mucho más figurativa de la playa. Aquí, mientras perfeccionas las líneas, puedes elegir estilizar la pintura simplificando las formas y amplificando los gestos, haciendo que los elementos graviten hacia el sol. Después, puedes pulir detalles más pequeños y decidir su colocación. Este paso evita que tengas que reelaborar la composición de manera drástica más adelante, cuando ya hayas empezado a pintar.

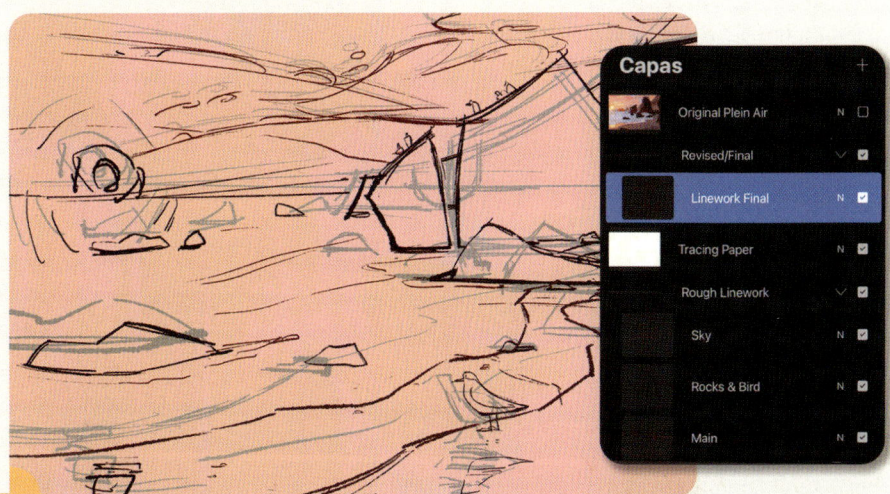

Dibujar por encima de tu primer boceto te permite perfeccionarlo al tiempo que lo tomas como referencia.

09

Las relaciones entre formas grandes, medianas y pequeñas son esenciales para cualquier composición. El ritmo de su colocación afecta directamente al modo en que el espectador interpretará y sentirá la composición. Puedes dibujar formas en capas nuevas sobre el trabajo de líneas como método para comprobar el diseño de la composición y ver lo que funciona o para comprobar si hay formas demasiado repetitivas, separadas de manera uniforme, que interfieren con el flujo de la imagen. Aquí, las agrupaciones de rocas quedan más unidas cuanto más se alejan, enfatizando el tramo largo de la orilla.

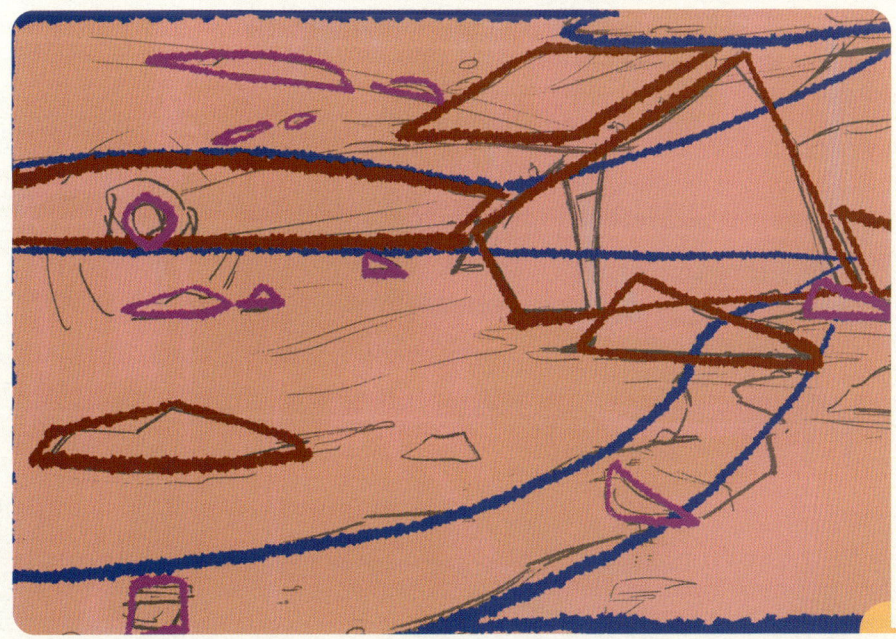

El trabajo de líneas final y la descomposición de sus formas.

10

Todavía con el estudio al aire libre y las fotografías como referencias, crea un nuevo documento de Procreate llamado "4-Value Study" (estudio de 4 valores), en el que decidirás las agrupaciones de luces y sombras en tu paisaje. Transfiere el arte lineal que has dibujado en los pasos anteriores a este documento nuevo utilizando **Acciones>Añadir>Copiar** para copiar la capa y, después, **Acciones>Añadir>Pegar** para insertarla en el nuevo archivo. Debajo de esta capa con el arte lineal, aplica las agrupaciones de valores: oscuro, oscuro medio, claro medio y claro. Un buen estudio de valores crea una base sólida y clara para los colores y el esquema de iluminación del entorno. Fortalece la declaración gráfica fuerte y simplificada de tu pintura, de forma que se mantenga coherente y unificada mediante las agrupaciones de valores a medida que avanzas.

Tener referencias de un estudio de valores y al aire libre te proporcionará flexibilidad creativa y variedad a la hora de decidir qué incluir.

Estudio de cuatro valores completado con varios matices cálidos de naranja rojizo y marrón.

11

Al terminar, puedes desactivar la capa del arte lineal para ver el estudio de cuatro valores final como formas solo. En lo que respecta a los valores, antes el océano se había agrupado con el cielo, alrededor del rango claro medio, lo que creaba un aspecto más onírico. Sin embargo, en este nuevo estudio de valores, el océano se reorganiza en el grupo de valores oscuros medios y su valor más bajo permite que el reflejo del sol resulte más brillante en contraste con el agua.

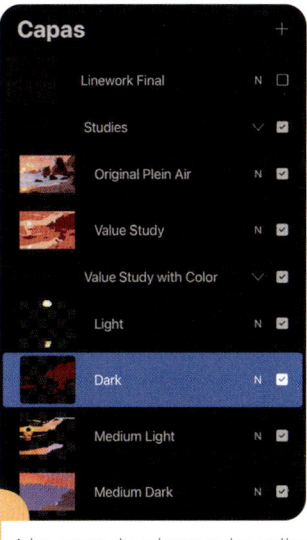

A las capas de valores se les aplica **Bloquear alfa** antes de pintar los colores.

12

Duplica las capas de estudio de valores y combínalas en una copia acoplada que puedas reducir y mantener en un lado como referencia, además de la referencia de la pintura al aire libre. Al fijarte en los recursos que has reunido, verás que hay algunas ideas sobre colores que mantener y otras que descartar. Trabajando a partir de las capas de estudio de cuatro valores originales, puedes empezar a rellenar las formas. Usa la herramienta Cuentagotas para tomar muestras de colores del estudio al aire libre original y, después, ajústalas para hacerlas más oscuras, claras, brillantes o apagadas mientras pintas un estudio en color nuevo más estilizado.

Usar las capas de valores como base te permite mantener las relaciones entre valores grandes al pasarlas a la versión a todo color. Utiliza un pincel sólido como **Dibujo>Evolve** para una pintura totalmente opaca.

13

En este estudio en color, es crucial capturar las relaciones entre colores y las distintas fuentes de luz presentes en el entorno. Los detalles o variaciones de color más sutiles pueden dejarse para la pintura final. Pinta la luz fuerte, vibrante y brillante del sol, la manera en que calienta todo lo que hay alrededor en un resplandor circular irradiado e ilumina de forma sutil los bordes de las rocas más frías y oscuras con un naranja profundo y cálido. Incluye también la fuente de color secundaria, la luz morada azulada del cielo detrás de nuestra escena, rozando los planos superiores de las rocas y reflejándose en la arena húmeda. El océano en el estudio al aire libre tenía las temperaturas de color adecuadas, que transmitían con exactitud los tonos cálidos entre rosas y morados y los reflejos azules de la luz del cielo.

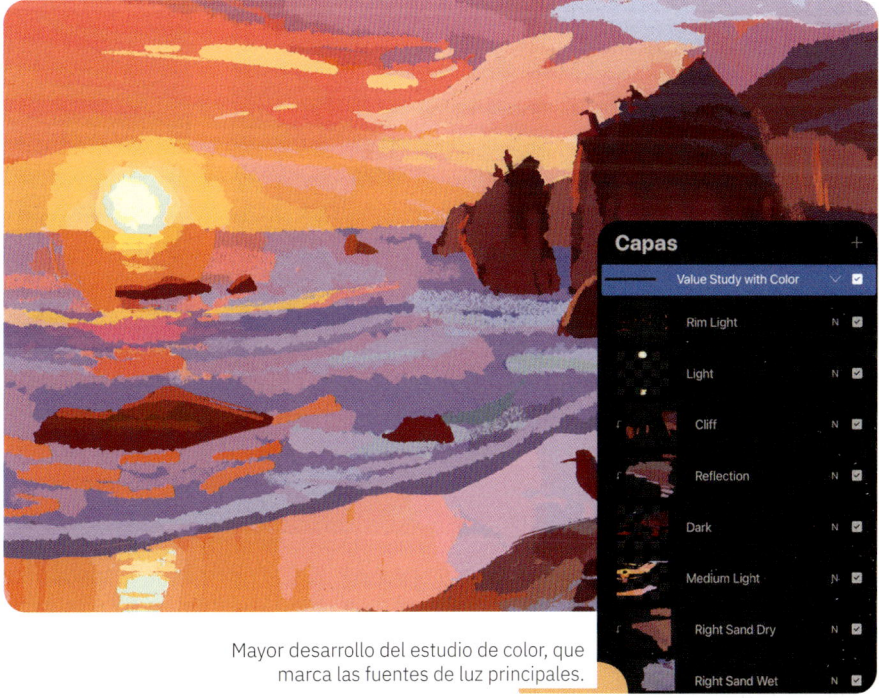

Mayor desarrollo del estudio de color, que marca las fuentes de luz principales.

BOCETO ESTILIZADO

ESTUDIO DE CUATRO VALORES

ESTUDIO AL AIRE LIBRE

14

Puedes amplificar armonías y contrastes utilizando modos de fusión. En una capa nueva en el modo Superposición, rellena con un tono intermedio rojo amoratado sólido para unificar todos los colores hacia el rosa. Utiliza una capa Oscurecer para pintar un viñeteo en los bordes a la derecha de la pintura para representar el descenso de la luz. Usa una capa Sobreexponer color para añadir un resplandor y una calidez generales y vuelve a utilizar Superposición para crear un resplandor fuerte del sol y su reflejo. Coloca una capa Normal de tono melocotón encima y pinta en ella con una máscara para unificar más el esquema de colores. Varía las opacidades de cada modo de fusión para que no sean demasiado fuertes para el estudio de color.

Añade modos de fusión en su propio grupo por encima de las capas de color; ahora tienes toda la información necesaria para trabajar en tu cuadro definitivo.

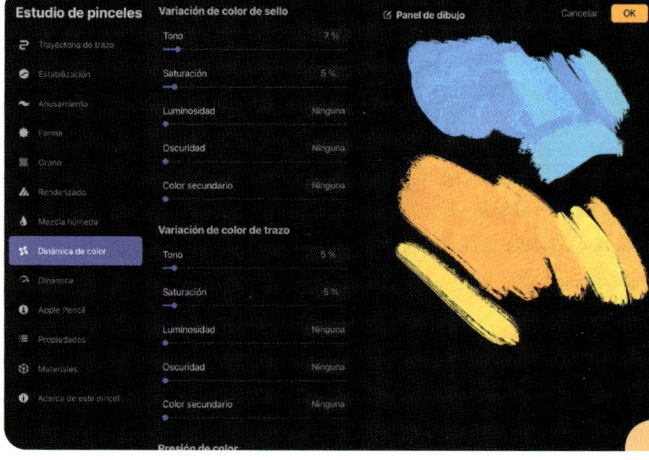

Ajusta la configuración del pincel en el Estudio de pinceles para aumentar la variación de color del pincel Blackburn.

15

Puedes personalizar un pincel a tu gusto tocándolo en la Biblioteca de pinceles para acceder al Estudio de pinceles. Para esta pintura, barre hacia la izquierda en el pincel predeterminado Dibujo>Blackburn para duplicarlo. Abre la copia en el Estudio de pinceles y ve a la pestaña Dinámica

de color. En las secciones Variación de color de sello y Variación de color de trazo, aumenta ligeramente los deslizadores Tono y Saturación. La Variación de color de sello afecta al color de la pincelada cada vez que das una nueva. Añadir esta leve variación de color a los pinceles puede

añadir con rapidez complejidad a los colores del cuadro, emulando las vibraciones de los colores en la vida real. Por último, ve a la pestaña Acerca de este pincel, donde puedes tocar el nombre del pincel y cambiarlo por "Blackburn Colour Jitter" (variación de color de Blackburn).

JENNIFER DICE: *"A veces, puedes tener la sensación de que hay demasiados pinceles para elegir. Puedes acabar utilizando un solo pincel para todo el cuadro o usando tantos pinceles que acabas perdiendo el sentido de coherencia en los trazos. Experimenta con diferentes pinceles cuando pintes para encontrar los que te gusten y, después, selecciona unos pocos. Puedes duplicar y mover algunos de tus favoritos a tu propia carpeta. Los pinceles en "Jennifer's Default Pack" (disponible para descarga, página 215) se han seleccionado por su efecto pictórico, que quiere decir que muchos de ellos emulan la textura y la sensación natural de los medios tradicionales, como el gouache, el óleo y el pastel".*

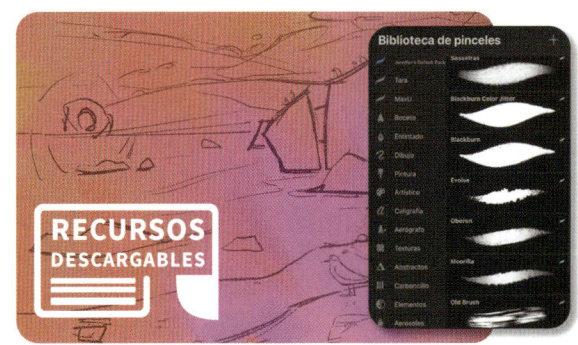

RECURSOS DESCARGABLES

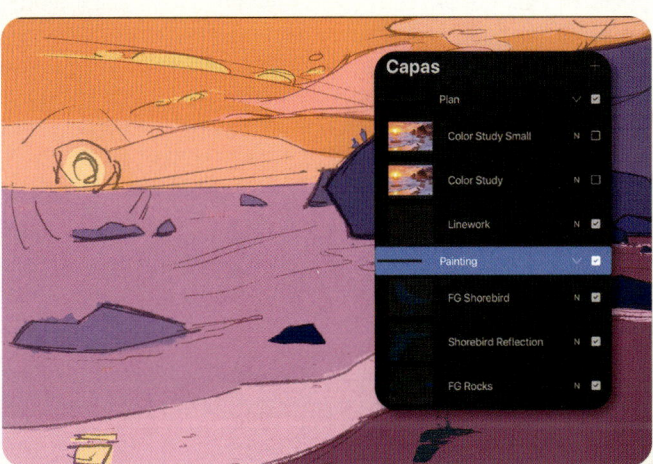

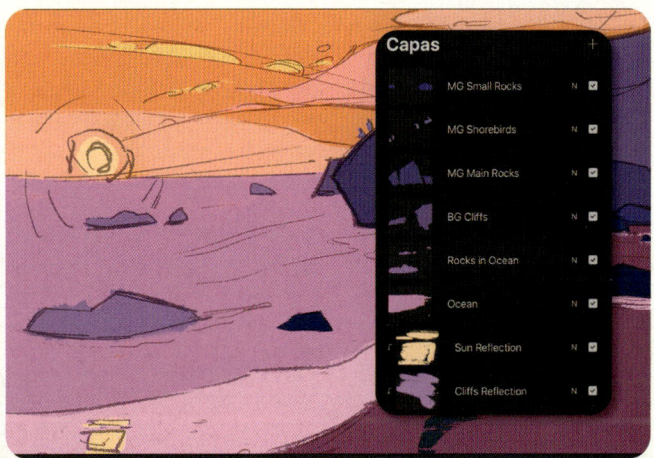

16

Transfiere el trabajo lineal y el estudio en color definitivo a un archivo nuevo llamado "Final Painting" (pintura final). Ten un estudio a tamaño completo y uno pequeño en color preparados para activar y desactivar y para extraer muestras, respectivamente. De manera similar al estudio original al aire libre, empieza a aplicar las formas en capas individuales debajo de la capa del trabajo lineal, pero, esta vez, cíñete más al trabajo lineal. Para indicar profundidad con la calidad de los bordes de las siluetas, usa un pincel más velloso y suave, como **Caligrafía>Tiza** para las formas lejanas y **Dibujo>Blackburn** para las más cercanas. Usar diferentes colores para cada grupo de formas ayuda a mantenerlas separadas a nivel visual.

Organización de capas de todas las agrupaciones de formas en la pintura.

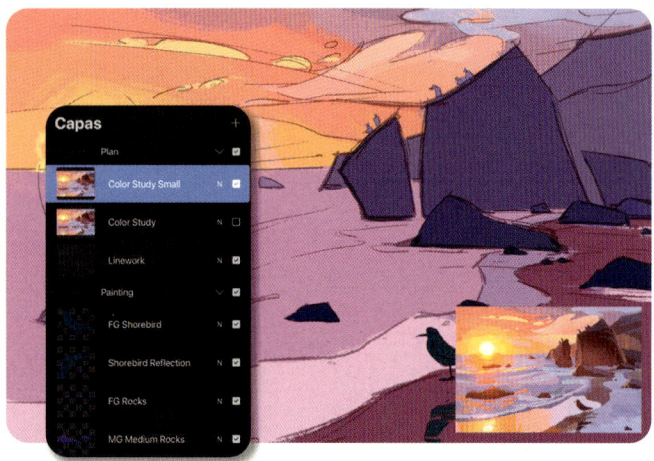

Prepara todos los bloques de colores principales y empieza a aplicarlos.

17

Activa **Bloquear alfa** en todas tus capas una vez más y empieza a pintar los colores generales de cada elemento. Mantén el tamaño del pincel bastante grande y utiliza la herramienta **Cuentagotas** para tomar muestras del estudio en color en la esquina del lienzo. En general, deberías empezar con pinceladas grandes y amplias y luego, de manera gradual, ir haciendo marcas cada vez más pequeñas. Esto ayudará a capturar la atmósfera, el color y la sensación principales del entorno con rapidez al principio, sin enredarse en matices y detalles. Empezar con los detalles puede ser entrar en terreno peligroso, porque te distrae de transmitir una idea general cohesiva.

Empieza a plasmar la pintura con pinceladas más precisas.

18

Todavía con **Bloquear alfa** activado en todas las capas, empieza a pintar todas las gradaciones y detalles más finos del cielo, el océano y la tierra. Utilizando una combinación de pinceles más nítidos, como Blackburn y otros más suaves, como **Boceto>Pastel extrasuave** y **Pintura>Trementina**, pinta estos elementos extrayendo muestras del estudio en color. Aquí, acuérdate también de incrementar el tamaño de las pinceladas a medida que los elementos que vas pintando se acercan más en el espacio y se ven más grandes.

19

Pinta la luz del sol bañando las rocas y la luz del cielo que entra desde la derecha. Asegúrate de oscurecer las rocas en el lado en sombra, en planos donde la luz se reduzca. Durante la puesta de sol, la luz es más naranja rosácea y las sombras tienden a ser de un violeta más frío. Añade una ola lejana en una capa nueva, recortada según la capa del océano para que se adhiera a la forma del océano existente. Recorta la forma de la nube rosa y añade los reflejos de las rocas en el agua. Pinta el naranja saturado del sol reflejándose en el agua.

Sigue perfeccionado el cuadro teniendo en cuenta las fuentes de luz y cómo la reflejan las distintas superficies.

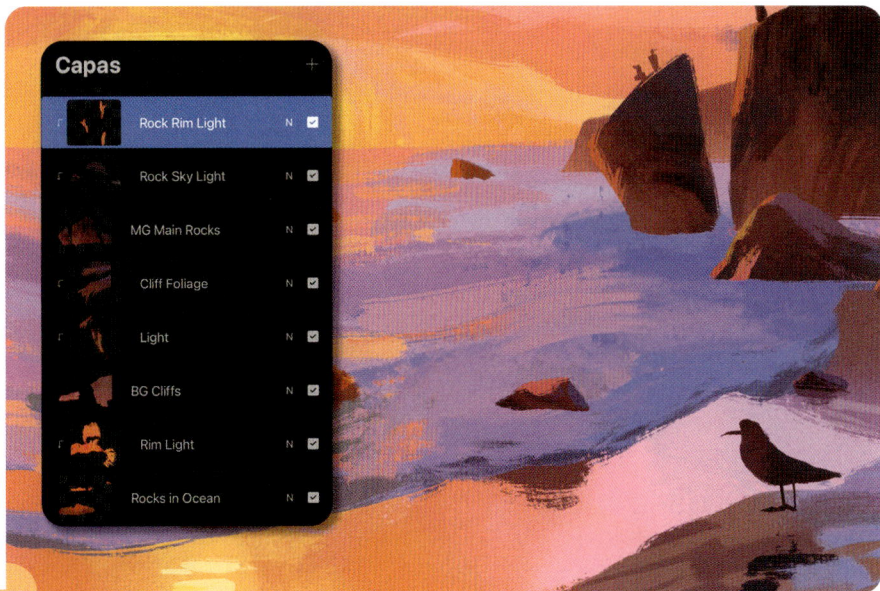

20

Aplica la espuma del mar en una capa separada por encima del océano. Añade espuma con **Pintura>Pincel viejo**, moviendo el pincel en las mismas direcciones en que se mueve el agua. La textura rugosa de Pincel viejo es perfecta para representar la espuma rala. Después, puedes eliminar las formas negativas con un pincel más nítido, como **Dibujo>Evolve**, para permitir que se entrevea el océano subyacente y crear formas interesantes en el proceso. Añade una máscara a la capa Foam (espuma) y aplica algo de gris con **Boceto>Pastel extrasuave**, lo que hará que la espuma se desvanezca en la distancia.

Mantener las capas del océano y la espuma separadas garantiza mayor flexibilidad a la hora de revisar ambas.

Deja para el final la vista cercana del lienzo, para añadir detalles pequeños y finos, como los pájaros.

21

Pinta el pájaro en primer plano con pince-ladas más nítidas y más detalles, ya que es el elemento más cercano al especta-dor. Puedes pintar cada elemento en una capa separada recortada según la silueta del pájaro y combinarlas en una cuando estés satisfecho con los elementos.

Puedes crear el reflejo del pájaro pintando una silueta irregular en una capa debajo y atenuándola un poco con una máscara. Revisa los pájaros lejanos del trabajo lineal inicial, reduciéndolos todavía más y tra-zándolos solo con unas pinceladas muy ligeras. El ave de costa en primer plano y

las de la distancia añaden un elemento de vida a la pintura del paisaje. También acen-túan la sensación de profundidad y escala, lo lejos que quedan las rocas grandes y lo grandes y pesadas que son dichas rocas en comparación con los pájaros pequeños y suaves.

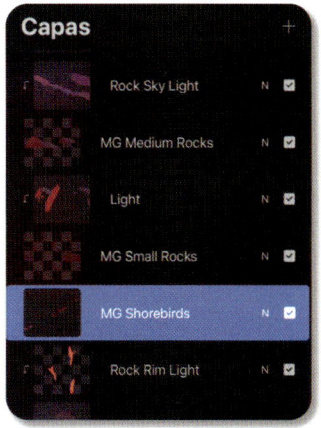

22

Ahora que has terminado las formas y detalles principales, puedes añadir detalles más pequeños en capas encima del resto de la pintura: olas espumosas alrededor de las rocas, burbujas creadas a medida que retroceden las olas y las manchas en la arena que fusionan las diferentes partes de la orilla. Como siempre, empieza por trazar formas planas de un matiz que se distinga con facilidad, antes de aplicarles Bloquear alfa y pintar con más colores, lo que te permitirá centrarte en el gesto y el diseño de las formas antes de elegir sus colores. Este trabajo en los detalles añade más matices y mayor complejidad visual a la escena, acercándola ya al final.

Últimos perfeccionamientos para cerrar la pintura; añade más detalles más cerca del espectador.

23

Haz una copia del archivo de la pintura y pasa por las capas para combinar todas las capas de recorte con sus capas objetivo uniéndolas con un gesto de pellizco con dos dedos. Las capas acopladas hacen que sea más fácil organizar todo mientras va finalizando el proceso de pintura. Algunos de estos elementos, como el cielo y las rocas, siguen viéndose nítidos cuando tocan el agua, así que añade capas encima de ellos y usa **Pintura>Pincel viejo** para tomar muestras de colores cercanos y suavizar los bordes. Después, añade otros detalles de acabado según sea necesario, incluyendo salpicaduras coloridas de agua para acentuar los efectos espléndidos del sol.

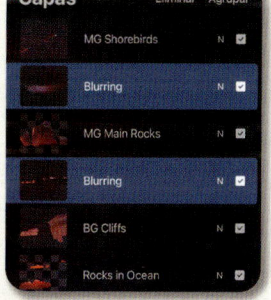

Una combinación de pinceladas de bordes duros y blandos añade un efecto pictórico más complejo.

24

Puedes acentuar la profundidad de la escena añadiendo más afectos atmos-féricos. Duplica los acantilados y utiliza **Ajustes>Tono, Saturación, Brillo** para reducir su saturación y aumentar su brillo para indicar la "perspectiva atmosférica" (el efecto que hace que los objetos lejanos se vean relativamente pálidos y tenues). Reduce la opacidad de la capa duplicada al 50 % de forma que armonice con la capa de los acantilados original. En otra capa nueva, añade un resplandor alrededor del sol y su reflejo con un amarillo brillante. Cambia el modo de fusión a Superposición y reduce la opacidad al 40 %; después, difumina los bordes con la herramienta Dedo configurada como **Pintura>Pincel viejo**. Añade un viñeteo más frío hacia el lado derecho, en modo Multiplicar, para indicar la disminución de la luz a medida que los elementos se alejan del sol.

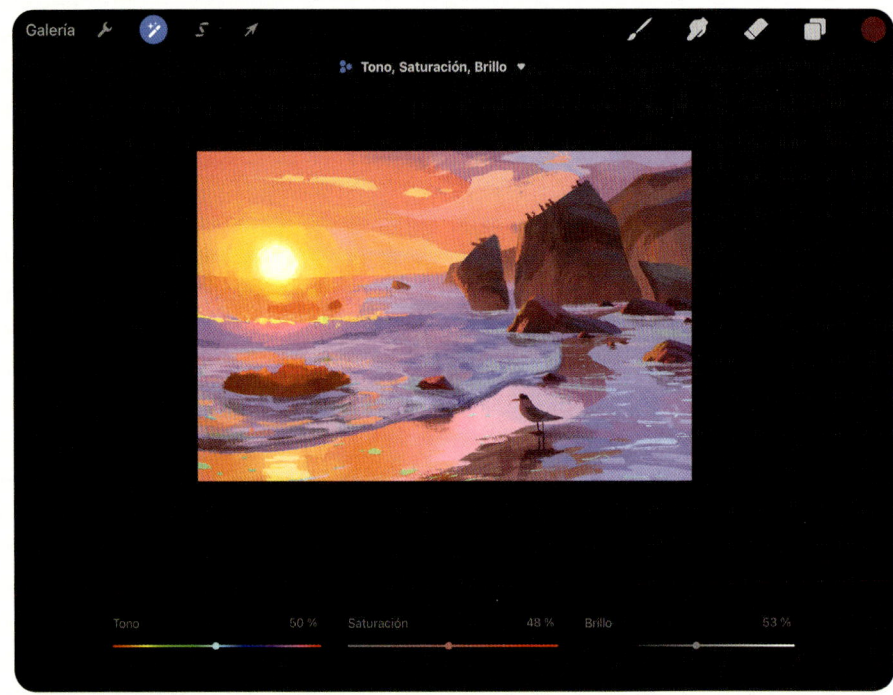

Usa los modos de fusión para crear efectos de acabado: resplandor del sol, viñeteo y sombras adicionales.

25

Si puedes, aléjate de la pintura durante un día o dos y vuelve a abordarla con una vista fresca. Puede que te fijes en algunos cambios o revisiones potenciales que no se te habrían ocurrido mientras estabas inmerso en el proceso de la pintura. En este caso, quizá la distancia y la perspectiva de la orilla se captarían mejor si el agua tuviera una diagonal más marcada en la parte inferior izquierda. Ahí, el agua podría ser más azul y con más espuma, lo que le daría más forma. Después de probar la nueva composición con un dibujo rápido por encima, esos cambios pueden hacerse con facilidad usando **Selección>Forma libre** y **Transformar>Deformar** para rodear con un lazo el agua y remodelarla y, después, pintando sobre ella en una capa nueva para incorporar los cambios de modo que no haya fisuras.

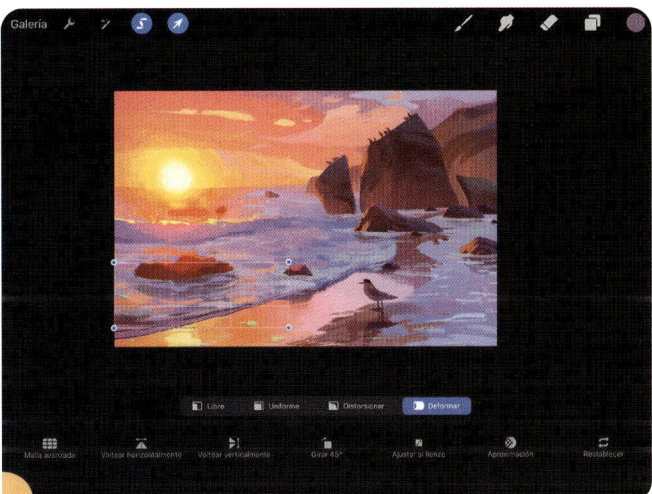 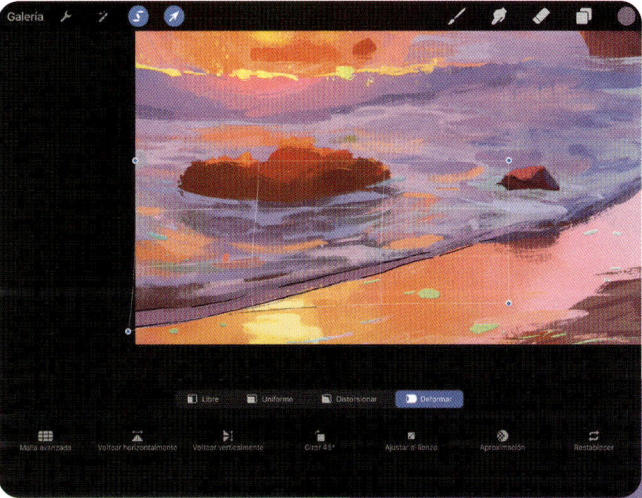

 Antes de decir que una pintura está acabada, intenta alejarte de ella un tiempo; ¡puede que descubras cosas nuevas para cambiar!

JENNIFER DICE: *"Experimenta con las opciones infinitas y la versatilidad que te ofrece la pintura digital. Prueba a pintar con limitaciones intencionadas: pinta solo con la herramienta Selección, pinta con un único pincel redondo y duro, pinta con un pincel de óleo bueno para las fusiones, pinta en escala de grises, juguetea con los mapas de degradado y los esquemas de colores accidentales. Sal de los métodos de la pintura al aire libre y sé creativo y poco convencional. Conserva el archivo del estudio en color, duplícalo y vuelve a la ubicación visitada y pinta la misma escena con diferentes condiciones meteorológicas y a distintas horas de día. Usa tu archivo de Procreate como cuaderno de campo para el color y la luz".*

IMAGEN © JENNIFER WANG

CONCLUSIÓN

Cada paso técnico de esta pintura sirve para conseguir la sensación de que estás ahí, en la playa, viendo la puesta de sol, sintiendo la calidez de la última luz del día igual que las aves de la costa. La atmósfera romántica, cálida y esperanzada se ve reforzada por las elecciones de color que has hecho, colores que aprovechan su fuerza emocional desde la viveza fresca de la pintura al aire libre, al tiempo que transmiten la complejidad en la composición del entorno.

SPRING IN ECHO PARK: Aquí, una gran motivación era explorar cómo hacer que la pintura digital en Procreate se parezca más a la pintura tradicional y también capturar el aspecto imponente de estos girasoles radiantes.

CALIFORNIA SNOW: A mediados de diciembre, conduje hasta el Angeles National Forest, cerca de Los Ángeles, y me sorprendió una copiosa nevada; me cautivó el contraste entre el cielo de California y los árboles invernales.

HILLY NOCTURNE: Desde lo alto de una colina en Echo Park, esta vista siempre me llamó la atención por el contraste marcado de temperaturas entre las farolas naranjas, las luces destellantes lejanas de la ciudad y el cielo nocturno.

ELYSIAN WALK: En Elysian Park, hay una calle que cruza uno de los senderos; quería plasmar mi amor por rincones específicos de Los Ángeles y lo vívidos que son aquí los atardeceres.

CIUDAD INGLESA EN MINIATURA

POR NEVENA NIKOLCHEVA

NEVENA DICE: *"Para este proyecto, quería coger una escena complicada (Bekonscot Model Village, Inglaterra, en un día soleado) y descomponerla en un estudio estilizado lleno de detalles y capas interesantes. La ubicación incluye follaje, personas, agua, edificios y objetos, lo que supone un reto emocionante con todos los colores, formas, texturas y escalas diferentes".*

Si el tiempo que tienes en la ubicación es limitado, captura tanto material de referencia y empápate tanto de la atmósfera como puedas.

APRENDE A:

- Descomponer una escena compleja en una ilustración con múltiples capas interesantes.

- Desarrollar un ojo crítico para las referencias y manipularlas en favor de tu imagen.

- Equilibrar un estilo gráfico y limpio con bordes suaves y bien fusionados.

- Experimentar con pinceles de Procreate para crear texturas diferentes.

01

Primero, encuentra un lugar que quieras pintar. Este pueblo en miniatura sería una escena genial para pintar, pero los caminos estrechos hacen que sea difícil asentarse para hacer un estudio al aire libre sin estorbar a la gente. Sin embargo, con un montón de fotos de referencia, podrás captar una escena potente. Cuando hagas las fotos, piensa en la composición general de las imágenes para asegurarte de que recoges toda la información que necesitas.

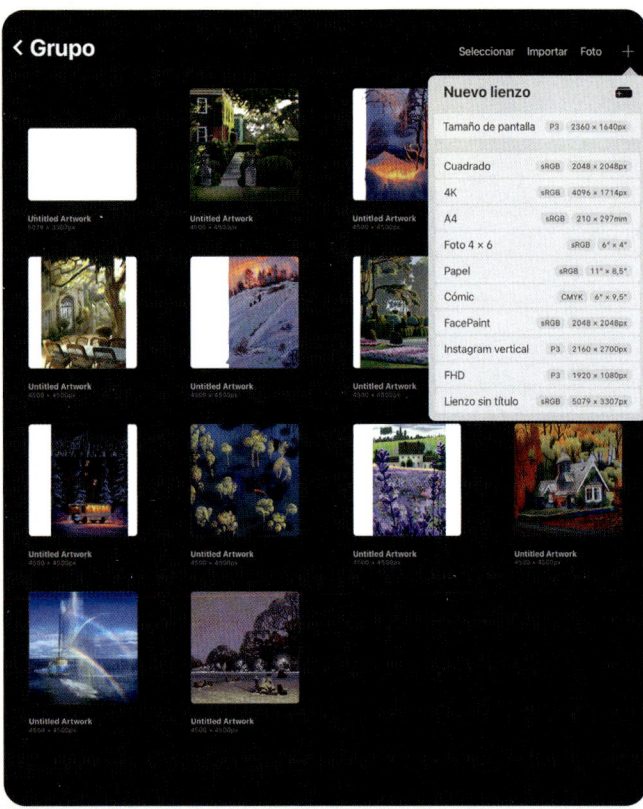

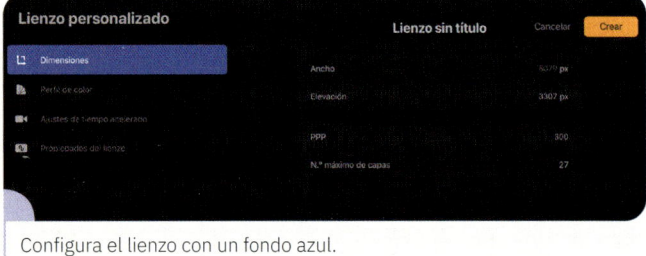

Configura el lienzo con un fondo azul.

02

Cuando puedas empezar a pintar, abre Procreate y crea un lienzo de unos 5.000 píxeles de ancho y 3.300 píxeles de alto, con una resolución de hasta 200 ppp (si es posible; cuanto mayores sean el tamaño y ppp de tu lienzo, menos capas necesitarás usar). Esto creará un lienzo amplio listo para que esboces la escena. Cambia el fondo blanco a un color cielo tocando la capa Color de fondo en el menú Capas y seleccionando un azul claro. En realidad, el cielo está bloqueado desde este ángulo bajo por el follaje oscuro, pero puedes omitir eso y optar por un cielo azul despejado para enfatizar el día soleado y brillante.

03

Para cargar una de las fotos de referencia que has hecho, ve a **Acciones>Lienzo** y activa la opción Referencia. En el cuadro que aparece, toca **Imagen>Importar imagen** y busca las fotos en la galería. Una vez que hayas importado la imagen, podrás recolocar, redimensionar y acercar la ventana Referencia igual que el lienzo. Puedes cerrar la ventana tocando la × en la esquina y, después, volver a abrirla cuando sea necesario activando otra vez Referencia.

Prepara tu referencia para empezar a esbozar.

04

Selecciona un color oscuro con el que esbozar; de momento, el negro servirá. Abre la Biblioteca de pinceles y selecciona **Boceto>Lápiz 6B**. Empieza a esbozar ligeramente los objetos que quieras incluir en la escena. Como no tienes que apresurarte en la ubicación, puedes tomarte tu tiempo para esbozar y colocar todo en el lugar adecuado. Resulta de ayuda mantener algunos elementos en capas diferentes, como el barco, para poder moverlos por la escena hasta que estés satisfecho con la composición. También puedes usar las opciones de Transformar para ajustar y redimensionar elementos.

Crea un boceto básico aproximado con un pincel de tipo lápiz sencillo.

05

Toca la capa del boceto en el menú **Capas** y reduce su opacidad con el deslizador para tener una vista mejor de dónde estás pintando. En una capa nueva debajo del boceto, utiliza **Pintura>Pincel redondo** para empezar a preparar los colores básicos del sol y el estanque, ya que te ayudarán a orientarte cuando elijas otros colores más adelante. Añade texturas de nubes claras al cielo y usa verdes sólidos y azules verdosos para indicar el cielo y el paisaje reflejados en el estanque debajo.

Puedes hacer el pincel aún más plano y opaco tocándolo para abrir el **Estudio de pinceles**, yendo a la pestaña **Trayectoria de trazo** y bajando el **Espaciado**. También puedes ir a la pestaña **Renderizado** y seleccionar la opción **Esmalte uniforme**. Si quieres que un pincel vuelva a tener su configuración predeterminada, barre hacia la izquierda en él en la **Biblioteca de pinceles** y toca **Restablecer**.

Añade las primeras áreas grandes de color y modifica los pinceles para pintar con mayor facilidad.

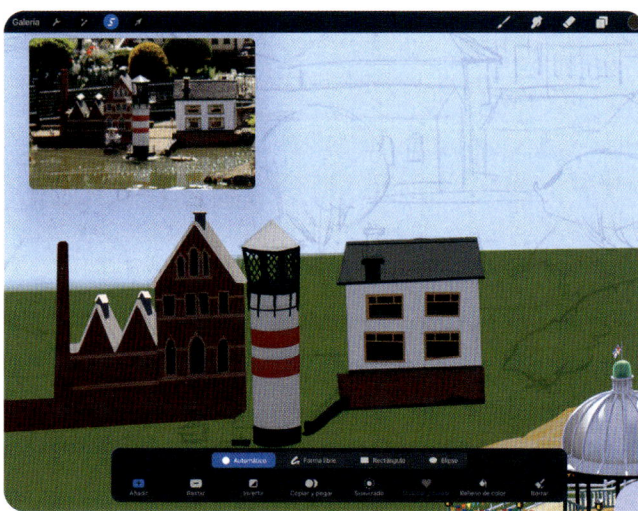

06

Empieza la pintura con los elementos detallados en primer plano. Puedes hacerlo creando formas de colores planos en capas nuevas, sobre las que puedes pintar más adelante. Empieza por delinear y rellenar las formas del muelle y los edificios junto al agua, usando colores básicos con uno o dos pasos de sombra más oscuros para dar profundidad. Para hacer una línea recta, da una pincelada, mantén el lápiz en el extremo y Procreate la pondrá recta. Puedes hacer óvalos y círculos perfectos usando el mismo método, dibujando la forma aproximada y manteniendo la pulsación del lápiz. Esta función te ayudará a pintar todos los edificios y elementos pequeños creados por humanos en la escena. Por ahora, pon cada elemento diferente en una capa separada.

Coloca las estructuras en primer plano utilizando las herramientas para enderezar líneas y **Transformar** de Procreate.

07

Ahora que has creado las formas de algunos edificios, bloquea su opacidad tocando en la miniatura de cada capa y seleccionando Bloquear alfa. Esto te permite sombrear cada elemento sin colorear fuera de sus formas. Si tienes demasiadas capas, empieza a combinar las que están acabadas tocando con un dedo la capa superior y la inferior y uniéndolas con un movimiento de pellizco en la pila Capas. ¡Pero ten cuidado con las que combinas! Por ejemplo, no combines todas las capas de la valla y el quiosco o ya no tendrás control independiente sobre esos elementos que se solapan. En vez de eso, podrías combinar las vallas delanteras en una capa y las traseras en otra, mientras dejas el quiosco fusionado separado entre medio. Si necesitas pintar una sección más complicada con una forma bloqueada, puedes usar la herramienta Selección para acordonarla y separarla del resto primero.

Empieza a añadir un poco más de textura a los tejados, explorando diferentes pinceles para ver cómo quedan con distintos objetos. Prueba a pintar un realce sólido en el tejado del quiosco y fusionarlo con la herramienta Dedo configurada como Dibujo>Moorilla para darle textura. Para la casa pequeña en el fondo, usa el pincel Elementos>Nieve rodada para crear un efecto moteado y, después, Materiales>Pelo fino para crear pinceladas largas que sugieran filas de tejas.

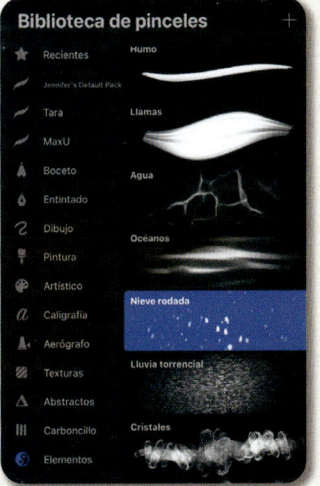

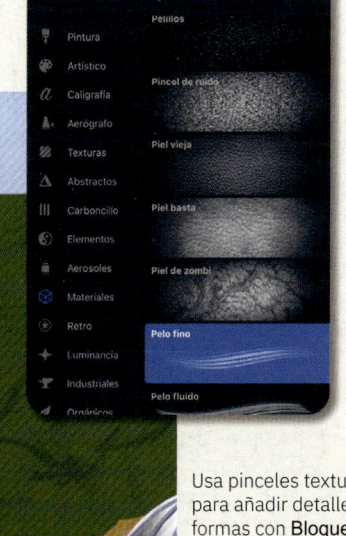

Usa pinceles texturizados para añadir detalles a las formas con Bloquear alfa activado de cada estructura.

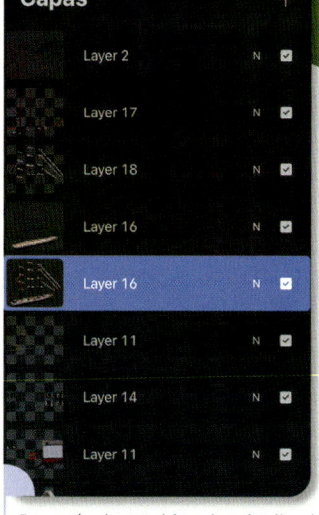

Duplica cada capa del barco.

Después de combinar los duplicados.

08

Sigue usando los mismos pinceles opacos y enderezamiento automático de las líneas que has usado en los pasos 05 y 06 para crear el barco del fondo. Mantén los colores parecidos a los que puedes observar en la referencia, pero claros y simples, usando solo un poco **Dedo** para dar textura. Mantén los elementos en capas separadas por ahora, de forma que sea fácil ajustar o corregir partes solapadas, como mástiles y cuerdas.

Una vez que hayas hecho todas las capas del barco, haz una copia de cada una y combínalas para crear una copia del barco completo. Usa **Transformar > Voltear verticalmente** para voltear el barco duplicado y ponerlo hacia abajo. Esta versión volteada necesitará algo de pintura adicional, ya que el agua debería reflejar una vista inferior de los objetos, Por tanto, en una capa nueva entre los barcos en espejo, vuelve a pintar el casco del reflejo para hacerlo más creíble. Mantén estos elementos del reflejo en capas separadas sin modificaciones de color por ahora.

Pinta el barco y crea un duplicado en espejo para generar un reflejo.

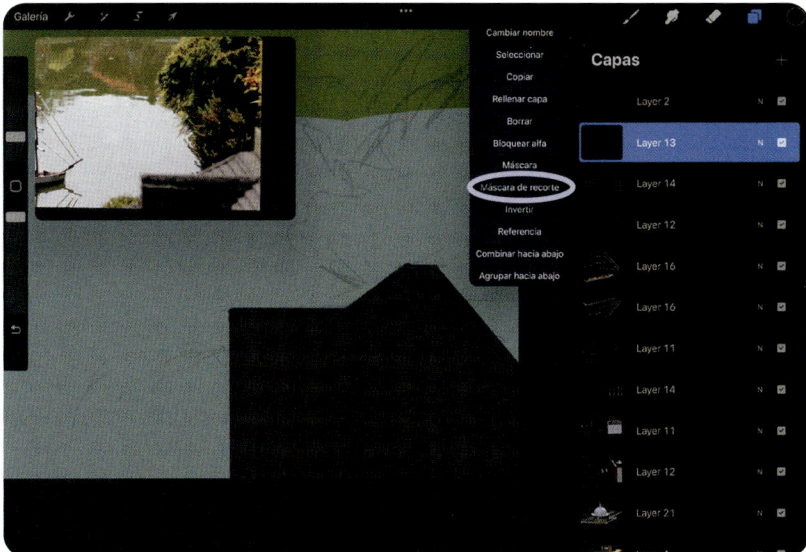

Pinta el tejado más cercano usando una máscara de recorte encima de su forma base y, después, combina al terminarlo.

09

Cuando hayas acabado de pintar más o menos los edificios principales y el barco en primer plano, puedes empezar a pintar las formas base de todos los demás elementos, como árboles, muros de edificios y tejados. Hazlo con la misma técnica utilizada hasta ahora: crea una base plana, usa **Bloquear alfa** o **Máscara de recorte** para colorear dentro de esa forma y combina los resultados acabados para ahorrar capacidad de capas. Rellena todas las formas con un color bruto aproximado por ahora. Algunos elementos pueden tener dos colores, como los tejados y los muros, pero, por ahora, mantén los elementos planos y céntrate en la organización de las capas y en ir creando la escena como un todo. Poner nombre a las capas te ayudará a medida que la escena vaya haciéndose más compleja; para ello, toca una capa en el menú **Capas** y selecciona **Cambiar nombre**. En esta fase, ponte como objetivo tener los tres edificios en primer plano acabados combinados en sus propias capas. El tejado del edificio más cercano (arriba) también puede combinarse en una sola capa una vez que esté suficientemente iluminado y detallado. Los muros y tejados de los edificios del fondo, unos pocos grupos de árboles diferentes, el barco y el reflejo del barco están intactos en sus propias capas.

Construye el resto de la escena como un todo, incluyendo los árboles y la ciudad del fondo.

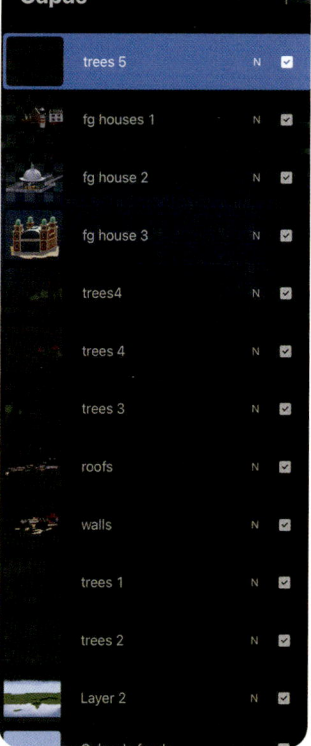

10

Crea capas nuevas para detalles en los muros (ventanas, molduras y pilares) y detalles en los tejados (chimeneas, molduras y líneas) por separado. Dibuja estos detalles con un pincel opaco pequeño. Algunos elementos pueden estar en la misma capa incluso aunque no estén dentro de la misma categoría o área, como algunos árboles del fondo, solo para tener un archivo manejable sin demasiadas capas. Sin embargo, intenta pensar siempre por adelantado cómo vas a seleccionar y sombrear los elementos, de forma que las siluetas estén separadas donde lo necesites.

Añade detalles a los edificios del fondo.

11

Explora la **Biblioteca de pinceles** y experimenta con pinceles de diferentes texturas en las formas de los árboles para añadir colores básicos de sombras y luces. **Orgánicos>Snow Gum** y **Artístico> Aurora** son buenas opciones para usar aquí. Aplica **Bloquear alfa** a las capas de los árboles de antemano y empieza a pintar hojas con diferentes matices para sugerir sombras y realces de sol, siguiendo los colores y tonos de la referencia. Los árboles en primer plano deberían tener más hojas sobresaliendo de sus formas principales, lo que puedes hacer desactivando **Bloquear alfa**. Sombrea los árboles del fondo con hojas más pequeñas y los que hay en primer plano con hojas más grandes y robustas, hasta que todos los árboles estén sombreados.

Cuando encuentres un pincel que te guste, ve a la pestaña **Recientes** en la Biblioteca de pinceles, barre hacia la izquierda en el pincel y toca **Fijar**. Se añadirá un icono de una estrella al pincel y se fijará en la parte superior de la pestaña **Recientes**, lo cual te ayudará a moverte con rapidez entre tus distintos pinceles favoritos cuando hagas variaciones en los árboles y otras superficies.

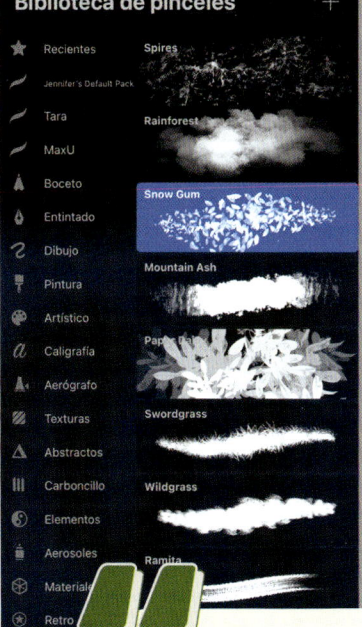

Añade texturas de hoja a los árboles.

NEVENA DICE: *"Hasta ahora, has utilizado las herramientas básicas, pero más importantes, que necesitas para crear cualquier imagen. Dominar el uso y el orden de estas herramientas requiere práctica. Una imagen como esta, con muchos elementos repetidos, es una gran oportunidad para ello. Incluso si los pasos son simples, crear la luz básica de la escena puede ser difícil. Si no te gusta tu progreso, no hace falta que borres o deshagas todo lo que has hecho. Puedes simplemente duplicar el archivo en el que estás trabajando y probar a pintar sobre las capas, de modo que puedas comparar con facilidad técnicas y resultados. Para hacerlo, toca Seleccionar en la parte superior de la galería de archivos Procreate, selecciona el archivo que quieras copiar y toca Duplicar para crear la copia extra".*

12

Ve abriéndote paso por la escena, creando un duplicado de cada elemento por encima del agua y creando su reflejo con **Transformar>Voltear verticalmente**. Como ocurría con el barco, el agua refleja estos elementos desde abajo; no puedes voltear las capas sin más para crear un reflejo realista. Usa las herramientas Selección y Transformar para ajustar los reflejos hasta que se parezcan más a la referencia y usa pinceles para pintar elementos que no sean visibles desde arriba, como la parte inferior de objetos flotantes. Haz esto para todos los edificios, árboles y otros objetos reflejados a lo largo de la orilla.

Crea reflejos de los objetos en la orilla y repíntalos donde sea necesario.

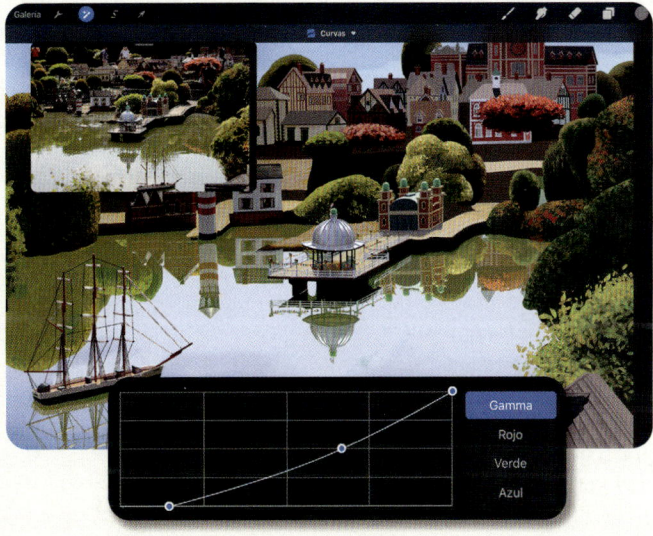

13

Combina todos los objetos reflejados en una capa y haz una selección tocando el icono de la capa y, después, Seleccionar. Invierte esa selección tocando Invertir en el menú de selección en la parte inferior, de manera que esté activo todo lo que hay alrededor del reflejo. Ahora, ve a la capa del estanque y pinta el cielo reflejado con un aerógrafo suave; mantén el agua verde, pero crea algo de variación. Vuelve a la capa del reflejo en el menú **Capas** y configúrala en modo **Trama** para que el reflejo sea más claro y traslúcido. A continuación, utiliza **Ajustes>Curvas** y **Ajustes>Tono**, **Saturación**, **Brillo** para reducir gamma y saturación en la capa. Por último, reduce la opacidad de la capa al 65 % aproximadamente en el menú **Capas**.

Corrección del color del reflejo para lograr un aspecto más realista.

14

Haz una selección del reflejo otra vez tocando en la fila de capas y eligiendo **Seleccionar**. Ve a la capa del agua y toca **Acciones>Añadir>Copiar** y, después, **Pegar** para crear una capa nueva con la forma de la selección original. Si ocultas los edificios reflejados, verás que la nueva capa pegada es una silueta suya del color del agua. Haz que esta capa nueva sea más oscura y desaturada utilizando **Ajustes>Tono, Saturación, Brillo** y juega con la opacidad hasta que los colores y valores principales se acerquen a los de la referencia. Cuando estés satisfecho con el resultado, combina todos los reflejos y el agua en una capa y, después, barre hacia la izquierda en el menú **Capas** para crear un duplicado de esa capa.

Crea una silueta del paisaje reflejado para un ajuste de color sencillo.

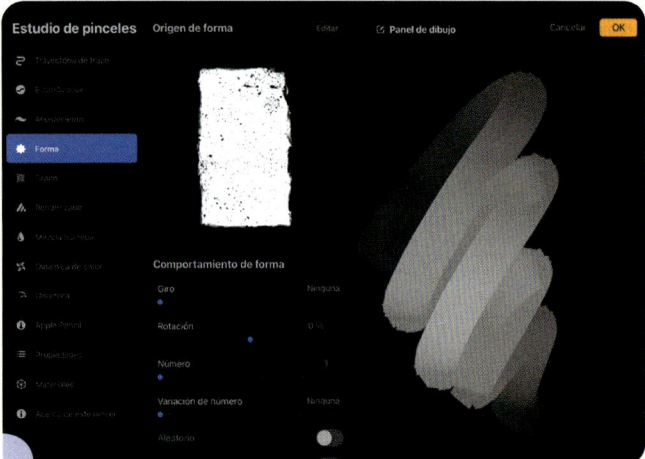

Usa una herramienta **Dedo** personalizada para crear reflejos distorsionados.

15

Selecciona la herramienta Dedo en la parte superior derecha de la pantalla. Configúrala como **Pintura>Pincel plano** y toca el pincel para modificarlo en el Estudio de pinceles. En la pestaña Forma, reduce la rotación del pincel a 0 % y toca OK. Este pincel angular te ayudará a hacer el reflejo más realista al difuminar el horizontal por la capa combinada que acabas de crear. El duplicado que has creado es una copia de seguridad, ya que el difuminado requiere mucha experimentación; ¡necesitas tener una copia adicional! Difumina con cuidado la escena reflejada, pero no te pases. Puedes ver en la referencia que los reflejos son bastante claros cuanto más cerca están del objeto fuente, pero se van distorsionando cuanto más se adentran en el estanque.

16

Después de difuminar la escena reflejada donde sea necesario, puedes crear una capa nueva encima de ella y seleccionar el pincel Luminancia>Reflejo. Tócalo para abrir el Estudio de pinceles y selecciona otra vez la pestaña Forma. Coge uno de los tiradores azules en el diagrama de redondez del pincel y arrástralo más cerca del centro, hasta que los resultados en el panel de dibujo a la derecha queden más aplanados. Pulsa OK y elige un color amarillo blanquecino muy claro para pintar. Pinta con el pincel editado en la capa nueva para crear reflejos florecientes en el agua, donde ondas diminutas capturan la luz cerca del muelle central.

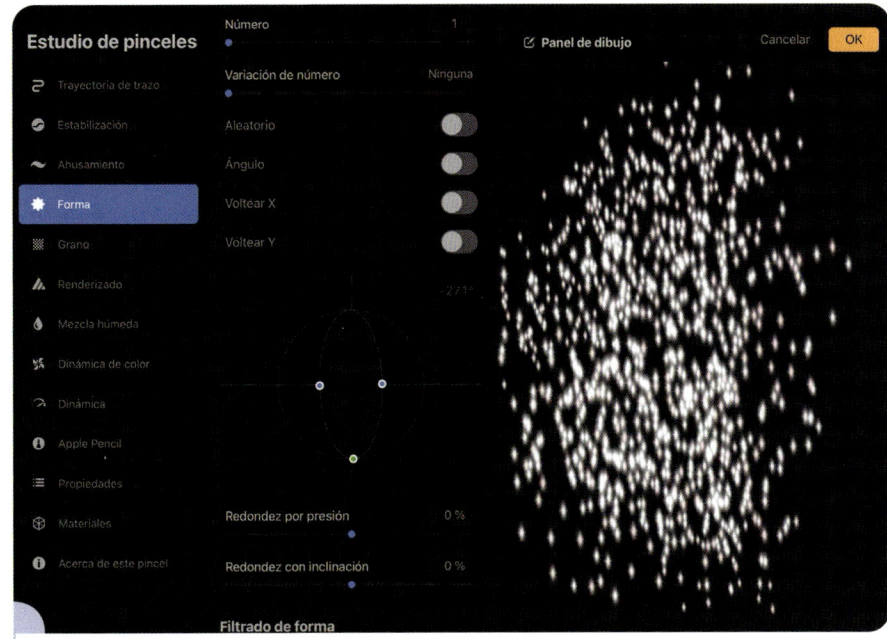

Usa un pincel **Reflejo** personalizado para captar destellos de luz muy pequeños en el agua.

17

Ve a la Biblioteca de pinceles y empieza a explorar las pestañas Materiales, Entintado y Dibujo para buscar pinceles que te ayuden a definir los árboles. Pinceles como Materiales>Furneaux, Entintado>Syrup y Dibujo>Styx son buenas opciones para hacer los árboles más interesantes.

Úsalos para crear variación en las texturas que separarán los árboles y les darán un aspecto más rico, pero explora también otras opciones. La exploración y la experimentación son cruciales para que te diviertas y desarrolles tus habilidades y sujetos como los árboles son perfectos para ello.

Experimenta con diferentes pinceles para hacer los árboles más detallados.

18

Sin que haya turistas para comparar, en este momento los edificios parecen un pueblo pintoresco a tamaño real. Puedes acentuar esa sensación de profundidad y escala añadiendo niebla de perspectiva atmosférica para sugerir una distancia mayor. Crea una capa nueva encima de la pila y usa un pincel suave para pintar un degradado azul oscuro sobre la parte superior de los elementos del fondo. Mueve esa capa detrás de los edificios en primer plano. Cubrirá el cielo, así que hazlo aparecer otra vez seleccionando las diferentes capas en la parte trasera, invirtiendo la selección para realzar fuera de los objetos y borrando a su alrededor para revelar el cielo. Por último, configura la capa del degradado en modo Trama.

Añade niebla de perspectiva atmosférica para modificar la imagen y que sea algo más que un estudio.

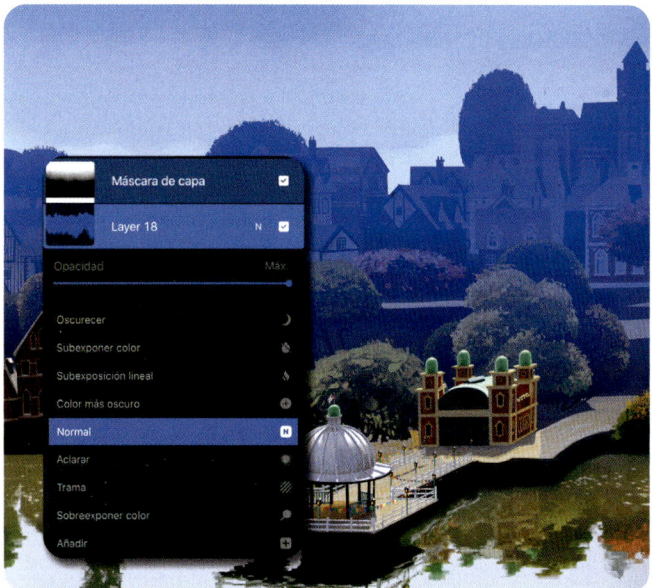

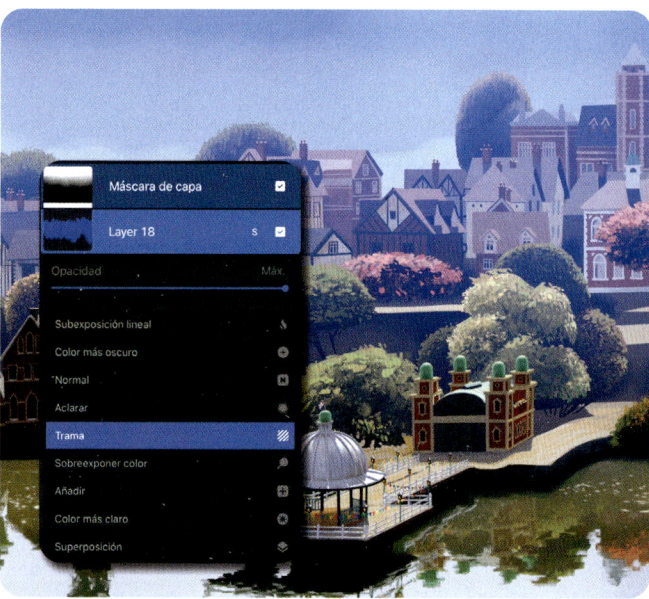

Ajusta la niebla con una máscara para hacerla más sutil y realista.

19

Toca el icono de la capa del degradado en el menú **Capas** y selecciona **Máscara**. Esto te ayudará a hacer mejores transiciones y recortar áreas donde no quieras que el degradado afecte a la escena. Pinta en la máscara con negro para "borrar" el degradado de forma no destructiva, o con blanco para volver a revelarlo, de forma que los árboles y edificios más cercanos emerjan de la niebla con más naturalidad. Reduce la opacidad de la capa del degradado y prueba incluso a experimentar con el matiz de azul para hacer que la niebla quede más natural. El resultado debería ser sutil, pero ligeramente realzado en comparación con la realidad.

20

En la parte más cercana del primer plano, puedes añadir hojas grandes y exagerar para enfatizar aún más la perspectiva. Incluso si no es totalmente realista, acentuará la profundidad de la escena y creará mayor variación en la imagen. Para ello, añade una capa nueva encima y pinta algunas formas de hojas más grandes en los árboles más cercanos. Puedes seguir utilizando los pinceles grandes que has usado para el follaje, como **Entintado>Syrup**; emplear una mezcla de pinceles diferentes hará que los resultados sean más interesantes. También puedes hacer selecciones de forma libre con la herramienta Selección y rellenarlas con color. Usa el pincel **Boceto>Lápiz 6B** para añadir unas pocas ramas que conecten las hojas.

Acentúa la profundidad y la composición con algunas hojas muy grandes en primer plano.

21

Hasta ahora, no has añadido detalles nuevos al cielo. Crear nubes claras y algunas estelas de avión lo hará mucho más creíble. Crea una capa nueva y selecciona un color azul muy claro, casi blanco. Pinta algunas líneas verticales y diagonales en el cielo con un pincel suave, ve a Ajustes> Desenfoque de movimiento y arrastra por el lienzo para modificar el deslizador hasta que consigas un aspecto difuminado y nuboso. Puede que necesites borrar partes de las líneas con un pincel suave para crear variación y darles un toque más realista. Usa Transformar>Distorsionar para estirar y aplastar las líneas para crear formas de estelas creíbles.

Desenfoque de movimiento 19 %

NEVENA DICE: *"Ahora esta imagen está en una fase muy desarrollada. Algunos detalles se han dejado sin pintar de manera intencionada, como algunas de las vallas, para no recargar la escena. Crear un reflejo puede ser complicado y requerir muchos pasos, pero da a la imagen un toque muy especial e inmersivo. Explorar más pinceles y herramientas te ha permitido crear texturas y materiales diferentes que puedes utilizar como habilidad en cualquier proyecto en el que trabajes. La experimentación es muy importante en la pintura, así que no dejes que los errores te desanimen; ¡considéralos experimentos!".*

Da realismo al cielo añadiendo estelas de aviones.

22

Utiliza el pincel **Orgánicos>Ramita** para añadir flores y arbustos pequeños por los senderos entre las casas. Si cambias al pincel **Entintado>Syrup** conseguirás más variedad de color en las flores, ya que tiene un elemento de variación de color. Para limpiar los caminos a continuación, toca el pincel Syrup para abrir el Estudio de pinceles. Ve a la pestaña Forma para poder editar Origen de forma. Importa "Calligraphy 1" desde Biblioteca de origen como nuevo Origen de forma y, a continuación, usa este nuevo pincel Syrup para dar forma a los senderos y añadir tallos y árboles donde sea necesario.

Utiliza el pincel **Syrup** para pintar flores y, con algunos ajustes, los senderos.

Aumenta la profundidad de la imagen con **Desenfoque gaussiano**.

23

Selecciona la capa con los árboles en primer plano y aplica **Ajustes>Desenfoque gaussiano**. En el menú Capas, ve a la capa que contiene el tejado en primer plano, tócala y elige Seleccionar. Aplica también Desenfoque gaussiano a esta capa, pero asegúrate de que Bloquear alfa está desactivado o el desenfoque no funcionará bien. Si haces además el tejado un poco más grande con Transformar, se acentuará aún más la perspectiva de la escena.

Añade personas entre los edificios como una capa de detalle.

24

Ahora, puedes introducir unos pocos turistas de la referencia, pero solo en algunas áreas seleccionadas. No te conviene abarrotar la escena, así que bastará con tres personas para añadir una capa de historia. Esbózalas en una capa nueva, usando negro o blanco para darles visibilidad en el paisaje. En una capa debajo del boceto, colorea y sombrea las figuras utilizando solo un pincel opaco; no hace falta que sean muy detalladas. Borra después los bocetos. Puedes utilizar las herramientas Selección y Transformar para rodear y mover las figuras hasta que encuentres la ubicación y la escala más adecuadas para ellas, superpuestas junto a las casas o el follaje para mantener la profundidad.

ORIGINAL

ABERRACIÓN CROMÁTICA

RUIDO

Últimos ajustes para finalizar el estudio.

25

Toca Galería en la esquina superior izquierda de la pantalla para volver a una vista de tus archivos. Toca Seleccionar, elige el archivo y selecciona Duplicar para hacer una copia de la imagen. La usarás para añadir algunos efectos de acabado al tiempo que conservas una copia de seguridad; incluso puedes hacer más de una copia para probar diferentes versiones. En la copia nueva, combina todas las capas en una haciendo un movimiento de pellizco que una todas las capas de la pila. Haz algunos duplicados de esta capa para poder probar diferentes efectos. Ve a Ajustes>Aberración cromática y arrastra por la pantalla hasta que el deslizador esté en torno al 6 %, solo la aberración justa para ser visible. Ve a Ajustes>Ruido y añade un poco para dar a la imagen final un aspecto de grano de película. Ten cuidado de no exagerar estos efectos, porque si te pasas con alguno de ellos puedes arruinar cualquier imagen. Si hay demasiado grano en algunas áreas, puedes utilizar una máscara para borrar la capa y revelar una de las versiones originales debajo.

NEVENA DICE: *"Ir construyendo la luz despacio en la escena trabajando en elementos individuales, además de en la imagen en conjunto, es una habilidad clave para cualquier proyecto. Ahora sabes cómo hacerlo paso a paso. No dejes nunca de divertirte con la experimentación cuando pintes. Te animo a hacer siempre fotos de referencia con el teléfono o la cámara y guardarlas en una carpeta especial. Te aseguro que algún día las necesitarás, de un modo u otro".*

CONCLUSIÓN

Has plasmado con éxito una escena de una pequeña y cálida ciudad inglesa que tiene muchas capas de detalles. Presenta una variedad de texturas y materiales que resultan agradables a la vista tanto a nivel individual como en conjunto. Ahora, puedes aplicar estas técnicas a cualquier proyecto que desarrolles con Procreate, ya que ahora conoces todos los pasos sencillos para hacerlo.

GARDEN STUDY: Quería capturar la luz cálida de la escena y también explorar el uso de colores sutiles y en contraste en las texturas y materiales que vibran en la luz.

AUTUMN STUDY: Quería experimentar con una paleta de colores limitada (aquí dos colores, sobre todo) que no uso a menudo; intenté añadir detalles de manera poco convencional utilizando pequeñas ráfagas de filtros.

BUS STUDY: Me gustaban muchísimo el contraste y la atmósfera creados por la combinación de la luz, la estación y la composición; intenté estilizar muchos de los elementos de una forma que era nueva para mí en aquel momento.

NIEBLA MATINAL EN PÚSHKAR

POR AYAN NAG

AYAN DICE: *"El aspecto más gratificante de ser artista es la capacidad única para expresar lo que vemos, sentimos e interpretamos todo en nuestros lienzos. Tenemos el superpoder de crear realidades basadas en cómo vemos el mundo. La pintura al aire libre podría ser la mejor manera de permitir a los espectadores mirar a través de nuestros ojos.*

Elige ubicaciones en las que te guste estar, lugares con los que tengas algún tipo de vínculo emocional. Eso te ayudará a conectar con la pintura. Eso, a su vez, no solo hará que la pintura sea mejor, sino que también causará un impacto emocional mayor en el espectador. En este tutorial, vamos a plasmar la belleza pintoresca de Púshkar, una ciudad de la India, al amanecer en una mañana con niebla".

01

Siempre es aconsejable sacar unas fotos rápidas antes de empezar a pintar. Dependiendo del clima y otros factores externos, la luz puede cambiar muy deprisa en el exterior. Si tienes que marcharte del lugar y terminar tu imagen en otro momento, tener algunas referencias te ayudará a cubrir los vacíos entre la pintura y la realidad. Esta ubicación concreta se ve muy temprano por la mañana. Es brumosa y azul, con un sol pálido, nubes claras y la silueta de montañas lejanas. Distintas aves vuelan en los alrededores o flotan en el agua. Cuando el sol está más bajo, proyecta una luz más cálida y unas sombras más intensas.

Elige una ubicación. Un lugar que sea personal para ti siempre es una buena elección.

APRENDE A:

- **Planear una composición pronto y a empezar por sujetos simples.**

- **Usar el Estudio de pinceles para ajustar y mejorar los pinceles predeterminados.**

- **Usar detalles implícitos para crear una escena simple, pero inmersiva.**

02

Se puede comenzar a pintar directamente, pero resulta útil empezar por un boceto básico de la composición. Comenzar una pintura espontánea sin planificar es divertido, pero dedicar 10-15 minutos a determinar la dirección de la escena te ahorrará mucho tiempo después. Comienza por crear un lienzo nuevo de unos 3.200 píxeles de ancho × 2.140 píxeles de alto. Toca la capa Color de fondo, configúrala con un gris medio y, a continuación, empieza a esbozar en una capa vacía con el pincel que quieras. Esta fase es muy aproximada y simple, al delinear solo los rasgos clave del paisaje y el perfil en el horizonte. Si estás a gusto con la idea de pasar directamente al color con los pinceles, puedes saltarte este paso, pero un boceto con líneas te permite organizar los sujetos al principio para conseguir una composición mejor.

Esboza la composición.

03

Crea cuatro capas nuevas debajo del boceto (para el cielo, las montañas del fondo, los edificios del plano medio y el agua) y empieza a pintar con colores aproximados, usando el boceto como guía. Mantén la vista lo más alejada posible y usa pinceladas grandes y simples para ayudarte a centrarte en la imagen en conjunto. El objetivo es rellenar el lienzo con rapidez y establecer la atmósfera general.

Usa rosas y morados cálidos para el cielo, y azules y morados más fríos para las montañas. Utiliza un aerógrafo suave para añadir una niebla pálida en una capa entre las montañas y los edificios. Para los edificios, utiliza marrones, morados y azules más oscuros y desaturados. No olvides dar algunos de los colores del entorno al agua para crear un efecto reflectante. Una vez que hayas aplicado los reflejos principales, añade una capa nueva encima de ellos, pinta garabatos horizontales más finos y, después, fusiónalos con la herramienta Dedo para crear ondas.

Pinta de forma aproximada los colores base, desactivando la capa del boceto según sea necesario.

04

Estas fases de pintura base son la parte más importante del proceso. Todas las decisiones y cambios grandes se producen durante esta fase. Cuando se trabaja con un pincel grande, es muy fácil cambiar las formas grandes y la legibilidad general de la escena. Cuando el lienzo esté lleno y te parezca que has añadido todos los elementos que necesitas, prueba a alejar la vista para ver la imagen en tamaño de miniatura. Esta versión diminuta debería distinguirse de manera muy similar a la pintura final, así que tómate tu tiempo para hacer ajustes si no queda bien del todo. Ten en cuenta cómo te hace sentir la ubicación. ¿Qué historia te gustaría contar al público con la imagen? Esta escena con la primera luz de la mañana resulta silenciosa y serena, casi de otro mundo, lo cual se enfatiza con los morados y azules fríos.

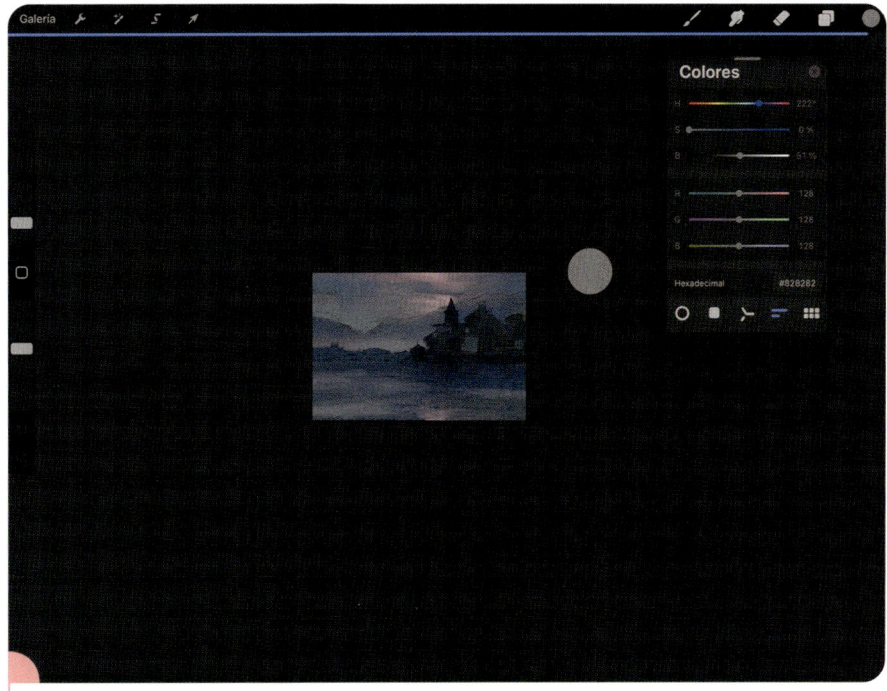

Aleja la vista para ver cómo se distingue la imagen.

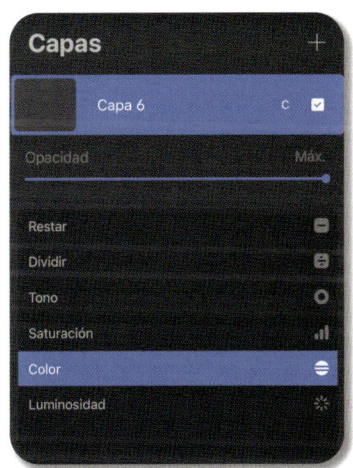

Crea una capa de ajuste de escala de grises que puedas activar y desactivar.

05

Antes de ir más allá, resulta útil comprobar los valores de la pintura y ver si se necesita algún ajuste. Puedes hacerlo creando una capa nueva encima de la imagen, rellenándola con cualquier tono de gris con saturación cero y configurar el modo de la capa como Color. Puedes mantener esta capa de "saturación cero" como guía para los valores durante todo el proceso de la pintura, con solo activar o desactivar su visibilidad según sea necesario. Intenta agrupar los valores bien usando esta capa como guía; los focos de interés deberían tener el mayor contraste para ayudar a dirigir la vista del espectador.

Otra técnica útil es voltear con regularidad el lienzo mientras trabajas (Acciones> Lienzo>Voltear lienzo horizontalmente) para comprobar el equilibrio de la escena. Aunque el objetivo es captar la escena que tienes ante ti, la pintura también debe funcionar como una composición por sí misma.

06

Las capas pueden irse enseguida de las manos. Necesitas gestionarlas al principio y mantenerlas lo más simples posible. Lo ideal sería que tu pila Capas se pareciese a algo como esto, de abajo arriba:

- Capa del cielo.
- Capa del fondo (montañas lejanas, bosques, etc.).
- Capa del plano medio (sujeto principal y formas más grandes).
- Capa del primer plano (sujetos cercanos).
- Capa del boceto (para activar y desactivar).

Intenta ceñirte a 2-4 capas para las primeras fases de una imagen, creando el cielo y los elementos del paisaje en sus respectivas capas. Siempre puedes añadir capas extra más tarde para ajustes, detalles y retoques finales.

Mantén las capas simples por ahora; aquí está la escena con la capa del plano medio activada y desactivada.

Prueba diferentes opciones de interfaces de color para ver cuál te resulta más cómoda.

07

Sigue elaborando los edificios en medio y lejanos con colores fríos y opacos. Usa la interfaz de color que quieras; la vista Disco es una elección habitual, pero los deslizadores Valor también tienen sus ventajas. Los deslizadores HSB (*Hue* [tono], *Saturation* [saturación], *Brightness* [brillo]) y RGB (*Red* [rojo], *Green* [verde], *Blue* [azul]) te ofrecen un control preciso sobre la saturación y el brillo de un color. Juguetea con las diferentes opciones para ver si puedes optimizar el proceso y prueba a cambiar de una opción a otra de vez en cuando. Utilizando los deslizadores HSB, puedes contener el rango dinámico de la escena en esta etapa temprana. Por ahora, no uses nada más oscuro que 15 ni más brillante que 90 en el deslizador Brillo. ¡Puedes modificarlo más adelante en el proceso!

AYAN DICE: *"La pintura en exteriores puede ser un reto: encontrar lugares nuevos, descubrir algo nuevo en un lugar familiar, tratar de plasmar esos momentos y fallando un montón de veces en el proceso. Es todo un viaje. Abraza esos fallos y aprende de ellos. El proceso que se muestra aquí es algo que he aprendido a lo largo de muchos años de estudio y pintura al aire libre, pero, cuando realices tu propio viaje artístico, descubrirás también formas nuevas de hacer las cosas".*

Elige una paleta de colores que realce lo que se ve y se siente en la realidad.

08

Cuando intentes elegir el color "adecuado", recuerda que no hay elecciones de color correctas o incorrectas, ya que cada uno percibimos el color de una forma diferente. Incluso cuando empiezas a prestar atención a los cambios de color sutiles en la naturaleza, esa percepción cambia con el tiempo. Tu referencia principal de color debería ser lo que estás viendo en la naturaleza; sin embargo, en vez de replicar eso sin más, intenta combinar lo que ves con cómo te hace sentir la ubicación. En este caso, es una mañana soleada, con algo de niebla. La temperatura es agradable, pero hay cierta frialdad propia de la primera hora de la mañana en la atmósfera, que puedes ver en las fotografías de la página 161. Esta paleta de colores particular se centra en morados y rosas cálidos, así que compleméntalos con elementos turquesa fríos en los árboles lejanos. Aplica el color y elabora el puente del fondo, añadiendo un realce cálido donde la luz baña la parte superior y, después, manda lejos un extremo cubriéndolo de niebla. Añade un realce pálido brillante al agua como si un poco del sol temprano se colase entre las nubes.

09

Puedes configurar una cuadrícula de perspectiva para ayudarte a medida que progresa la pintura. Medir a ojo la mayoría de la perspectiva funciona bien en fases tempranas, ya que te ayuda a entender de manera innata cómo funciona la perspectiva, pero, si tiendes a centrar mucho tu atención en detalles pequeños y errores al principio del proceso, usar una cuadrícula desde el principio solo acentuará ese comportamiento y te hará perder mucho tiempo. Esas fases tempranas del boceto se centran en la eficacia con la que puedes expresar tus ideas en el lienzo; la clave está en la legibilidad, no en la perfección. Por eso resulta útil alejar la vista al máximo; ¡te ayuda a ignorar problemas pequeños y centrarte en la escena global!

Sin embargo, ahora que la escena está avanzando, una guía de perspectiva ayudará a que dé una sensación más concreta

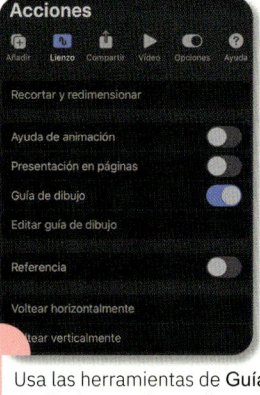

Usa las herramientas de **Guía de dibujo** para desarrollar una profundidad más realista.

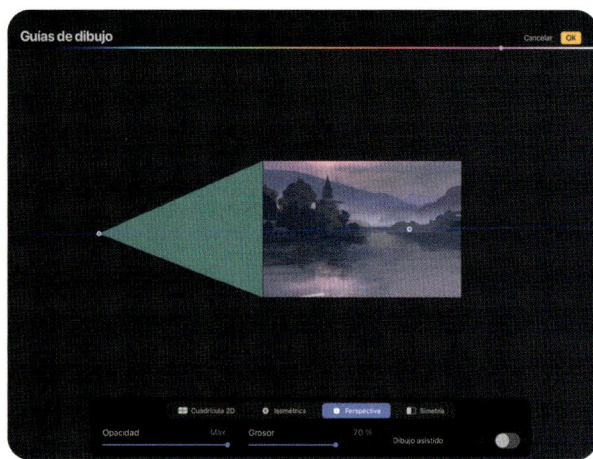

y creíble. Habilita la cuadrícula yendo a **Acciones>Lienzo>Guía de dibujo**. Para editar el ángulo y la forma de la cuadrícula, ve a **Acciones>Lienzo>Editar Guía de dibujo>Perspectiva**. Toca cerca del borde derecho del horizonte para colocar una línea de horizonte y, después, fuera

del lado izquierdo del lienzo para situar un punto de fuga. Arrastra el punto de fuga para que se parezca a la forma que se muestra y, después, toca OK para confirmar. Puedes activar y desactivar la visibilidad con **Acciones>Guía de dibujo**.

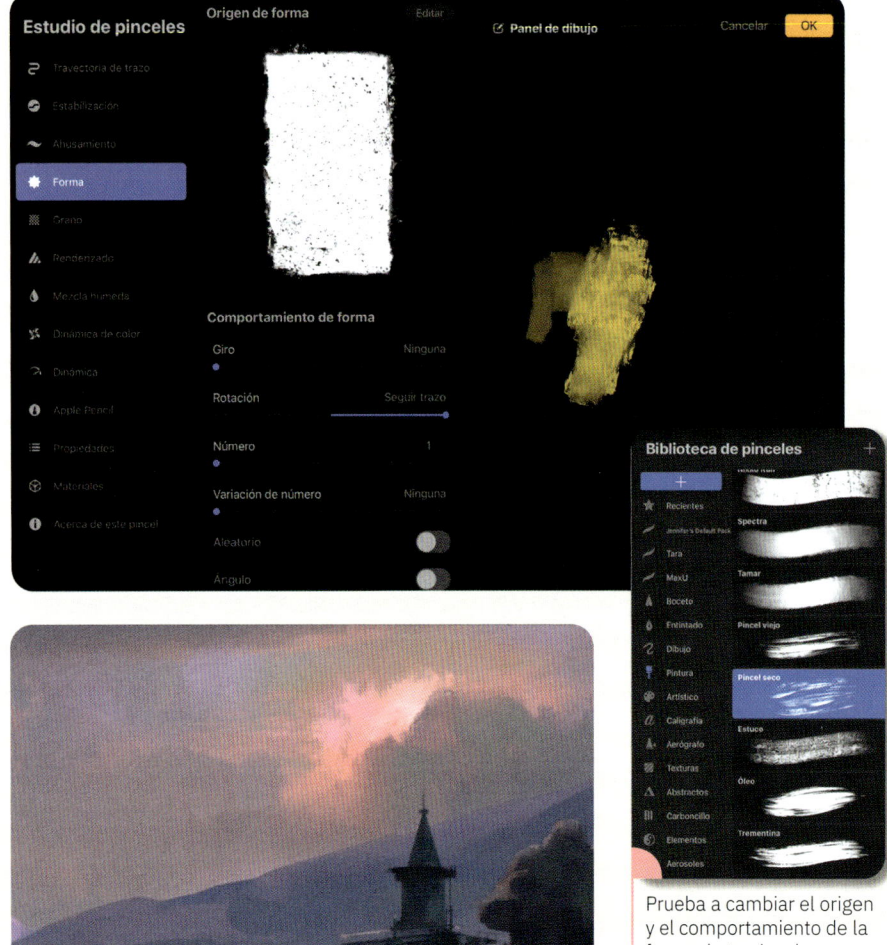

Prueba a cambiar el origen y el comportamiento de la forma de tu pincel.

10

Procreate tiene un sistema de pinceles muy elaborado y avanzado. Las opciones en Estudio de pinceles son detalladas y potentes, y merece la pena explorarlas si no lo has hecho ya. Pruébalo tocando **Pintura>Pincel seco** para abrir el Estudio de pinceles. Ve a Forma y, en Origen de forma, toca Editar y ve a **Importar>Biblioteca de origen**. Busca o desplázate hasta Brick como el nuevo Origen de forma y, a continuación, toca OK. Prueba los resultados garabateando en la zona Panel de dibujo de la derecha.

En Comportamiento de forma, ve a Voltear X y Voltear Y y activa ambas opciones. El resultado debería ser un pincel orgánico y texturizado con un trazo más robusto que el Pincel seco original. En la pestaña Dinámica de color, ve a Variación de color de sello y configura los deslizadores de Tono y Saturación al 2 %. Haz lo mismo para los deslizadores de Tono y Saturación en Valor de color de trazo y toca OK.

Prueba los resultados pintando en el área del cielo. ¡En vez de un color plano, verás que las pinceladas tienen cambios de tono y saturación sin tener que cambiar el color a mano! Esto genera gran interés y variedad orgánica incluso con formas planas.

11

Ahora puedes empezar a añadir detalles más pequeños y texturas más finas a la composición. Empieza por elegir un pincel cuadrado, como **Pintura>Niko Rull**, y abre la pestaña Grano en el Estudio de pinceles. Para Origen del grano, selecciona la opción Canvas y reduce el deslizador Escala para conseguir una textura más fina. Usa este pincel para pintar trazos con grano en áreas como el tejado, añadiendo una textura rugosa que sugiere ladrillos o azulejos. La cuadrícula de perspectiva te ayudará a alinear detalles más finos, como los bordes del tejado y las barandillas.

Crea un pincel con grano para detallar los edificios.

Pinta aves en el agua con un pincel redondo simple.

12

Los elementos narrativos pueden ser cualquier cosa, desde figuras humanas a ropa tendida en un balcón. Estos son los detalles que pueden dar vida a una composición en apariencia desolada. En una capa nueva, pinta con ligereza dos aves flotando, usando un pincel redondo de borde duro. No olvides incluir sus reflejos y las ondas que crean al pasar.

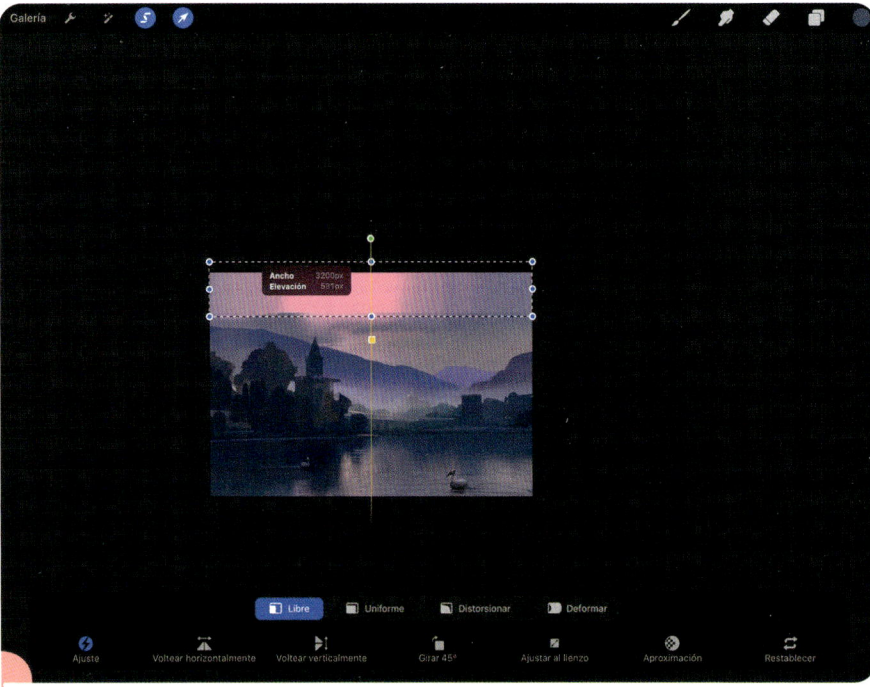

Volver a encuadrar la composición permite dejar más espacio para el cielo.

13

El cielo podría enfatizarse aún más para captar de verdad el resplandor cálido del amanecer. Sin embargo, eso requiere volver a encuadrar la escena para dar más espacio al cielo. Para ello, desliza hacia la derecha en cada capa en la pila Capas para resaltarlas todas y, después, toca Agrupar para agruparlas en una carpeta. Con esta carpeta de grupo principal seleccionada, ve a Transformar>Libre y mueve toda la escena un poco hacia abajo, perdiendo un poco de agua a cambio de aumentar el espacio para el cielo. Esto creará una franja en blanco en la parte superior del lienzo. Toca la capa del cielo, usa Selección>Rectángulo para seleccionar la sección superior del cielo y, a continuación, usa Transformar otra vez para estirarla y rellenar el hueco. Pinta la sección estirada con los pinceles texturizados para fusionarla con el resto. Activa la capa de escala de grises para comprobar si el cielo todavía funciona.

AYAN DICE: *"Estas aves migratorias fueron uno de los aspectos destacados de mi viaje a Púshkar, Rajastán. Eran enormes y siempre estaban espantando a otras aves de su territorio. Las veía hacer eso durante horas, todos los días, así que, por supuesto, ¡tenía que incluirlas en la pintura! Momentos así se producen casi a diario en nuestras vidas y se olvidan. Si los incluyes en tus cuadros, sobre todo en las pinturas al aire libre, mejorarán tu composición y ayudarán a crear algo precioso que es único para ti".*

14

Para mejorar la composición y dar a la imagen una presentación más atractiva, incluso en esta fase sin finalizar, puedes añadir un efecto de *letterboxing* en la parte superior. Es un gran mecanismo para perfeccionar el encuadre de una imagen, sobre todo con una composición cuadrada; puedes empezar con un lienzo cuadrado y cambiar después el encuadre como una imagen de pantalla panorámica, lo que hace que el proceso sea muy flexible. Añade una capa nueva en la parte superior de la pila **Capas**, abre la herramienta **Selección** y activa la opción **Relleno de color** en la parte inferior de la pantalla. Así se rellenará de forma automática cualquier selección que hagas con el color seleccionado en ese momento. Úsala para añadir una barra negra en las partes superior e inferior del lienzo.

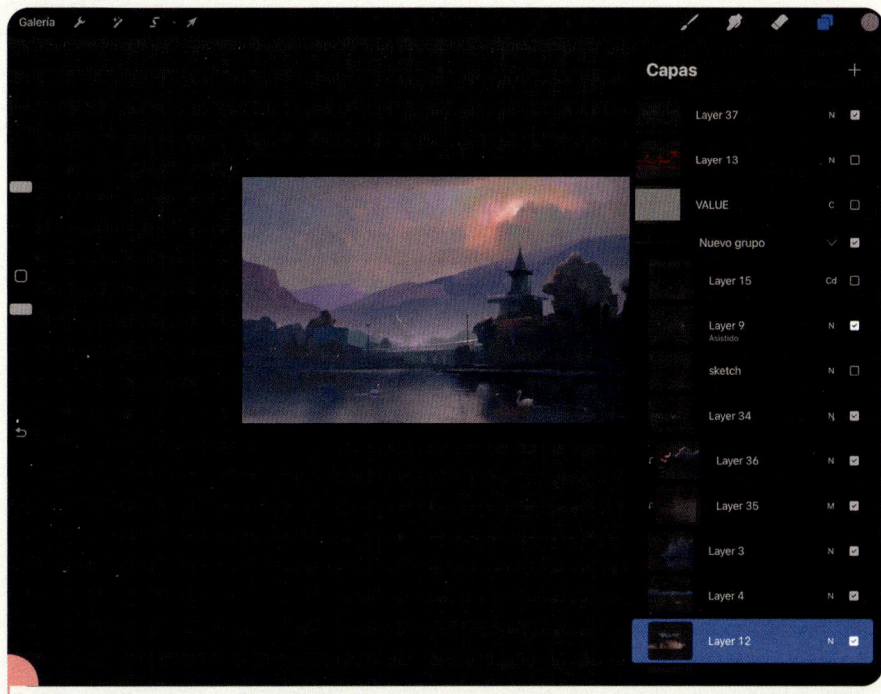

Añadir un efecto de *letterboxing* puede mejorar la composición y dejar que mantengas la mente abierta.

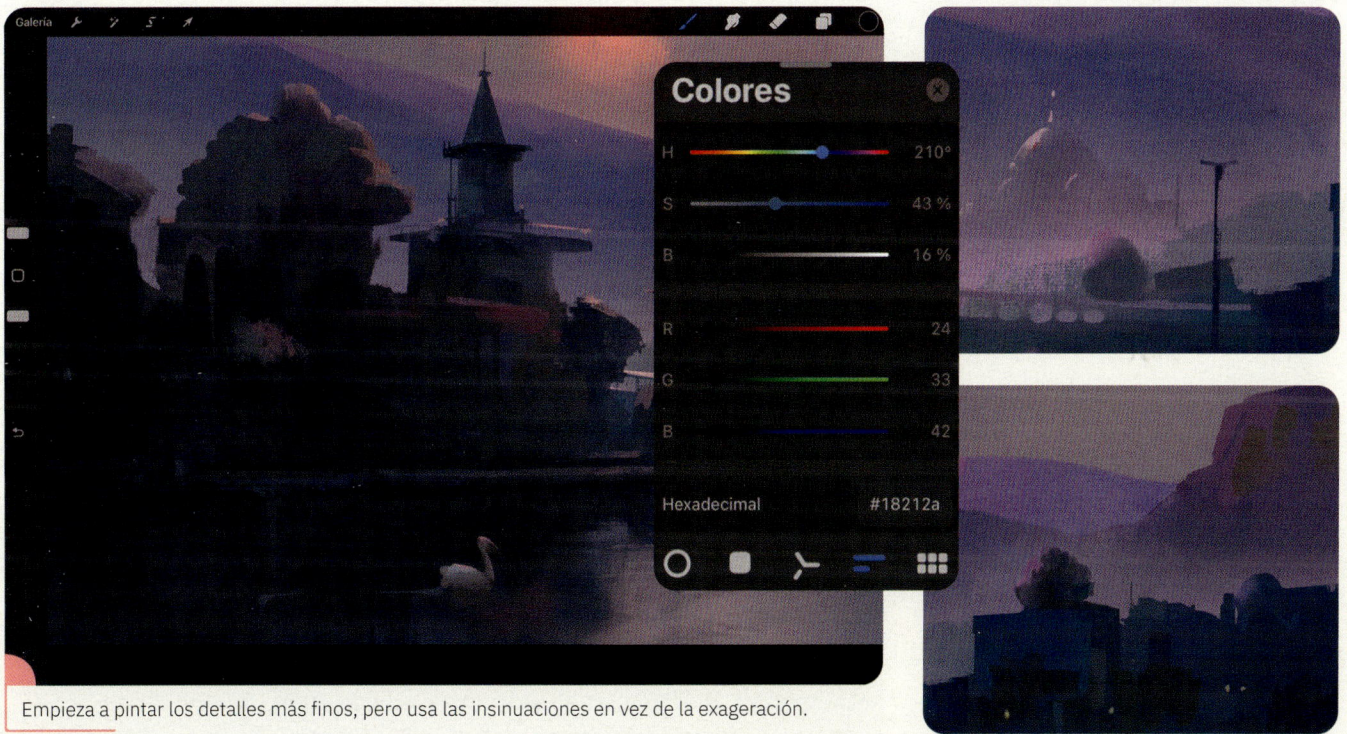

Empieza a pintar los detalles más finos, pero usa las insinuaciones en vez de la exageración.

15

Ahora puedes empezar a acercar la imagen para pulir las formas de tamaño medio y pequeño. No exageres con los detalles; plasma solo lo suficiente para que la escena se lea como tú quieres. Por ejemplo, con la arquitectura, podría ser simplemente una cuestión de ajustar la perspectiva con **Transformar** para que se adapte a la cuadrícula o iluminar las superficies de manera adecuada para que se ajuste al entorno con unas pocas pinceladas simples de color. Intenta plasmar detalles como las barandillas lejanas y los escalones con el menor número posible de pinceladas. Para formas orgánicas, como árboles y arbustos, añadir algo de textura y pinceladas adicionales puede ser el único perfeccionamiento que se necesita. Aquí puedes ver cómo los árboles solo necesitan unos toques de verde y pinceladas sueltas con un pincel de textura irregular.

SELECCIÓN

AYAN DICE: *"Puedes perfeccionar las cosas cuando estés en casa y acabando la pintura, utilizando las fotos de referencia que has hecho en la ubicación. Puedes añadir detalles complejos o interesantes que puede que hayas pasado por alto o ignorado durante la sesión de pintura en vivo. Cuando estés en la ubicación, deberías centrarte en captar tanto como puedas de la 'imagen general'".*

PINTAR DENTRO DE LA SELECCIÓN

RESULTADO

Prueba a pintar dentro de una selección para conseguir bordes limpios y duros.

16

Gestionar los bordes puede mejorar mucho la lectura general de una imagen. Saber dónde utilizar bordes duros y suaves mejorará aún más la composición y hará que tu pintura resulte más interesante a la vista. Para pintar bordes definidos en una colina lejana, rodéala primero con Selección. Intenta difuminar algunos bordes que resulten demasiado obvios en áreas como el edificio para hacer que la estructura sea menos predecible. Deja que los espectadores trabajen un poquito, ¡resulta mucho más atrayente! Si te fijas bien en la orilla del agua, en realidad hay muy poco detalle en el borde dentro de la forma; todo es suave e insinuado con tonos similares marrón, gris y morado. Por el contrario, la silueta es fuerte, con formas distintivas de los árboles y la farola. El espectador sabe qué está mirando sin ver cada detalle.

Sé consciente del equilibrio entre bordes duros y suaves.

17

Cuando estés satisfecho con la pintura, puedes mejorarla con algunos ajustes rápidos de color y valores. ¿Te acuerdas de que has restringido el rango dinámico en las primeras fases? Aquí es donde puedes ampliarlo para mejorar el contraste y la iluminación de la escena final. Usa capas Sobreexponer color para añadir efectos de fulgir y aumentar el brillo general, y utiliza capas Oscurecer o Multiplicar para dar más profundidad a las zonas sombreadas. Hacer estos cambios hacia el final de la pintura al aire libre te da más flexibilidad. Si acabas dedicando un tiempo adicional a terminar la pintura en casa o si la iluminación cambia, puedes rellenar los huecos usando estos ajustes.

Utiliza modos de fusión con moderación para potenciar la iluminación de la escena.

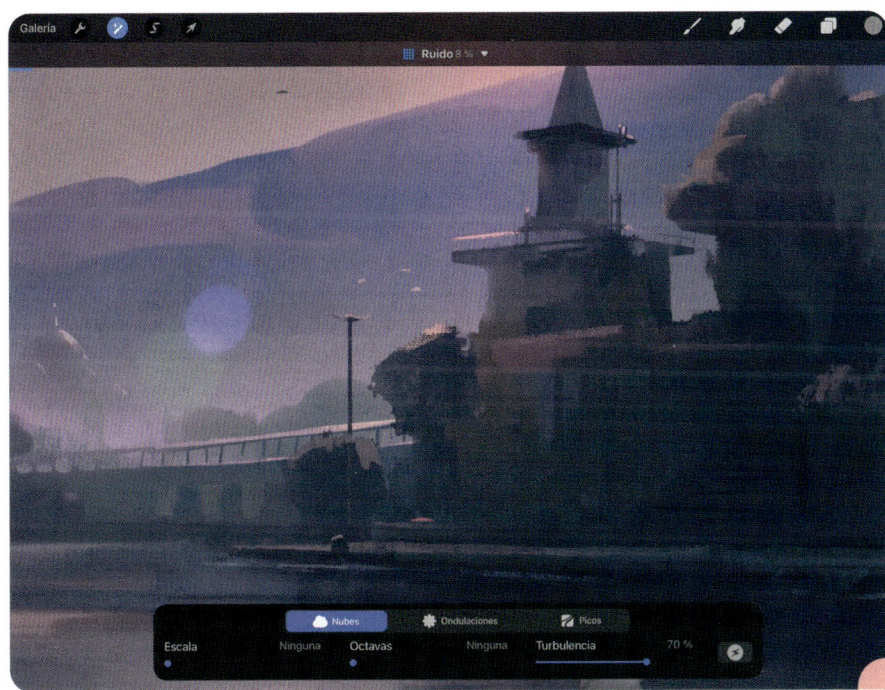

Envuelve la pintura final con una capa de grano sutil.

18

Para acabar la pintura, puedes añadir una capa de grano y un enfoque suave encima de todo. Eso añadirá mucho detalle percibido a la imagen. Para hacerlo, crea una capa nueva, rellénala con gris al 50 % y configura el modo de fusión como **Superposición**. Después, ve a **Ajustes>Ruido** y utiliza el deslizador para aumentar o reducir la cantidad de ruido. Intenta imitar cómo funcionaría una cámara en condiciones naturales (las escenas con luz diurna tendrían una ISO [sensibilidad a la luz de la cámara] baja, y de ahí la cantidad baja de grano, mientras que una escena más oscura necesitaría una ISO más alta para captar los detalles, lo que generaría una foto con más grano). En función de tus preferencias, podrías incluso combinar toda la imagen y aplicar después el enfoque y el ruido.

CONCLUSIÓN

Este tutorial ha abordado ideas importantes, desde la planificación temprana de la composición a la mejora de la eficiencia técnica. Aunque está bien tener trucos para optimizar el proceso, céntrate primero siempre en el aspecto creativo. Mantenerte flexible te ayudará a aprender mucho. ¡Sal ahí fuera, cuenta tus propias historias y comparte tu realidad con el mundo!

PLEINAIRPRIL: Estas es una de mis escenas personales favoritas; la pinté para el reto PleinAirpril, en el que artistas ambientales pintan un estudio al aire libre por cada día de abril.

FOOD TRUCK: ¡Pasé por una fase de ver documentales de cocina y obsesionado con las furgonetas de comida callejera!

PLEINAIRPRIL: Otra de mis pinturas ambientales diarias para PleinAirpril.

NOCHE EN BAGUIO

POR GILLIAN GALANG

GILLIAN DICE: *"Pintar una escena nocturna puede resultar un poco intimidatorio a veces. La oscuridad hace que sea más difícil juzgar los colores y la luz, identificar las formas y hacer fotos de referencia. Esta escena de una orilla iluminada en Baguio, en Filipinas, es un reto perfecto para estilizar la luz, el color, la textura y la forma al tiempo que se mantiene una atmósfera nocturna".*

APRENDE A:

- Elaborar y diseñar una escena con formas fuertes.

- Usar diferentes pinceles y Dinámica de color para crear un estilo de arte gráfico.

- Maximizar las capas y los modos de fusión de Procreate para crear luces y texturas vibrantes.

Ahora el lienzo está relleno con un color de fondo inicial con variaciones sutiles.

01

Crea un lienzo horizontal, a ser posible de 5.000 píxeles de ancho por 3.300 píxeles de alto, o una proporción similar que te permita crear hasta 50 capas si es necesario. Elige el pincel **Pintura>Nikko Rull** y tócalo dos veces para abrir el Estudio de pinceles. En la pestaña Dinámica de color, aumenta el deslizador Tono de Variación de color de sello al 12 % y el deslizador Tono de Variación de color de trazo al 2 %. Toca OK para confirmar. Sube el tamaño del pincel al máximo, elige un color azul grisáceo oscuro y arrastra el pincel en diagonal por el lienzo hasta que hayas rellenado el área completa.

02

Ahora puedes incorporar las primeras formas del entorno. Añade una capa nueva y elige el pincel **Dibujo>Evolve** y configura su tamaño al 40 % aproximadamente. Elige un color verde más oscuro y dibuja formas de media elipse que representarán la línea de los árboles. Después, selecciona un color verde más claro, no tan claro como el color de fondo, y empieza a aplicar las formas en capas para dar profundidad a los árboles. Añade una forma rectangular oscura debajo de los árboles, usando un tono amoratado o azul marino muy profundo, como fondo para la orilla.

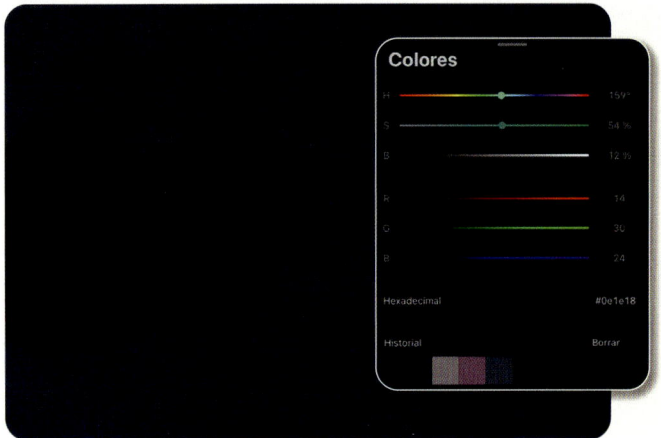

El primer bloque se hace dibujando formas simples para los árboles.

03

Añade una capa nueva debajo de la capa con el bloque de los árboles, selecciona un matiz índigo más oscuro y configura el tamaño del pincel al 25 % aproximadamente. Añade más árboles al fondo asomando a través de las formas verdes más oscuras. A continuación, elige un color índigo de tono gris. Añade una capa nueva debajo de todas las capas de los árboles y empieza a hacer las nubes con formas de medialuna estilizadas (una exageración inspirada en algunas de las curvas visibles en nubes reales). Añade una capa nueva encima de todos los árboles y elige un matiz verde claro frío. Configura el pincel **Pintura>Nikko Rull** con un tamaño grande y pinta trazos cortos verticales para crear un efecto de resplandor a lo largo de la orilla.

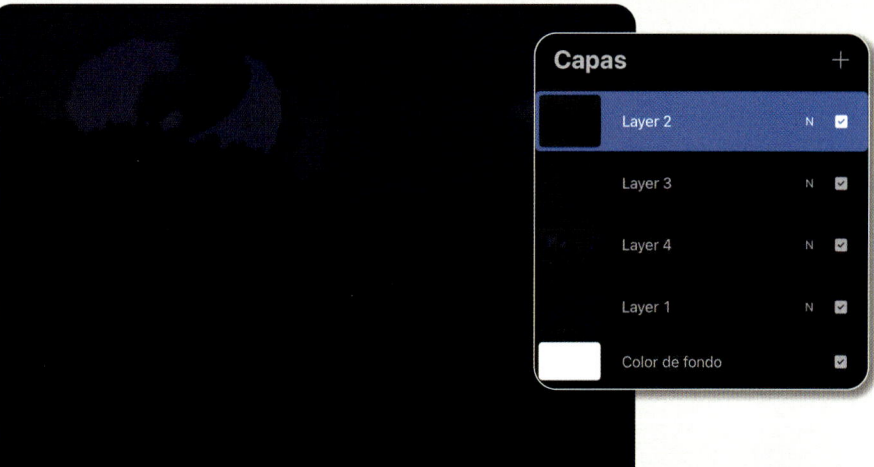
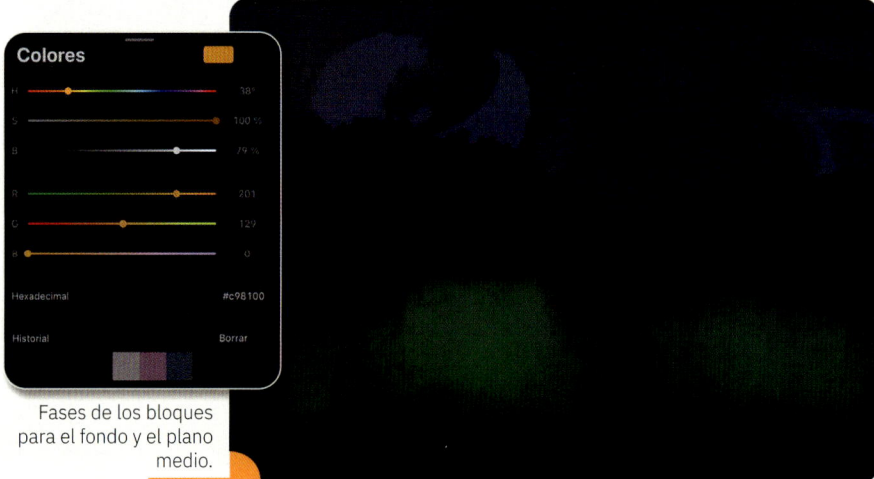

Fases de los bloques para el fondo y el plano medio.

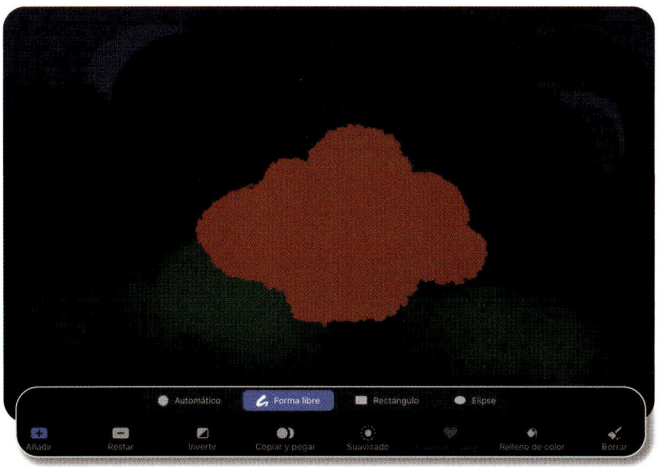

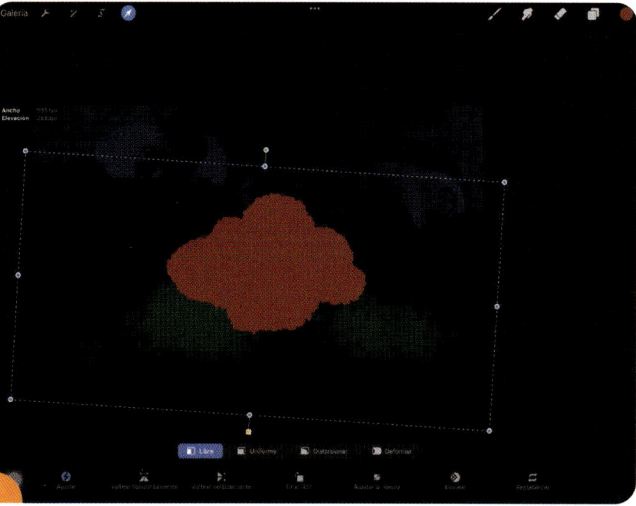

Empieza con el árbol en primer plano de la pintura.

04

Añade una capa nueva en la parte superior y selecciona el pincel **Dibujo>Evolve**. Pinta una forma naranja como una nube para el árbol en primer plano. Toca la herramienta Transformar y rota un poco las capas usando el tirador verde, de modo que las capas de los árboles y el plano del suelo no sean totalmente planos. Puede que tengas que utilizar Borrar para eliminar partes de las nubes, asegurándote de que enmarcan el árbol en primer plano.

Añade variaciones de color y textura al árbol del fondo y las nubes que lo enmarcan.

05

Sigue limpiando y desarrollando las nubes, usando la herramienta Selección para rodear formas de medialuna y rellenarlas con un violeta grisáceo más claro. Selecciona **Aerógrafo>Pincel extrasuave** y ve a la capa de los árboles índigo oscuro. Selecciona ese color violeta grisáceo claro y arrástralo hacia arriba, a las bases de los árboles, sin tocar las copas, para crear la impresión de que los árboles más lejanos se desvanecen en la atmósfera.

06

Ve a la capa con el resplandor verde claro y pinta tres bultos redondos oscuros debajo utilizando **Pintura>Nikko Rull**, marcando de manera aproximada dónde habrá unos arbustos. Añade una capa nueva encima del árbol en primer plano y dibuja su tronco, utilizando el pincel **Entintado>Syrup** con cualquier color, de momento. Vuelve a cambiar a Nikko Rull y añade una capa nueva en la parte superior. Aquí, pinta un plano diagonal a través del primer plano usando un amarillo mostaza y manteniendo pulsado para que se active de forma automática QuickShape. Ahí es donde habrá un paseo junto al agua. En una capa nueva encima de esa, pinta otra línea de naranja claro para añadir profundidad al primer plano.

Termina las formas de tamaño medio añadiendo troncos de árbol y un primer plano.

07

Añade una capa nueva encima de las nubes y el relleno de fondo y vuelve a seleccionar el color de las nubes. Todavía con el pincel Nikko Rull, arrastra con suavidad hacia arriba para añadir más textura al cielo, cambiando el color mientras progresas para introducir un poco de azul. Cambia al pincel **Entintado>Thylacine** para dar más textura a las nubes siguiendo sus curvas. Combina los resultados, ve a **Ajustes>Tono, Saturación, Brillo** y baja la saturación del fondo al 25 % aproximadamente para dar profundidad a la atmósfera nocturna. Utiliza el pincel Thylacine en la capa de los árboles del fondo para darles también algo de textura vertical.

Abre el pincel **Entintado>Tinta seca** en el Estudio de pinceles. Configura el deslizador **Variación de color de sello>Tono** en el 5 % y el deslizador **Variación de color de trazo>Tono** en el 10 %. Usa esto en la capa de los arbustos para dar cuerpo a sus formas con azul verdoso oscuro. Puedes incluso añadir ramas y ramitas, seleccionando colores del cielo y el primer plano amarillo. Por último, crea una capa nueva entre el plano de los arbustos y el primer plano y añade unos troncos de árboles grandes grises azulados que se curven para enmarcar el árbol naranja principal.

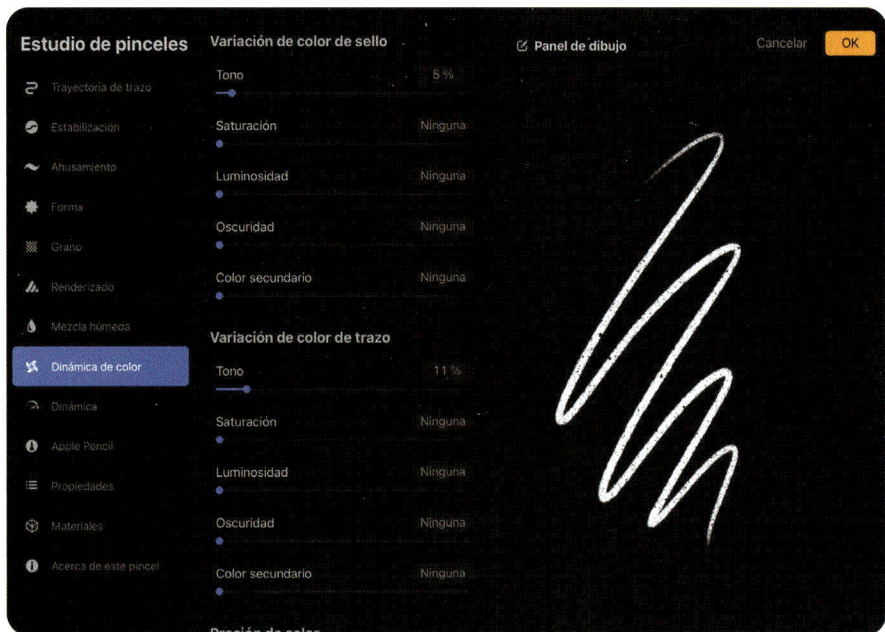

Añade los bloques de formas más pequeñas y una pintura con algo más de textura.

Añade textura al árbol creado en primer plano.

08

En el menú Capas, toca la miniatura de la capa del árbol naranja y activa Bloquear alfa. Con el pincel Nikko Rull y un color magenta oscuro, aplica pinceladas verticales cortas para oscurecer la parte inferior del árbol sin tocar las partes superiores. Selecciona el naranja brillante de la copa del árbol y haz más trazos hacia abajo sobre las áreas sombreadas, creando grupos de hojas grandes y sólidos. A continuación, ve a la capa del tronco del árbol separada, activa Bloquear alfa y rellénala con azul oscuro.

09

Ahora puedes ir pasando por cada capa para desarrollar un poco más cada elemento. Ve a la capa del paseo amarillo mostaza, activa Bloquear alfa y usa Nikko Rull para pintar variaciones de azul y violeta. A continuación, activa Bloquear alfa en la capa del primer plano naranja inferior y píntala con una franja violeta sólida. Mueve la capa del tronco del árbol principal encima de las capas del primer plano

(o desactiva la visibilidad de las capas del primer plano) para poder perfeccionar el tronco con más facilidad, añadiendo algunas ramas extra y más definición. Ve a la capa del fondo y añade una capa nueva encima de ella. Utiliza Nikko Rull y Thylacine para pintar la parte superior del cielo con un azul oscuro; configura la capa en modo Multiplicar y reduce su opacidad a un 48 % aproximadamente. Eso dará al

cielo un tono más profundo y frío con texturas en capas. Por último, pinta más detalles en la capa del plano medio, usando Nikko Rull en azules oscuros con un tono parecido a los colores originales de los árboles. Prueba a utilizar **Selección>Forma libre** para rodear formas irregulares y curvas, creando sombras nítidas oscuras y grupos de hojas con el pincel **Entintado>Syrup**.

Ahora el fondo tiene profundidad, los árboles están texturizados de modo uniforme y los elementos del primer plano son más legibles.

10

Con **Entintado>Syrup** aún seleccionado, abre el Estudio de pinceles y ve a la pestaña Dinámica de color. Configura el deslizador **Variación de color de sello>Tono** al 20 % y **Variación de color de trazo>Tono** al 2 %. Pinta troncos más pequeños en la capa de sotobosque del plano medio usando matices de beige claro, verde y morado y añade un tronco grande y oscuro en el lado derecho.

Vuelve a cambiar al pincel Nikko Rull, elige un verde claro y pinta con suavidad la parte inferior de los árboles en el plano medio para captar el resplandor de las luces bajo ellos. Añade una mezcla de detalles de hojas verde oscuro y verde claro dibujándolas con el pincel Syrup o usando la herramienta Selección para rodear y rellenar varias formas de hojas de una vez, borrando partes después si es necesario. Debajo de los árboles, añade algunos arbustos pequeños más en tonos de azul y verde. Ve a la capa del árbol naranja, desactiva Bloquear alfa, usa la

herramienta Selección para rodear algunos grupos de hojas colgantes en la parte inferior izquierda y píntalos con sombras de color burdeos y rojo marronáceo. Usa el pincel Thylacine para añadir trazos de textura en rojo, amarillo y naranja y rompe la silueta del árbol con algunas líneas más sueltas. En la capa del tronco principal, activa Bloquear alfa y usa Thylacine para crear textura, dando pinceladas turquesas y naranjas hacia abajo a lo largo de la forma curvada del árbol.

Desarrollo del árbol principal.

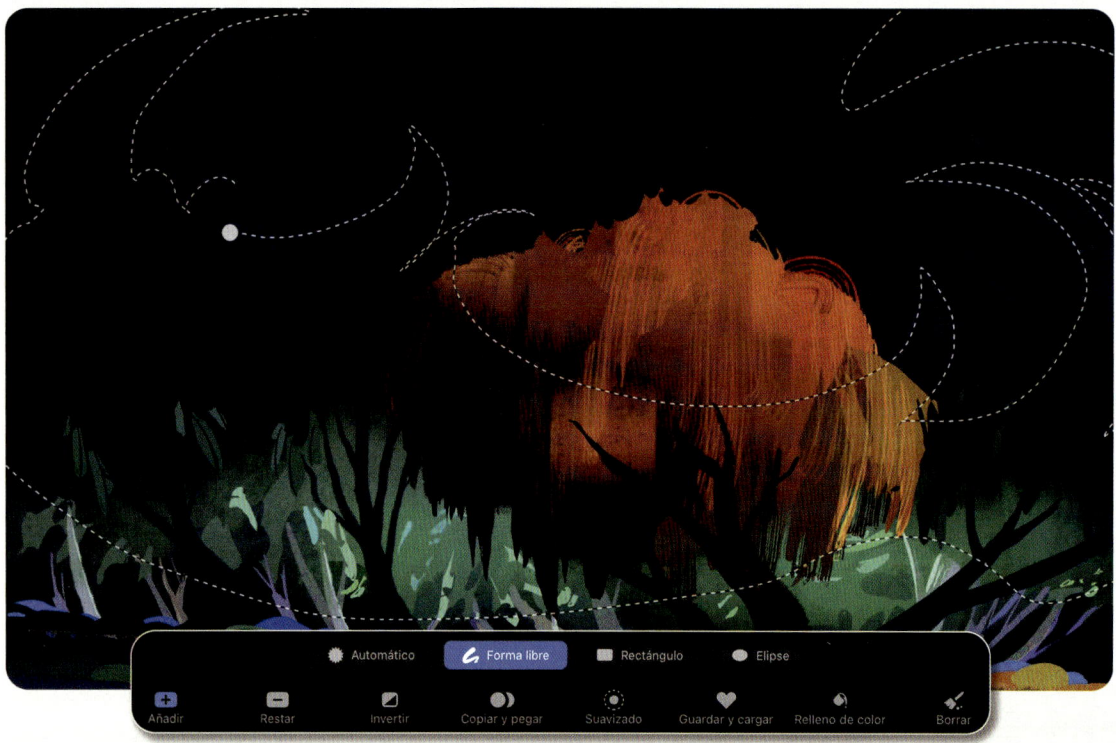

11

Todavía en la capa del tronco del árbol en primer plano, usa la herramienta **Selección** para rodear el lado izquierdo del tronco, donde se proyectará la sombra desde la fuente de luz en la parte superior derecha. Pinta esas sombras con el pincel **Nikko Rull** y un color turquesa oscuro.

Después de añadir todos estos detalles al árbol, es un buen momento para revisar el fondo y el primer plano. Añade una capa nueva detrás de todos los árboles y usa la herramienta **Selección** para dibujar con confianza formas curvas y grandes en la zona del cielo. Rellénalas con azul amoratado claro y, después, configura la capa en el modo **Sobreexponer** color y reduce la opacidad al 10 %. Selecciona el azul más oscuro del fondo y añade algunas pinceladas curvas y rectas al cielo para darle una textura extra. Si pierdes el efecto de degradado sutil en el cielo, puedes utilizar **Ajustes>Tono, Saturación, Brillo** para recuperar algo de degradado azul.

En la capa del primer plano más clara, usa el pincel **Syrup** para añadir filas de arbustos simples en diferentes tonos de verde y naranja para equilibrar los colores del primer plano y el plano medio.

Ahora, el cielo parece más animado con esa variedad de texturas, formas curvadas y efecto degradado.

GILLIAN DICE: *"Hasta ahora, has añadido las formas del fondo, el plano medio y el primer plano. Has utilizado los pinceles* Nikko Rull, Syrup, Tinta seca, Pincel extrasuave *y* Thylacine, *cambiando su configuración* Dinámica de color *para generar variedad en el tono. Es importante señalar que has empezado a pintar de las formas grandes a las pequeñas. Esto hace que el proceso de la pintura sea más rápido al crear el esqueleto de la pintura completa. Para desarrollar este proceso en futuras pinturas, hazlo de forma consistente y analiza primero tu referencia. Busca en primer lugar las formas más grandes, después las medianas y, por último, las más pequeñas".*

12

Sigue usando **Selección>Forma libre** como una manera de crear fácilmente variedad de formas y colores en la escena. En la capa del plano medio, úsala para rodear las copas de los árboles y pinta tonos de azul verdoso más profundo. Añade tintes de rojo para el reflejo de la luz del árbol principal y utiliza los pinceles Syrup y Nikko Rull para dibujar formas más pequeñas. El segundo tronco de árbol en el plano medio podría tener una forma un poco más curvada, para enmarcar mejor el árbol naranja, así que selecciónalo y utiliza **Transformar>Distorsionar** para ajustarlo.

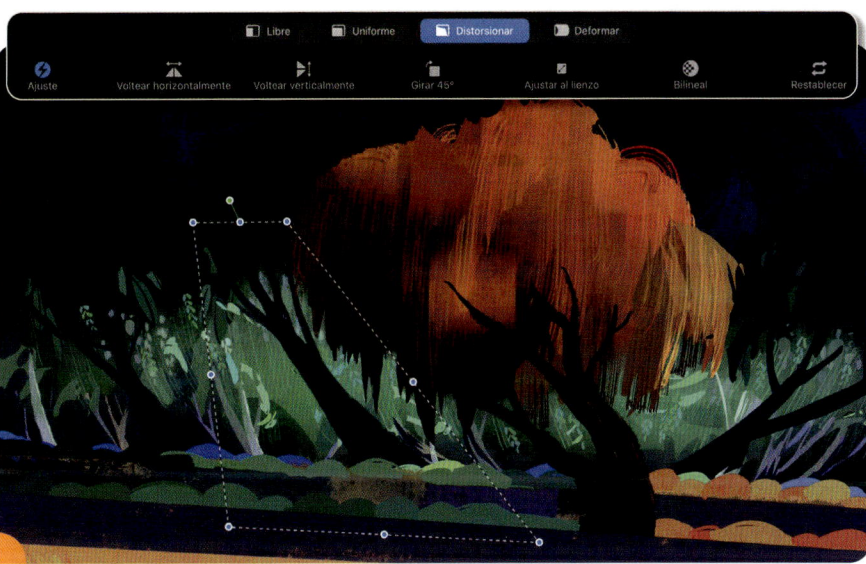

Los árboles del plano medio están volviéndose más reconocibles con los detalles y texturas de las hojas.

13

Para desarrollar aún más los árboles del plano medio, pinta más forma y más definición en sus troncos con el pincel Syrup y activa Bloquear alfa en la capa después. Utiliza la herramienta Selección para rodear áreas en los bordes derechos de los troncos, donde estarían los realces, y píntalas con tonos de color verde claro. Para la textura, utiliza Nikko Rull y Thylacine para añadir unas pinceladas de morado y azul vibrante por árbol. Usa Thylacine y Syrup para pintar flores pequeñas y detalles de hojas con una mezcla de colores.

Introduce color más vibrante e iluminación en los elementos del plano medio.

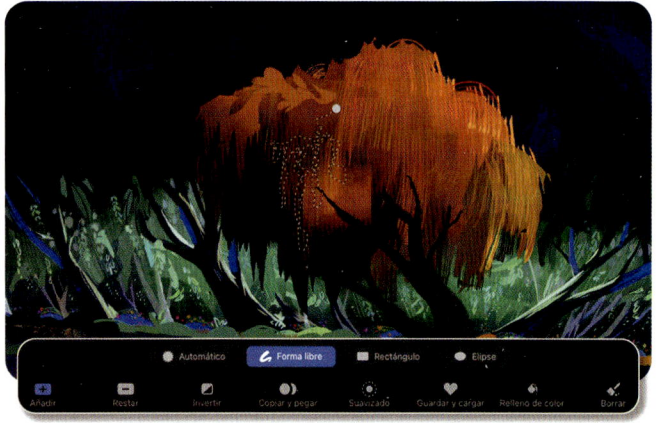

El árbol en primer plano empezará a brillar en esta fase.

14

La farola brillante en la escena de la vida real crea la impresión de que el árbol principal tiene un resplandor naranja, que es algo que puedes exagerar y estilizar aquí. En la capa del árbol principal, rodea los grupos de hojas con aspecto de sauce y píntalas con el pincel Syrup según la fuente de luz: formas naranjas más oscuras en el lado izquierdo y formas doradas más brillantes en el derecho. Configura el pincel con un tamaño más pequeño para pintar patrones de hojas aleatorios. Añade una capa nueva, configúrala en modo Superposición y usa Pincel extrasuave con un tamaño grande para crear un resplandor naranja cálido en la parte superior derecha del árbol.

15

Al igual que has hecho con los troncos en el plano medio, usa la herramienta Selección en la capa del tronco del árbol principal para rodear áreas para realzar. Píntalas con tonos amarillos y naranjas seleccionados en las hojas. Utiliza el pincel Tinta seca para pintar algunas ramas adicionales tocando la luz, dando más profundidad a la estructura del árbol. Usa el pincel Syrup y tonos naranjas seleccionados para añadir más detalles en los arbustos de la capa del primer plano.

Añade detalles en el árbol en primer plano y sus alrededores para convertirlo en el centro de atención.

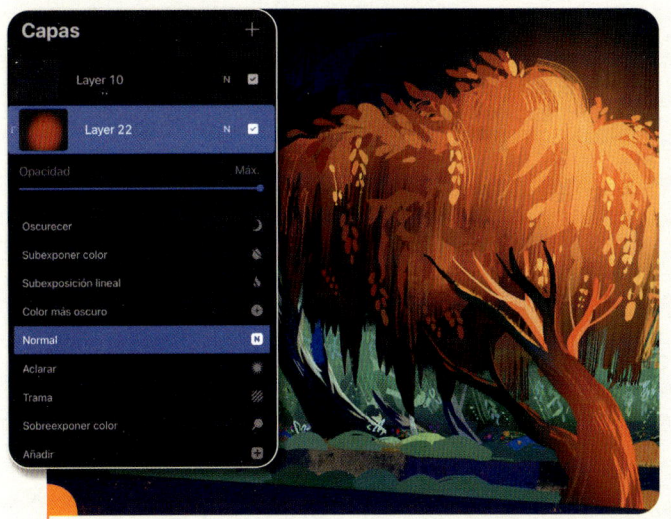

Pinta más detalles en el tronco para que quede equilibrado respecto a las hojas.

16

Añade una capa nueva encima del tronco del árbol en primer plano, toca su miniatura en el menú Capas y selecciona Máscara de recorte para vincularla a la capa del tronco. Utiliza Pincel extrasuave para pintar un resplandor naranja vibrante en la parte inferior derecha del tronco. Configura la capa en modo Luminosidad y reduce su opacidad a aproximadamente un 45 %. Usa la herramienta Selección para rodear partes del tronco del árbol, con idea de crear formas fluidas y veteadas que se parezcan a la corteza. Crea otra capa de máscara de recorte y rellena esas selecciones con una sombra roja marronácea oscura.

Por último, crea otra capa y pinta toques de naranja y amarillo en el tronco del árbol con el pincel Syrup para sugerir la presencia de musgo suave. En el menú Colores, puedes utilizar los deslizadores HSB en las vistas Clásico o Valor para cambiar los colores y crear con rapidez una variedad entre cada porción de musgo y flora.

Usa Syrup y Thylacine con matices de rosa, púrpura, naranja, amarillo y turquesa para añadir flores, hojas y hierba por el primer plano. Utiliza múltiples capas si quieres, para poder deshacer detalles con facilidad y mantener el mayor nivel de detalle y calidez en la zona más cercana a la fuente de luz.

17

Si te alejas de la pintura, la composición no queda del todo bien. Con los detalles añadidos a los árboles y los arbustos, el lienzo parece tener demasiada importancia en la parte inferior, y el resplandor verde brillante roba la atención al árbol naranja. Subir todo un poco y volver a centrar los valores equilibraría de nuevo la escena. Para hacerlo, agrupa todas tus capas juntas yendo al menú Capas, barriendo a la derecha en cada capa una por una y seleccionando Agrupar. Toca el nombre del grupo para seleccionar la carpeta general y, después, toca Transformar y arrastra todo un poco hacia arriba, creando más espacio negativo para el agua. Ve a la capa de los arbustos en primer plano y utiliza **Transformar>Distorsionar** para estirarla un poco para que soporte este espacio nuevo.

En la capa del primer plano más cercana, utiliza Nikko Rull para rellenar el espacio de la parte inferior del lienzo con una pincelada recta de azul oscuro. Ahí es donde estará la nueva línea del agua. Entre los árboles en el plano medio y el árbol naranja, crea otra capa nueva y rellénala también de azul oscuro. Reduce la opacidad de la capa a aproximadamente el 57 %; verás que esto crea una armonía entre el plano medio y el agua oscura y ayuda a resaltar el árbol naranja vívido sin ninguna otra fuente de luz que suponga una distracción.

Puedes incluso añadir algunas criaturitas a la escena para enfatizar la atmósfera fantástica.

18

Es hora de empezar a pintar el agua. En una capa nueva, utiliza **Selección>Rectángulo** para dibujar rectángulos largos, finos y horizontales en el agua. Crea una variedad, haciendo unos más largos, más gruesos, más estrechos o más pequeños. Utiliza Nikko Rull para pintarlos de un azul oscuro, aún más oscuro que el tono del agua actual. Utiliza **Transformar>Distorsionar** para estirar y aplanar los rectángulos hacia el exterior y, después, reduce la opacidad al 55 %, más o menos.

Empieza a crear los detalles del agua aplicando formas rectangulares simples.

Usa la herramienta **Selección**, el **Pincel extrasuave** y la herramienta **Dedo** para pintar reflejos en el agua.

19

Añade una capa nueva encima y usa **Selección>Forma libre** para rodear un rectángulo en ángulo en el lado derecho del agua; simplemente toca para colocar cada punto y haz una selección de bordes rectos. Selecciona un tono naranja de la copa del árbol y usa el **Pincel extrasuave** para pintar un degradado cálido dentro de la selección, como si una luz naranja estuviese brillando en la superficie del agua.

Selecciona la herramienta **Dedo**, configúrala con el pincel **Thylacine** y arrastra varias veces en horizontal para suavizar el reflejo.

20

También necesitarás añadir algunas formas verticales en el agua, que sugerirán los reflejos de los árboles y las plantas sin incluir demasiados detalles. Para ello, añade una capa nueva encima del reflejo del agua y selecciona un color azul oscuro. Arrastra el pincel **Thylacine** hacia abajo para crear algunas pinceladas verticales esbozadas aquí y allá. Cambia los colores usando azul claro en áreas frías del agua y amarillo en las partes naranjas. Algunos extremos irregulares de las pinceladas pueden salirse por encima de la línea del agua, así que usa **Selección>Rectángulo** para seleccionar y eliminar las partes donde se superponen. Por último, configura la copa en modo **Trama** y reduce la opacidad a aproximadamente el 70 %.

Usa el pincel **Thylacine** para crear iluminación y texturas de reflejos en el agua.

> **GILLIAN DICE:** *"Ahora que has añadido texturas utilizando diferentes pinceles y colores, la pintura está casi terminada. Has utilizado la herramienta Selección para seleccionar bordes más limpios y pintura de formas. En futuros trabajos, te recomiendo que explores cómo pintar diferentes texturas usando la herramienta Selección con diferentes pinceles y practiques cómo usar la herramienta con QuickShape. Por último, recuerda no sobrecargar la pintura con detalles pequeños. Aportan mucha personalidad, pero deberías planificar dónde ponerlos; por ejemplo, aquí las flores añaden color y textura a los arbustos. Simplificar la forma de estos detalles hace que ayuden más a la pintura en conjunto".*

Realiza algunos ajustes y empieza a dar los retoques finales a la pintura.

21

Crea una capa nueva encima y utiliza el pincel Thylacine para añadir trazos circulares amarillos y naranjas alrededor de los arbustos y flores a mano derecha. Configura la capa en modo de fusión Superposición. En otra capa nueva, usa Pincel extrasuave para añadir un resplandor cálido a la misma zona, unificando los colores de las plantas; utiliza el pincel Syrup para garabatear trazos azules oscuros de textura a lo largo de la zona del paseo. Ahora, el resplandor naranja de la escena es demasiado fuerte, así que usa Bloquear alfa y Pincel extrasuave para repasar la capa del tronco del árbol principal, oscureciendo las ramas con un tono marronáceo. Esto devuelve un poco más de definición y sombra a la zona de interés brillante.

Crea más reflejos en el agua usando las herramientas **Selección** y **Transformar**.

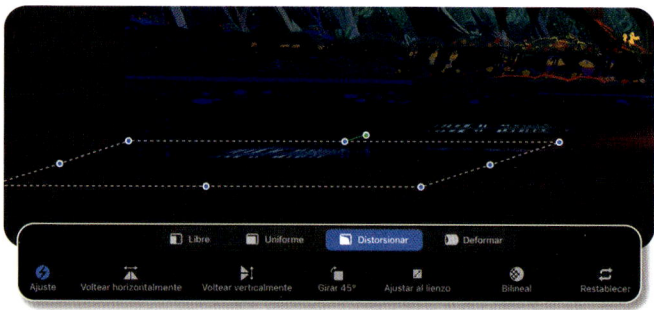
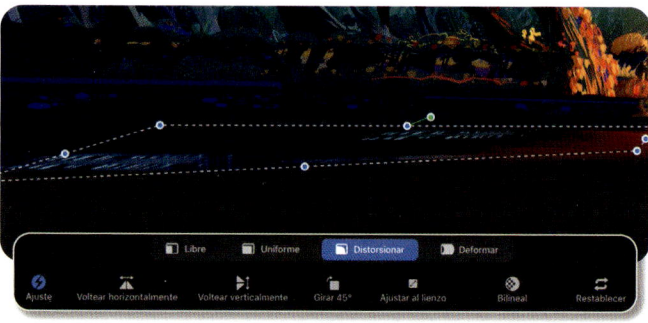

22

Puedes desarrollar un poco más los reflejos en el agua, añadiendo algo de azul para indicar las otras luces que habrá en la escena. Utilizando **Selección>Rectángulo**, selecciona al menos tres rectángulos largos de diferente grosor, como en el paso 18. Usa Syrup para pintar un color azul claro dentro de cada uno y, después, configura Borrar como Pincel extrasuave y elimina un poco. Utiliza **Transformar>Distorsionar** para estirar el reflejo, configura la capa en modo de fusión Sobreexponer color y reduce su opacidad al 50 %, aproximadamente. Crea un duplicado y colócalo más adelante en el agua. Distorsiona ambos reflejos para que se ajusten a la perspectiva de la escena y, después, combínalos.

23

En una capa nueva, usa un pincel Syrup pequeño para garabatear algunos reflejos fríos más nítidos y Thylacine para añadir reflejos horizontales a la derecha. En la capa de los pinceles en primer plano, utiliza Thylacine para añadir algunas pinceladas horizontales y largas en azul oscuro para asentar el suelo. Abre el pincel Nikko Rull en el Estudio de pinceles, ve a Dinámica de color y lleva el deslizador **Variación de color de sello>Tono** al 6 % y el deslizador **Variación de color de trazo>Tono** al 14 %. Utilízalo para añadir algo más de variación y formas redondeadas a los arbustos, utilizando una capa nueva si es necesario.

Añade más detalles al agua y el primer plano utilizando pinceles diferentes.

24

Por último, puedes añadir las luces frías pequeñas de los farolillos bajo los árboles. Crea una capa nueva y utiliza el pincel Syrup para pintar unos puntos pequeños irregulares entre los troncos de los árboles, usando azules claros saturados. Pinta algo de blanco dentro de cada círculo, donde el resplandor sería más brillante. En una capa nueva configurada en modo Sobreexponer color, pinta más masas azules encima de cada luz. Reduce su opacidad al 40 % aproximadamente y, después, aplica **Ajustes>Desenfoque gaussiano** con una intensidad del 3 %. En una capa nueva encima de esa, utiliza Pincel extrasuave para pintar un poco de azul sobre cada luz y, después, configura la capa en modo Superposición para terminar la escena con algo de resplandor adicional.

Acaba la pintura con luces con efecto *bokeh* rodeando el árbol en primer plano.

GILLIAN DICE: *"Los toques y ajustes finales son importantes cuando se acaba una pintura. Cuando estés cerca de terminar, es probable que notes muchos ajustes que quieres realizar. Si esos ajustes pueden mejorar de verdad la pintura, esfuérzate por hacerlos bien, pero evita fijarte demasiado en los detalles pequeños. Puede que acabes centrándote en un aspecto pequeño demasiado tiempo y pierdas de vista su impacto en el resto de la imagen. Intenta tener siempre gran parte del lienzo a la vista".*

CONCLUSIÓN

Has terminado una pintura nocturna, creando una escena estilizada con una paleta de colores mágica y luces resplandecientes. Que no te intimiden las escenas nocturnas; hay muchas maneras de jugar con la luz y el color para que queden bonitas. Prueba a sacar fotos de noche y ver qué destaca más. Observa cómo interactúan las luces y las sombras e intenta pintarlas con tu interpretación y diseño propios.

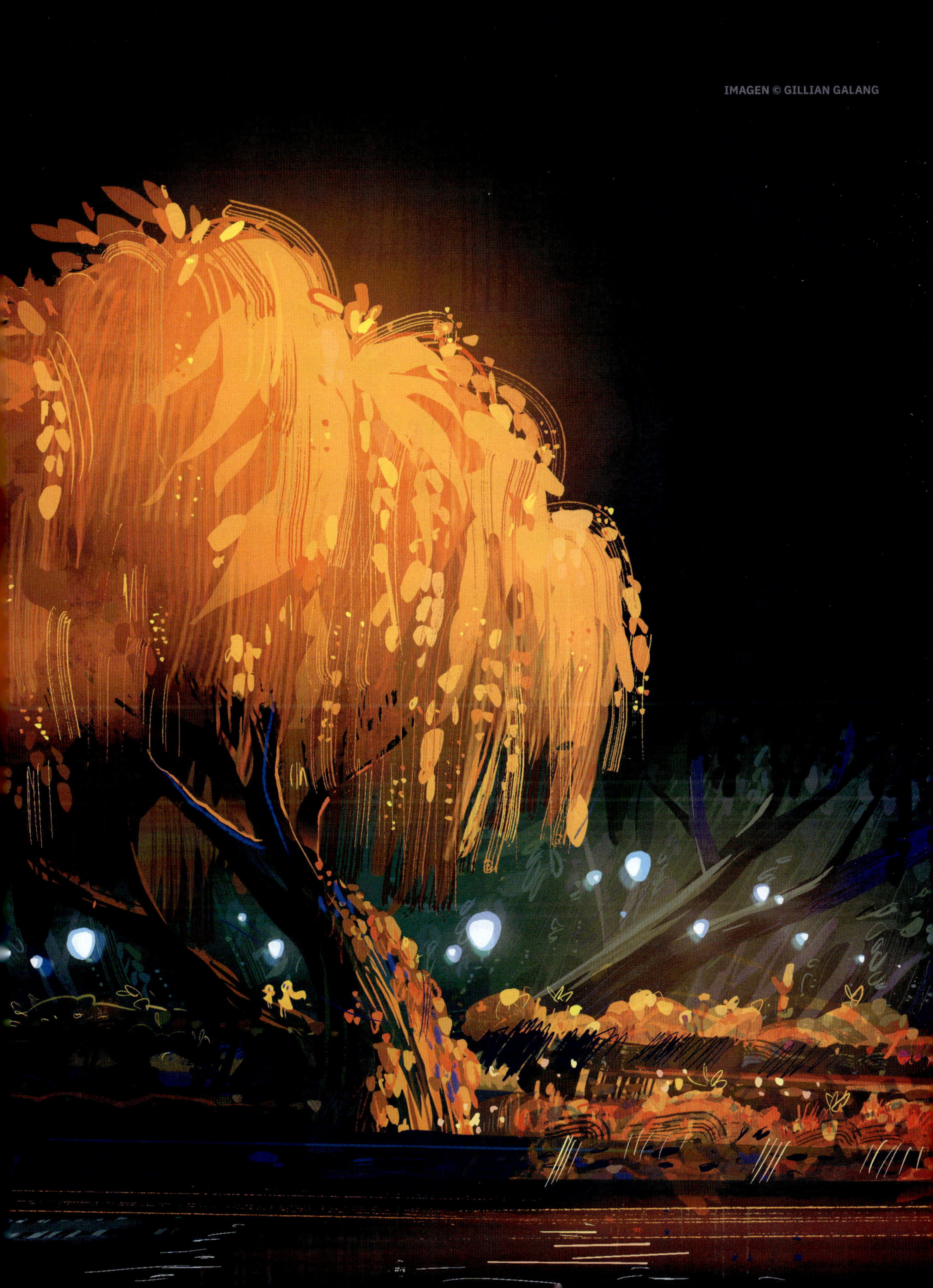

TURBINES STUDY: Esta ubicación la fotografió mi novio y es uno de mis estudios favoritos; utilicé diferentes pinceles para crear variedad de texturas de follaje.

FOLIAGE STUDY: Otro estudio de una ubicación fotografiada por mi novio; usé mucho la herramienta **Selección** para hacer cada forma sólida y limpia.

Plein-air study: Pinté esta ubicación porque me encantaba la luz y la sombra en esta zona; decidí añadir un elemento narrativo creando a una niña que también está dibujando.

MOTEL CON VISTAS

POR SARAH BUCHHOLZ

> **SARAH DICE:** "Mis pinturas tratan de explorar mundos nuevos, siempre con un tributo al escapismo, la melancolía y la belleza en la naturaleza. Esta escena se basará en una ubicación real (un hotel abandonado con una forma interesante, a orillas del mar de Creta, en Grecia) combinada con elementos de otros entornos para crear algo nuevo".

APRENDE A:

- Combinar realidad, referencias e imaginación a partes iguales en un entorno.

- Crear una escena nueva utilizando los elementos con más fuerza de múltiples fuentes.

- Crear detalles con eficiencia usando pinceles texturizados y modos de fusión.

01

Antes de empezar a dibujar cualquier cosa, es aconsejable tener preparado un concepto. Tómate tu tiempo y piensa en lo siguiente:

- ¿Qué atmósfera quieres que evoque la pintura?
- ¿Qué historia quieres contar con esta escena?
- ¿Qué tipo de composición queda mejor?

Tener estas preguntas en mente te ahorrará muchos problemas más adelante en el proceso, da igual si te basas en la realidad, una referencia o la imaginación.

Este ruinoso hotel griego será la referencia principal para el cuadro.

Usa la foto de referencia para crear bocetos conceptuales; la versión en color se descarta en favor de la idea en escala de grises.

02

El objetivo de esta ilustración será evocar una atmósfera oscura y misteriosa, similar al estilo de la serie de TV *Twin Peaks*. Se centrará en la estructura más interesante, el hotel abandonado, y enfatizará el deterioro y el aspecto inquietante que es menos evidente a la luz del día y con gente alrededor. Salvo la calle y el océano al fondo, todos los elementos y el desorden excesivos se van a eliminar. El coche aparcado fuera del hotel se quedará, pero cambiaremos su ubicación para crear una composición más fuerte y ayudar a inventar una historia. La hora del día va a cambiar de una tarde suave y soleada a una puesta de sol tardía y lluviosa; este será el cambio más grande con respecto a la realidad, pero el objetivo de este capítulo no es tanto un estudio puro como un ejercicio de creación de una atmósfera y una narrativa nuevas inspiradas por esta intrigante ubicación.

Como hemos mencionado al principio, tener en mente un concepto fuerte te ayudará a no desviarte del objetivo. Al trabajar con fotos de referencia, puedes dedicar un tiempo a hacer un collage de bocetos simples y miniaturas hasta que encuentres una idea con fuerza.

03

Ahora es el momento de pensar en la implementación visual de tus ideas. La parte más importante del proceso de planificación es decidir cómo organizar los elementos del cuadro. Dibujar miniaturas te ayuda a implementar ideas con rapidez, sin comprometerte por completo con ninguna todavía. En este caso, el punto de interés principal es el edificio abandonado y el cielo dramático que constituye casi dos tercios de la pintura.

En la fase de las miniaturas, puedes determinar aspectos como la composición, la disposición de los elementos en la escena y el enfoque respecto al color y la luz. Es buena idea juguetear con conceptos diferentes, para poder elegir la versión que ofrezca la mejor ejecución de tu concepto. Puedes hacerlo en un lienzo de cualquier tamaño; solo ten en cuenta las proporciones que planeas usar en la escena a tamaño completo.

Elige la opción con más fuerza entre muchas miniaturas.

04

Después de idear un concepto, ya estás listo para crear una base para tu pintura. En este caso, va a ser un boceto sin color dibujado en un lienzo de aproximadamente 5.080 píxeles de ancho × 3.300 píxeles de alto. Usa el pincel **Boceto>Lápiz HB** y mantén el boceto simple. Para ayudar a concentrarte en el contenido principal de la escena, evita utilizar color y textura de inmediato. El centro de atención está en el hotel abandonado, que se mantiene fiel al edificio real; enfatiza la carretera ancha, el terreno lleno de baches y la vista del océano; un par de figuras ficticias lejanas añadirán algo de vida a la pintura, creando algo de historia con la camioneta aparcada fuera del hotel. Aquí, el objetivo es crear una construcción sólida para la pintura sin distraerse con el color, la atmósfera y la representación. Puedes añadir un valor gris sutil en una capa debajo del boceto para que sea más fácil de mirar mientras dibujas.

Crea un escenario para la pintura centrándote solo en delinear los elementos principales.

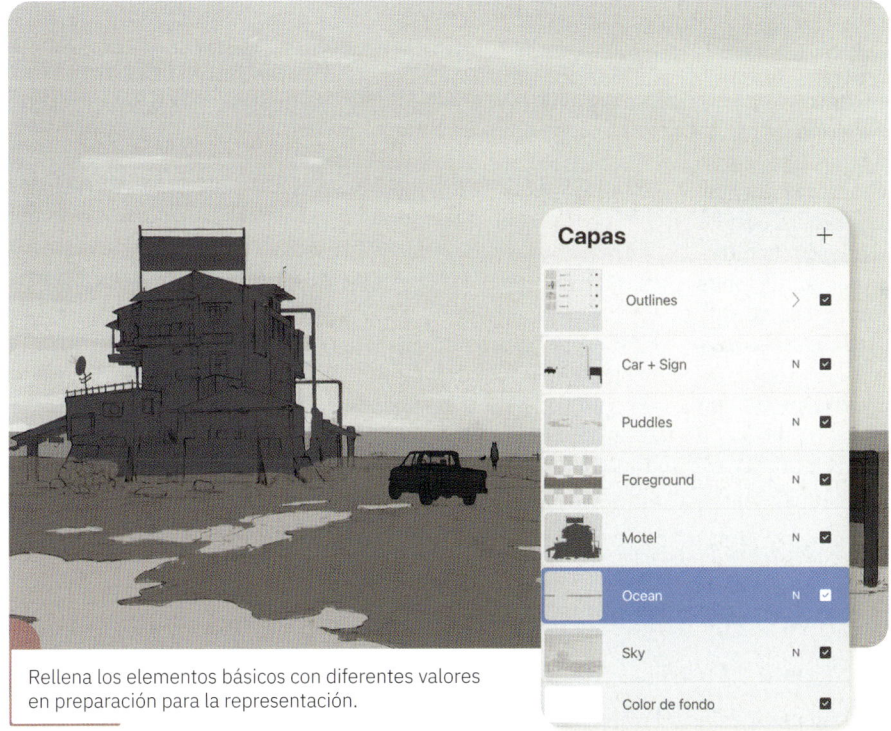

Rellena los elementos básicos con diferentes valores en preparación para la representación.

05

Para prepararte para el proceso de representación que se avecina, empieza a incluir elementos básicos pintando por debajo de la capa con el delineado. Como ves aquí, se elige un valor diferente para cada uno de los distintos elementos, y los puntos de interés son los más oscuros. Pinta cada elemento en una capa diferente: el coche, el edificio, el letrero, el océano y la base del primer plano, así como los charcos. En esta fase del proceso, la prioridad es crear una separación clara entre los elementos. Mientras eliges los valores de base, un truco útil es utilizar un efecto denominado "perspectiva atmosférica", en el que los elementos van volviéndose cada vez más claros cuanto más se alejan del espectador. Sin embargo, recuerda que este efecto depende de las condiciones meteorológicas de la escena pintada, lo que nos lleva al siguiente paso.

Nikko Rull

Aplica un cielo nuevo a partir de la referencia usando el pincel **Nikko Rull**.

06

Es hora de pintar el cielo. Puedes hacerlo ocultando la capa de cielo gris y pintando en una capa nueva en la parte inferior de la pila de capas. Selecciona un pincel grueso y texturizado, como **Pintura>Nikko Rull**, que puede cubrir el área con trazos anchos. Empieza por añadir algunos colores locales que se ajusten a la atmósfera que quieres transmitir en la escena: un cielo con una puesta de sol dramática. En este caso, los colores van a ir de tonos fríos en la parte superior (azules, morados) a otros más cálidos (naranjas, melocotones) hacia la parte inferior. Si te cuesta encontrar los colores adecuados, fíjate en imágenes de referencia de atardeceres para encontrar una solución que complemente tu escena. ¡Si puedes salir a hacer tus propias fotos de atardeceres, como las de abajo, aún mejor!

Recuerda que siempre puedes divertirte y juguetear con colores diferentes. Puede resultar útil mantener los distintos colores del cielo en capas diferentes para poder probar o ajustar nuevos tonos. No hace falta que recrees la referencia; en vez de eso, exagera las áreas que te parezcan más interesantes. Siempre es bueno ver tu propia visión individual de un sujeto que se pinta de forma habitual, como un cielo al atardecer.

FOTOGRAFÍAS © JAN NOACK

07

Si tienes varias capas para el cielo, combínalas ahora en preparación para la fusión. Puede que quieras crear un duplicado como copia de seguridad antes de seguir. Empieza difuminando las pinceladas toscas del cielo utilizando la herramienta Dedo configurada como **Pintura>Pincel seco**. Los movimientos dinámicos y una presión crearán un aspecto pictórico, casi tradicional, muy interesante. Tu movimiento controla el modo en que se mezclan los colores y determina qué texturas evolucionan a partir de ahí.

Podrías potenciar la atmósfera oscura con una nube de lluvia fuerte en la parte superior izquierda. De nuevo, es buena idea crear una copia de seguridad del cielo, ya que la nube se va a pintar y fusionar directamente sobre los colores del cielo. Aplica la forma aproximada del cúmulo, utilizando un color mucho más oscuro que el cielo y, después, difumínala de arriba abajo. Repite este paso varias veces hasta que crees un degradado en el que los trazos del pincel seco sigan siendo visibles.

ANTES

DESPUÉS

ANTES

DESPUÉS

Difumina el cielo con un pincel texturizado y añade una nube de lluvia.

Usa el pincel **Bambú** para añadir realces naranjas claros a la nube cerca del horizonte.

08

Si has visto algún atardecer en la vida real o has visto imágenes de atardecer de referencia, habrás notado que las partes más brillantes se encuentran encima del horizonte, más cerca de donde el sol está bajando. Elige un color naranja claro saturado brillante para esto. Es importante que el color que elijas para los realces tenga un valor muy claro, pero que nunca sea blanco puro. Para las partes más brillantes de cielo, pinta unos pocos trazos largos con el pincel **Orgánicos>Bambú**, utilizando un movimiento horizontal de lado a lado. Después, utiliza un tamaño de pincel más pequeño para delinear las nubes que están más cerca de la fuente de luz (el sol por debajo del horizonte). Si parece que algunos trazos son demasiado dominantes, siempre puedes difuminarlos para que se atenúen de forma natural en el lienzo.

Cambia los contornos de las colinas a un color más armonioso y añade debajo los colores del follaje.

09

Puedes colorear los contornos negros para hacerlos más armoniosos. Toca la capa con los contornos en el menú Capas y selecciona la opción Bloquear alfa. Repasa los contornos de las colinas y las zonas de hierba con un color marrón anaranjado para suavizarlos. Selecciona **Aerógrafo>Pincel**

preciso y ve a la capa del color base del primer plano. Empieza a pintar las colinas usando entre tres y cinco colores locales: añade sombras y luces al follaje y acentúa el volumen de los arbustos y colinas, usando trazos que sigan las formas del arte de líneas. Cuando pintes el follaje, aplica

un color más claro en la parte superior y uno más oscuro en la inferior. Usa Borrar en combinación con el Pincel preciso para crear un patrón más natural. Haz lo mismo para todas las zonas de hierba en la capa del primer plano.

Define las luces y las sombras del motel en escala de grises, usando el pincel **Nikko Rull** para un aspecto pictórico natural.

10

Es el momento de pintar el motel. Primero, duplica la capa que contiene su base gris y habilita Bloquear alfa. Observar la foto de referencia facilitará la aplicación de las sombras y las partes más claras correctamente. Usando el pincel **Pintura>Nikko Rull**, empieza con pinceladas aproximadas antes de ir pasando a detalles más pequeños, trabajando solo en valores grises, por el momento. Pintar los valores primero hace que sea más fácil concentrarse en conseguir un aspecto tridimensional, planeando las luces y las sombras sin distraerte con el color.

SARAH DICE: *"¡En esta etapa de la pintura ya has conseguido mucho! Has aprendido la importancia de esbozar miniaturas y cómo abordar de forma metódica un nuevo proyecto, descomponiendo el proceso desde el boceto inicial a la aplicación de colores base y la representación de elementos con diferentes técnicas con pinceles. Inspirarse en fotos de referencia y utilizarlas también es una habilidad que te resultará útil para cualquiera de tus futuros proyectos. Por último, la técnica de la difuminación con un pincel texturizado es una forma conveniente de conseguir un estilo pictórico para cualquier imagen futura".*

11

En la realidad, el hotel ruinoso se veía durante el día, con un letrero en la parte superior que probablemente no se había iluminado en años. En esta versión, tendrá un letrero de neón grande iluminado. Recuerda que la escritura de un letrero de neón suele estar formada por un contorno, una luz brillante que a menudo parece blanca. Aquí, la escritura tendrá un resplandor rojo vibrante muy saturado alrededor, tanto en el interior como en el exterior. Para realizar el trabajo preparatorio para el letrero, configura el color como negro, ve a **Acciones>Añadir texto** y escribe el nombre que quieras para el motel con la fuente que te guste. Toca la capa en el menú Capas, selecciona Rasterizar y, a continuación, Bloquear alfa. Rellena las formas de las letras con un rojo brillante. Duplica esta capa, desactiva Bloquear alfa y aplica **Ajustes>Desenfoque gaussiano** con una intensidad del 15 % para crear un resplandor rojo. Configura la capa en modo Añadir para que sea muy vibrante. También puedes jugar con **Ajustes>Tono, Saturación, Brillo** para ajustar un poco los colores, por ejemplo, añadiendo un tono rosado, como se muestra aquí.

Añade y edita texto para el letrero de neón, usando **Desenfoque gaussiano** para crear un resplandor rojo.

RESPLANDOR BLANCO

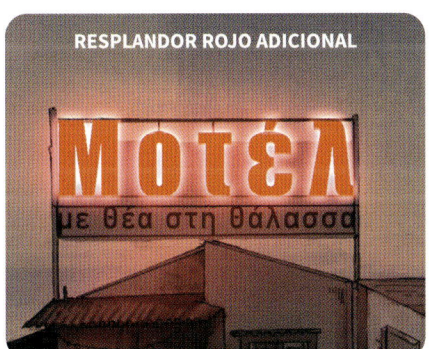

RESPLANDOR ROJO ADICIONAL

ANTES DE COMBINAR

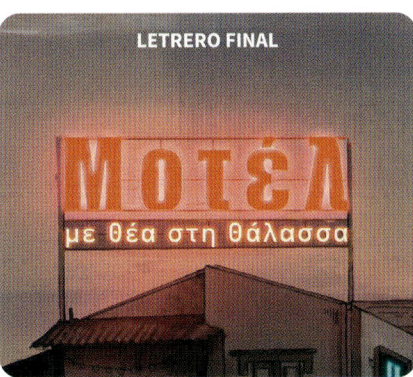

LETRERO FINAL

Finaliza el letrero de neón con un resplandor y detalles adicionales.

12

Al letrero todavía le falta el contorno blanco que hará que parezca realmente de neón. Duplica otra vez la capa con el texto base y rellena la forma con blanco. Con Bloquear alfa desactivado, aplica **Ajustes> Desenfoque gaussiano**, solo una pequeña cantidad, alrededor del 5 %. Configura esta capa en modo Añadir y colócala debajo de la capa de texto rojo. Duplica el resplandor rojo brillante y muévelo encima del texto blanco. Configura su modo de fusión también como Añadir. Por último, crea una capa nueva y configúrala en modo de fusión Añadir. Selecciona **Aerógrafo> Pincel extrasuave** y pinta un color rojo oscuro sobre el letrero y la parte superior del motel. Siempre puedes cambiar la intensidad del resplandor rojo reduciendo la opacidad de la capa. Para mantener todo organizado, puedes combinar todas o algunas de las capas de neón, pero eso eliminará o alterará sus modos de fusión. Prueba a combinar las capas de dos en dos para preservar el efecto deseado lo máximo posible; puede que tengas que volver a ajustar los resultados después de combinar.

13

Puedes repetir los pasos 11 y 12 con diferentes colores y texto para añadir más letreros de neón. Cuando acabes, puedes seguir trabajando en el edificio. En una capa nueva, usa **Selección>Forma libre** para rodear el área en la que te quieres concentrar. Eso hará que sea más fácil ir desarrollando texturas sin tener que volver a pintar otras áreas. Usa el pincel **Pintura>Estuco** y aplícalo como un sello, con toques individuales en vez de pinceladas. Reduce la opacidad de la capa de la textura a entre un 25 % y un 40 %, de forma que vaya desvaneciéndose de forma más natural en la pared. Si te sientes confiado, puedes pintar texturas directamente en la capa base del motel con solo activar **Bloquear alfa** y reducir la opacidad del pincel, pero crea una copia de seguridad si vas a hacerlo. Repite el proceso para todo el motel hasta que hayas añadido texturas grisáceas desgastadas a todo el exterior. Añade una cadena de bombillas amarillas, con una capa de resplandor borroso como has hecho con las luces de neón, para dar al motel un aspecto un poco más acogedor.

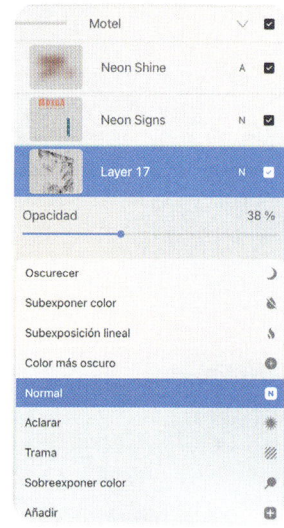

Usa el pincel **Estuco** con un sello con textura para añadir detalles a las paredes desgastadas del motel.

Acaba el motel con algunos detalles aplicados con pincel redondo.

14

Usa un pincel redondo básico, como **Pintura>Pincel redondo** o **Aerógrafo>Pincel preciso**, que es más suave, para continuar el proceso de la representación. Los pinceles con texturas pueden ahorrarte horas de trabajo para plasmar las paredes sucias del edificio; sin embargo, si quieres evitar repetir patrones, variar los pinceles y las técnicas de aplicación te ayudará a conseguir un estilo más "pintado a mano". Utiliza el Pincel redondo para pintar las texturas y dar a las superficies algo de variedad visual. Un pincel redondo puede utilizarse para muchas cosas, como añadir realces, dibujar formas nítidas y aplicar color de una forma limpia y controlada. Dedica tiempo a pintar y fusionar las texturas del motel hasta que todo el edificio tenga un aspecto más pictórico.

15

Ahora puedes empezar a añadir textura al resto del entorno. Vuelve a la capa del color base en primer plano, asegurándote de que está configurada con Bloquear alfa, y empieza a pintar los árboles con **Boceto>Lápiz técnico** configurado con el tamaño de pincel máximo. La textura de grafito natural de este pincel se parece mucho a la estructura de la corteza de un árbol. Aplica más pintura en los bordes para crear volumen. Todavía en la misma capa de color del primer plano, añade algo de textura a la carretera usando el mismo método que has utilizado para las paredes del motel (añadir textura antes de pintar detalles adicionales con un pincel redondo). Otro pincel muy útil es **Caligrafía>Pincel de esquisto**. Su forma es similar a una brizna de hierba, lo que lo hace ideal para pintar campos, maleza y praderas. Utiliza esto para añadir capas de hierba en una capa nueva encima del suelo y los charcos.

Usa pinceles de tipo lápiz con textura para pintar los árboles y la hierba.

16

Puesto que esta escena transcurre en un día lluvioso, tienes que incluir más indicios del tiempo además de la nube lejana en el cielo. Después de la lluvia, el agua suele acumularse en el suelo en forma de charcos o de película húmeda. Esta agua refleja todas las fuentes de luz que hay encima. Para conseguir ese efecto de reflejo, usa el pincel **Pintura>Estuco** en una capa nueva encima del suelo. Selecciona el color que se supone que debe reflejarse y dibuja sobre el suelo con un movimiento vertical, de arriba abajo. También puedes usar este pincel combinado con la herramienta Borrar. Por ejemplo, para el letrero informativo de la derecha, puedes crear texto desgastado insertando y rasterizando texto y, después, borrando partes de las letras con la herramienta Borrar configurada como Estuco.

ANTES DE BORRAR

DESPUÉS DE BORRAR

Añade detalles que contribuyan a la atmósfera, como el suelo mojado y el letrero desgastado.

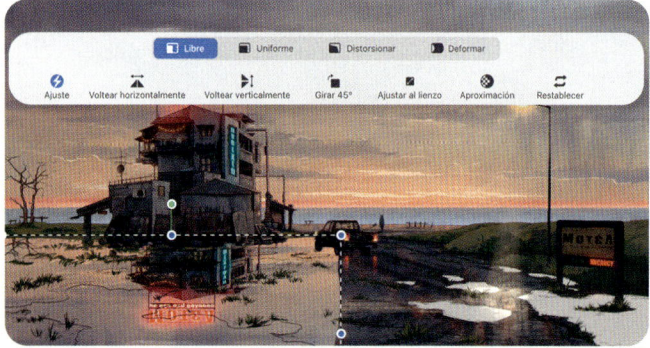

17

Ahora, es el momento de añadir reflejos a los charcos. Ve a **Acciones>Copiar lienzo** y **Acciones>Pegar** para insertar una copia de la pintura completa. Usa **Selección>Forma libre** para seleccionar la parte de la escena encima de los charcos a la izquierda (encima del horizonte, que está marcado en verde). Toca Copiar y pegar para duplicar el área seleccionada en una capa separada y, después, ve a **Transformar>Voltear verticalmente**. Cambia a **Transformar>Distorsionar** para aplanar un poco la imagen volteada y darle una perspectiva más creíble.

Crearás los reflejos recortando formas para rellenar los charcos. Para ello, desactiva la visibilidad de la capa de reflejos por el momento. Ve a la capa que contiene los tonos de base de los charcos, habilita **Selección>Automático** y toca cada charco para seleccionarlo. Toca Invertir en el menú inferior para seleccionar todo lo que hay fuera de los charcos. Vuelve a la capa de los reflejos, activa su visibilidad y borra todas las áreas de la capa en espejo que ahora están seleccionadas. ¡De este modo, solo quedarán las formas de los charcos y habrás creado con éxito un reflejo en el agua! Puedes utilizar la herramienta Borrar configurada como **Pintura>Pincel redondo** para suavizar un poco los bordes donde los charcos son menos profundos. Repite este proceso para los otros charcos de la escena.

Crea una imagen volteada y recorta partes para formar reflejos en los charcos.

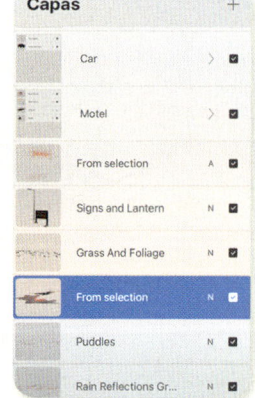

18

Para mostrar que los charcos son realmente parte del entorno, necesitan algunos retoques más: algo de movimiento en el agua para insinuar que hay viento, sobre todo en esas condiciones meteorológicas. Puedes hacerlo difuminando en vertical por los reflejos usando la herramienta Dedo configurada como **Pintura>Pincel seco**. ¡Pero ten cuidado de no difuminar demasiado! Basta con unas pocas pinceladas delicadas. Después, en una capa nueva, utiliza **Boceto>Procreate Pencil** y un color amarillo pálido para añadir unos trazos finos alrededor de los bordes de cada charco, formando ondas de realces reflejados del cielo. También puedes añadir una sombra sutil a los charcos, para evitar que resulten planos. Para ello, usa un pincel suave con un color oscuro para pintar sobre las partes superiores de los charcos y darles algo de volumen. Esto suavizará la transición entre el suelo y el agua.

Añade difuminaciones y realces a los charcos para crear movimiento.

SARAH DICE: *"En esta fase, es importante dejar que la vista descanse. Ya has trabajado mucho y es probable que hayas estado mirando la pintura durante horas. Tus ojos se habrán acostumbrado a verla. Tómate un descanso y trabaja en otra cosa un rato. Si el plazo acaba pronto, prueba a alejar la imagen. Si miras la pintura desde cierta distancia, podrás detectar errores potenciales o discrepancias. ¿Sigue ajustándose la ejecución a tu concepto inicial? A veces, es fácil perderse entre herramientas y detalles y olvidarse de la emoción original que querías que evocase la pintura".*

Hacer una versión de tu imagen en escala de grises o en espejo te ayudará a detectar desequilibrios en la composición y los valores.

19

Antes de empezar a ir concluyendo la imagen, por lo general tendrás que arreglar algunos errores que han surgido durante el proceso. Procreate ofrece muchas maneras potenciales de ayudarte a detectar desequilibrios en una imagen. Una de ellas es crear una versión en blanco y negro de la pintura. Puedes hacerlo usando otra vez **Acciones>Copiar lienzo** y pasando la imagen pegada a blanco y negro reduciendo su saturación a 0 %. Puedes incluso ir a **Transformar>Voltear horizontalmente** para voltear la imagen para conseguir una perspectiva aún más nueva. Tus ojos no están acostumbrados a ver la versión en espejo, lo que hace que sea más fácil detectar errores.

20

Ahora puedes comprobar los valores de la pintura, así como la organización de los elementos, con una vista fresca sin la distracción de los colores. Puedes incluso probar algunos retoques rápidos en la copia en escala de grises antes de volver a la imagen principal. Como puedes ver aquí, en el cielo quedaría bien un poco más de contraste y, en consecuencia, los reflejos en el suelo, también. Añadir realces extra al coche ayudaría a guiar la vista del espectador en esa dirección. Por último, a la farola del lateral le falta un reflejo brillante en el charco que hay debajo.

Identifica errores y prueba soluciones en la capa en escala de grises.

21

Ahora que sabes qué ajustes hacer para mejorar la legibilidad de la escena, oculta la capa en escala de grises y empieza a hacer revisiones en las capas relevantes. Añade contraste a las nubes y el suelo y añade los reflejos de las luces adicionales. Comprueba que los reflejos se alinean de forma creíble con los objetos por encima (por ejemplo, aquí el reflejo del neón azul estaba mal colocado y había que moverlo un poco a la derecha). Algunas de las huellas de neumáticos en el camino estaban secas; puedes pintar algunas áreas simples de cielo reflejado para añadir charcos pequeños ahí.

ANTES DE LAS CORRECCIONES

DESPUÉS DE LAS CORRECCIONES

La imagen antes y después de revisar el contraste y los detalles de la iluminación.

22

Antes de que la pintura esté completamente terminada, puedes acentuar la atmósfera con unos pocos ajustes. Uno de ellos es añadir ruido. Si tienes referencias para la atmósfera y la emoción de tu concepto inicial, deberías volver a consultarlas ahora. Una de las mayores inspiraciones para esta ilustración fue el estilo ambiental de *thrillers* o series de principios de los noventa, como *Twin Peaks*. Para enfatizar la atmósfera retro, ve a **Ajustes>Ruido** y desliza el dedo a través de la pantalla para añadir un ajuste Ruido sutil del 5 % a la pintura. También puedes ir a **Ajustes>Equilibrio de color** y reducir un poco el nivel de magenta, haciendo que los tonos verdes sean un poco más dominantes. Esto aumenta la atmósfera misteriosa y crea una atmósfera de suspense.

Añade un ajuste **Ruido** suave para dar un aspecto retro cinematográfico.

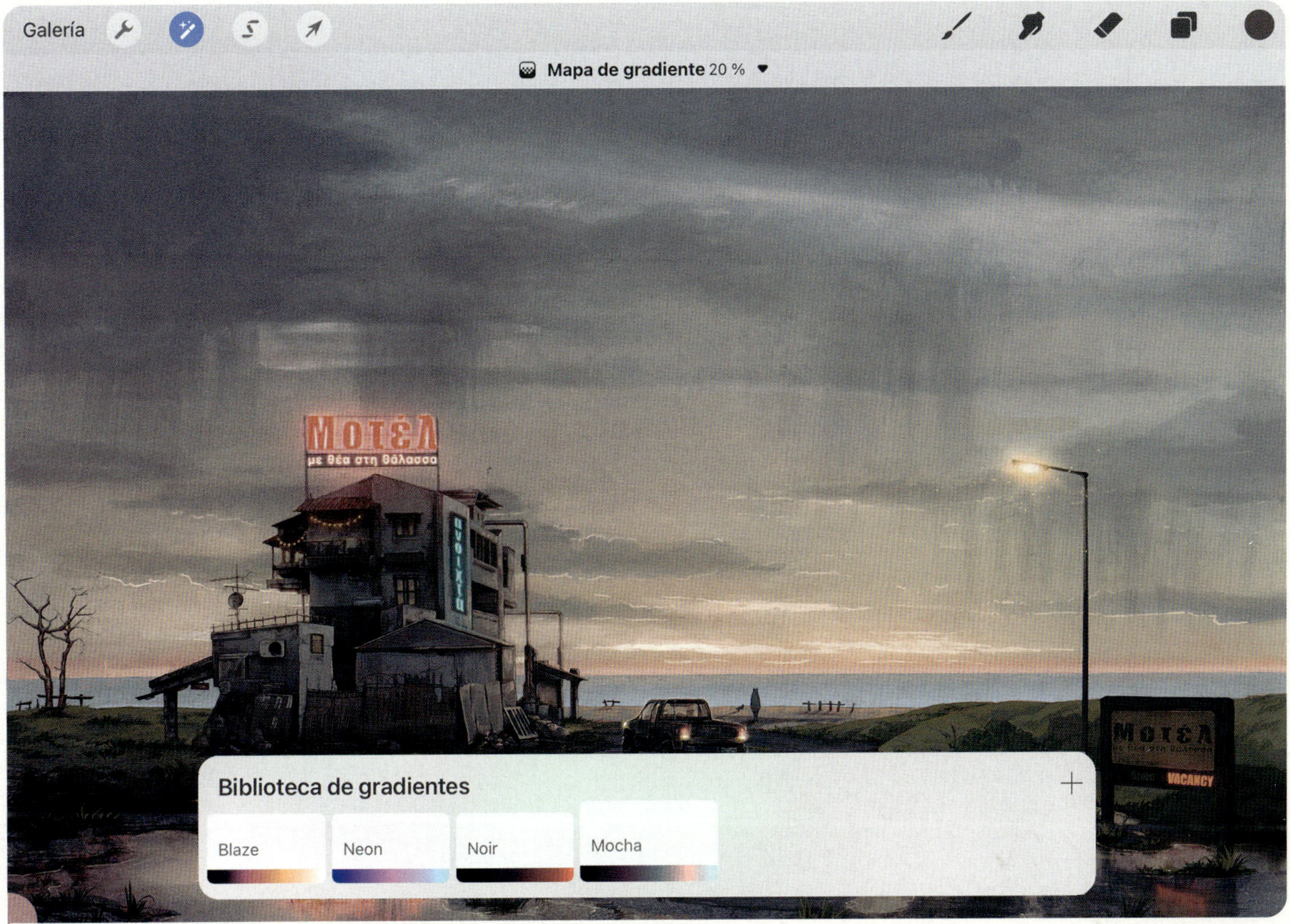

Galería

🔵 Mapa de gradiente 20 % ▼

Biblioteca de gradientes   +

Blaze   Neon   Noir   Mocha

Experimenta con las opciones de **Mapa de gradiente** para un último retoque del color atmosférico.

SARAH DICE: *"Vamos a echar un vistazo a lo que has aprendido hasta ahora. Has aprendido que Procreate puede usarse para más que 'solo' pintar. Para alcanzar tu objetivo, utiliza su amplia gama de herramientas, como la inclusión de texto,* Bloquear alfa *y la corrección de color. Retos como la creación de un letrero de neón demuestran la importancia de los modos de fusión y cómo crear efectos de luz con diferentes herramientas. Probar técnicas de representación con diferentes pinceles te ayudará a encontrar tu propio enfoque único. Las comprobaciones como la creación de una versión en espejo en escala de grises de la imagen te ayudarán a detectar errores y crear equilibrio en la distribución de los elementos de la imagen, además de mejorar la composición de tus futuras ilustraciones".*

23

Por último, puedes jugar con el Mapa de gradiente si te parece que a las correcciones de color del paso anterior todavía les falta algo. Procreate ofrece una Biblioteca de gradientes bien organizada dentro de **Ajustes>Mapa de gradientes** con muchas combinaciones de colores interesantes para probar, pero pueden ser muy dominantes y lo mejor es utilizarlas con mucho cuidado. Prueba a aplicar el efecto Blaze con una intensidad muy baja. Por último, si la pintura necesita un poco más de brillo después de estos cambios, puedes usar **Ajustes>Curvas** para potenciar un poco los semitonos.

CONCLUSIÓN

En este punto, la ilustración está terminada. Puedes enorgullecerte de tu resistencia y de las nuevas habilidades y técnicas que has desarrollado. Ahora ya sabes cómo transformar los elementos de una foto de la vida real en una nueva escena misteriosa y melancólica que cuenta una historia. Te recomiendo encarecidamente que salgas y explores tus alrededores; te sorprenderá cuánta inspiración puedes encontrar ahí fuera cuando menos te lo esperas.

THE ENCOUNTER: Esta escena transcurre en una megaciudad del universo de mi historia; el personaje principal encuentra tres espíritus en forma de antílopes que cruzan la calle.

THE RITUAL: Este entorno está inspirado en mi película favorita de Studio Ghibli, *La princesa Mononoke*; además de su increíble arte, me encanta cómo la película muestra la influencia destructiva de la humanidad en la naturaleza y los espíritus que habitan en ella.

TREASURE HUNT: Esta escena muestra al personaje principal de mi historia y su burro buscando una cura contra la posesión demoníaca, espera encontrarla en las ruinas de lo que una vez fue una ciudad en el cielo.

IMAGEN © NEVENA NIKOLCHEVA

RECURSOS DESCARGABLES

Puedes descargar estos recursos en la página web de Anaya Multimedia en http://www.anayamultimedia.es, dentro de la ficha de este libro en la opción Selecciona Complemento. Puedes importar fotos a Procreate como una capa nueva utilizando **Acciones>Añadir>Insertar una foto** o Insertar un archivo para insertar un elemento desde Fotos o Descargas, respectivamente. También puedes abrir referencias en una ventana flotante encima del lienzo yendo a **Acciones>Lienzo>Referencia**, seleccionando **Imagen>Importar** y navegando a la foto de referencia deseada.

FOTOGRAFÍAS DE REFERENCIA PARA 8 PROYECTOS

RECURSOS DESCARGABLES

CONJUNTO DE PINCELES "JENNIFER'S DEFAULT PACK"

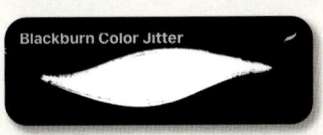   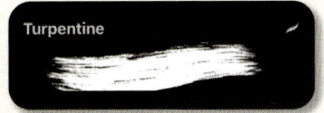

  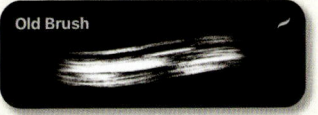

También puedes encontrar el "Free Brush Pack" de Mike McCain en mikemccain.art/store. Para importar pinceles, abre el Estudio de pinceles, toca el icono +, selecciona Importar y ve al archivo del pincel descargado.

GLOSARIO

APPLE PENCIL
Lápiz óptico desarrollado por Apple exclusivamente para el iPad. Es la herramienta recomendada para usuarios de Procreate, con funciones que incluyen el reconocimiento de la inclinación, sensibilidad a la presión y botones laterales.

ARTE LINEAL
Dibujo realizado con líneas. Puede ser un objetivo en sí mismo o usarse como base para una pintura.

BIBLIOTECA DE ORIGEN
Esta biblioteca, específica de Procreate, contiene una gran cantidad de imágenes predeterminadas que pueden usarse para crear o modificar pinceles en el Estudio de pinceles.

BIBLIOTECA DE PINCELES
Colección de pinceles Procreate, que incluye pinceles predeterminados y cualquier pincel personalizado que crees o descargues.

CAPA COLOR DE FONDO
Capa que no puede borrarse y se crea de forma automática para cualquier archivo de Procreate.

CAPAS
En el software de pintura digital, las capas emulan una pila de láminas transparentes que puedes editar y manipular por separado. Las capas son una de las herramientas más importantes de la pintura digital.

DEGRADADOS
Transición gradual entre diferentes valores o tonos (por ejemplo, atenuación de claro a oscuro).

ESCALA DE GRISES
Imagen que está solo en tonos de negro, blanco y gris.

ESTUDIO DE PINCELES
Paquete de edición de pinceles de Procreate, que puedes abrir al tocar un pincel en la Biblioteca de pinceles.

EXPORTAR
Para guardar tu trabajo fuera de Procreate.

FLUJO DE TRABAJO
Modo en que enfocas el desarrollo de un proyecto de principio a fin. Cada artista desarrolla su propio flujo de trabajo único con el tiempo.

GALERÍA
Pantalla de inicio de Procreate que muestra todos nuestros archivos. Desde aquí, puedes acceder a tus imágenes de Procreate y crear lienzos nuevos.

GESTOS
En el contexto de Procreate y las tabletas digitales, los gestos son movimientos de los dedos que activan herramientas o efectos en la pantalla.

GRABACIÓN DE TIEMPO ACELERADO
En Procreate, es una grabación de vídeo acelerada del proceso de la pintura.

IMPORTAR
Añadir un archivo a Procreate, incluyendo pinceles, referencias o archivos de imagen desde otro software.

LÁPIZ ÓPTICO
Un instrumento con forma de bolígrafo que permite moverse por un dispositivo sensible al tacto, como el iPad.

LIENZO
Superficie para la pintura, tanto en el arte tradicional como en el digital.

MINIATURAS
Versiones preliminares pequeñas de tu ilustración, o vistas previas pequeñas de una ilustración en un software.

OPACIDAD
Nivel de transparencia de un objeto. En el contexto de la pintura digital, se refiere a la transparencia de las pinceladas o las capas. Una capa con una opacidad baja sería transparente, mientras que una capa con opacidad alta parecería más sólida.

PERSPECTIVA
En dibujo y pintura, la perspectiva es la representación de una profundidad tridimensional en una pantalla o página plana.

PESTAÑA
Una sección de un menú. Puede haber múltiples pestañas por menú, cada pestaña con una categoría diferente de opciones.

PREDETERMINADO
Una configuración predefinida de parámetros.

RASTERIZAR
Acción de convertir un objeto basado en vectores en un formato ráster (basado en píxeles). Por ejemplo, si rasterizas una capa de texto, ya no podrás escribir en ella, pero podrás pintarla como una capa corriente.

RGB
Es un modo de color que te permite controlar un color según la cantidad de rojo, verde y azul.

SATURACIÓN
Pureza o intensidad de un color. Un color muy saturado resulta intenso y fuerte, mientras que uno desaturado resulta más pálido y grisáceo.

SEMITONO
Color o valor que se sitúa entre los realces (las zonas más brillantes) y las sombras (las zonas más oscuras) de una imagen o paleta.

TONO
"Familia" de colores general a la que pertenece un color, al margen de lo claro u oscuro que sea. Por ejemplo, el azul cielo y el azul marino son tonos de azul.

VALOR
En pintura, el valor se refiere a la claridad u oscuridad de un color.

DIRECTORIO DE HERRAMIENTAS

AJUSTES
Colección de herramientas de edición de imágenes y filtros, disponible en el icono de la varita mágica en la parte superior izquierda.

BLOQUEAR
Opción que protege a una capa para que no pueda editarse.

BLOQUEAR ALFA
Opción que bloquea píxeles transparentes en una capa y solo permite pintar en píxeles rellenos existentes.

BORRAR
Usada para eliminar píxeles del lienzo.

BOTÓN MODIFICAR
Icono cuadrado entre los dos deslizadores de la barra lateral, usado para modificar el comportamiento de herramientas o gestos. Se puede personalizar en la pestaña Opciones de Procreate.

CLONAR
Opción que duplica el área seleccionada.

COLOURDROP
Herramienta usada para rellenar áreas cerradas con un color plano arrastrando y soltando en el lienzo.

CUENTAGOTAS
Herramienta para seleccionar colores del lienzo.

CURVAS
Opción utilizada para manipular los valores y colores mediante un histograma.

DEDO
Herramienta de Procreate que te permite mover y correr pintura en lugar de crearla o borrarla.

DESENFOQUE
Ajuste que permite difuminar los píxeles de una capa. El efecto opuesto es Enfocar.

DESHACER/REHACER
Deshacer te permite retroceder un paso y Rehacer, avanzar un paso en tu pintura.

DIBUJO ASISTIDO
Esta herramienta ajusta tus líneas a la última Guía de dibujo utilizada. Puedes activarla o desactivarla para cada capa.

EQUILIBRIO DE COLOR
Opción que controla el color en función de la cantidad de rojo, verde y azul en la imagen.

FULGOR
Ajuste que crea un efecto de brillo o resplandor atmosférico.

GUÍA DE DIBUJO
Herramienta de Procreate que permite crear y editar cuadrículas para usarlas como líneas guía en el lienzo.

LICUAR
Herramienta que permite manipular, distorsionar y remodelar los píxeles del lienzo.

MÁSCARA
Herramienta no destructiva que permite ocultar contenido sin borrarlo.

MÁSCARA DE RECORTE
Opción que configura una capa como subordinada de una capa objetivo debajo. En la capa subordinada "recortada", no puedes pintar ni editar fuera de la forma de la capa objetivo.

MENÚ COLORES
Este menú, que aparece al tocar el color activo en la esquina superior derecha de la interfaz, te permite seleccionar y editar un color mediante modos diferentes.

MODOS DE FUSIÓN DE CAPAS
Opción que determina la interacción entre dos o más capas, como aumentar el brillo u oscurecer.

MUESTRA DE COLOR
Cuadrados pequeños de color que forman las paletas del menú Colores.

PALETAS
Colección fija de muestras de color disponible en el menú Colores.

PINCEL
Herramienta principal utilizada en la pintura digital, con opciones que permiten simular diferentes medios y efectos.

PINCEL PERSONALIZADO
Pincel creado desde cero por un usuario de Procreate o ajustado a partir de uno predeterminado.

QUICKMENU
Menú que contiene seis opciones personalizables accesibles mediante gestos.

QUICKSHAPE
Función que facilita el dibujo de líneas y geometría perfectas al suavizar de modo automático las líneas trazadas a mano alzada.

RECORTAR
Herramienta que permite cortar y editar el tamaño del lienzo.

REPINTADO
Ajuste que permite seleccionar áreas de color y cambiarlas a un color preseleccionado.

RUIDO
Opción que permite añadir un efecto de grano texturizado similar al de una película o fotografía analógica.

SELECCIÓN
Herramienta que se encuentra en la mayoría del software de pintura digital y que permite aislar áreas específicas para editar o manipular.

TONO, SATURACIÓN, BRILLO (HSB)
Modo del menú Colores que permite controlar las propiedades de un color. También es un ajuste para la imagen que se encuentra en el menú Ajustes.

TRANSFORMAR
Herramienta que puede modificar la posición, proporciones y escala de los elementos de la ilustración.

AUTORES

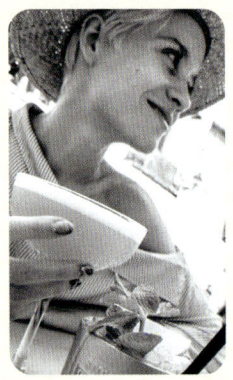

KARIN BRANDENBERG
instagram.com/kbrandenberg

Karin Brandenberg es una artista de origen suizo que reside en Hong Kong. Después de hacer un uso extensivo de herramientas 3D en el trabajo, le gusta pintar escenas al aire libre y paisajes naturales en su tiempo libre.

ERIC ELWELL
ericelwellart.com

Eric Elwell es un artista afincado en Nueva York, centrado en el diseño conceptual y la ilustración, que trabaja con una mezcla de medios digitales y tradicionales. También es el dueño de Fantastic Tanks LLC.

SARAH BUCHHOLZ
sarahbuchholz.com

Sarah Buchholz trabaja actualmente como artista independiente en Leipzig, Alemania. Sus pinturas tratan de explorar nuevos mundos, siempre con un tributo al escapismo, la melancolía y la belleza que se encuentra en la naturaleza.

GILLIAN GALANG
instagram.com/gillian3g
twitter.com/gillianthreeg

Gillian Galang es una artista autónoma de desarrollo visual afincada en Filipinas. En su tiempo libre, le gusta jugar a juegos, viajar y hacer fotos. Sus temas favoritos para pintar son montañas, escaparates y árboles.

TREVOR CLARE
inprnt.com/gallery/
trevorclareart
instagram.com/trevorclareart

Nacido y criado en Ontario, Canadá, Trevor Clare es un artista multimedia que siente debilidad por pintar escenas locales en su ciudad, Kitchener. Disfruta experimentando con la intersección entre los estilos de pintura expresionista tradicional y el arte digital.

JOJO LU
banditjoj.com

JoJo Lu es especialista en arte conceptual, ilustración y arte para animación. La pintura al aire libre es una de sus formas favoritas de experimentar un lugar y recordar viajes pasados.

MIKE MCCAIN
mikemccain.art

Mike McCain es un artista afincado en Los Ángeles al que le gusta explorar y pintar en la naturaleza. Ha trabajado en *El niño, el topo, el zorro y el caballo* (director artístico) y *Spider-Man: cruzando el multiverso* (desarrollo visual).

MOMO SUGIMOTO
momoillustration.com

Momo Sugimoto es una artista japonesa-australiana afincada en Sídney. Es especialista en ilustración y arte ambiental 2S digital y le gusta el diseño ambiental, además de la pintura al aire libre virtual.

AYAN NAG
artofayan.com

Ayan Nag es un artista de la India. Le apasiona explorar, observar y aportar su propia perspectiva a la vida a través del arte. Le encanta crear mundos nuevos y descubrir y expresar la belleza de lo cotidiano.

JENNIFER WANG
jenniferwang.art

Jennifer Wang es una pintora al aire libre que vive en Los Ángeles. Le encanta explorar las posibilidades infinitas del color llevando sus pinturas y su cuaderno de dibujo por los diversos reinos naturales de la ciudad.

NEVENA NIKOLCHEVA
artstation.com/nen

Nevena Nikolcheva es una artista conceptual, de desarrollo visual y de fondos en la industria de la animación y los juegos.

ÍNDICE

espaciodediseño

Otros títulos de la colección:

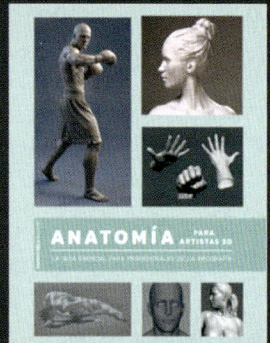

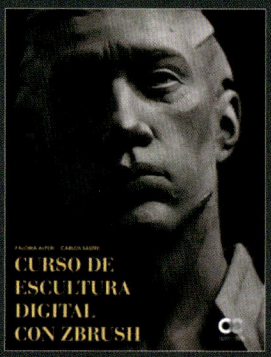

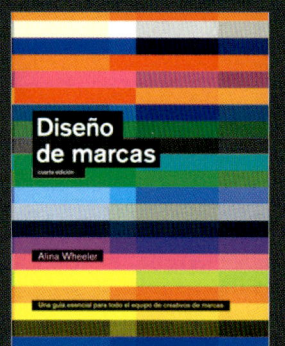

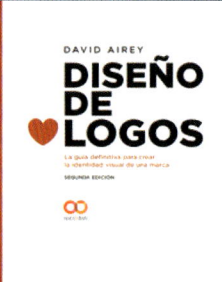

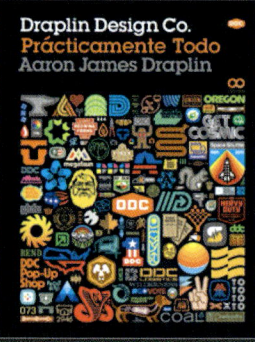

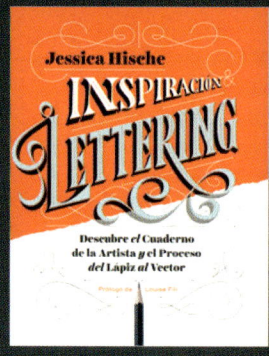

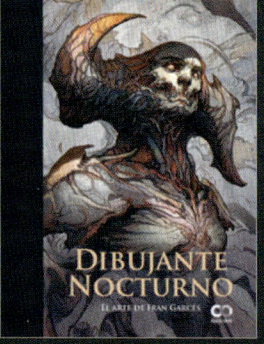

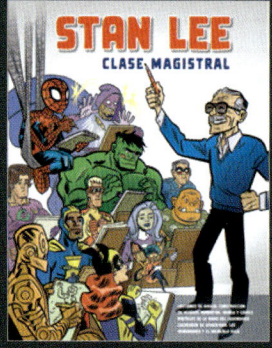

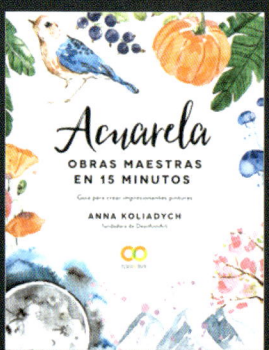

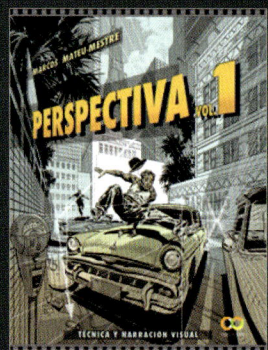

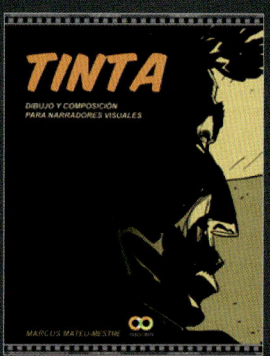

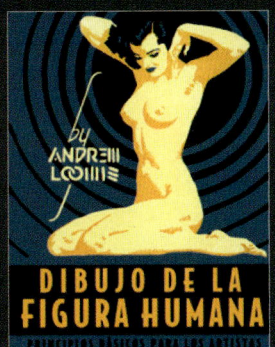

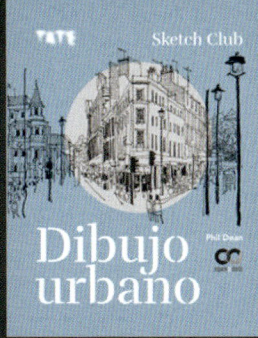

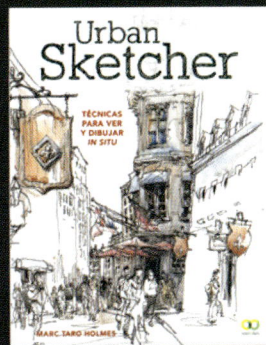

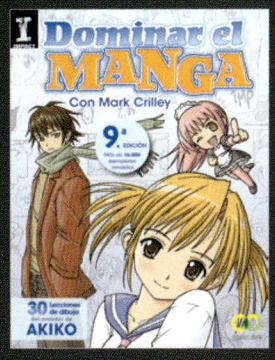

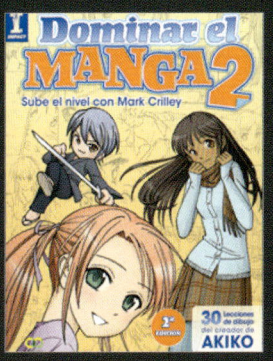

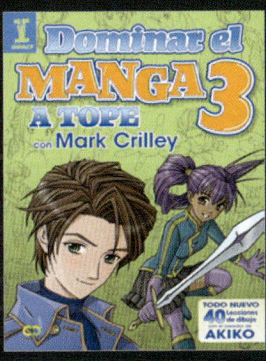

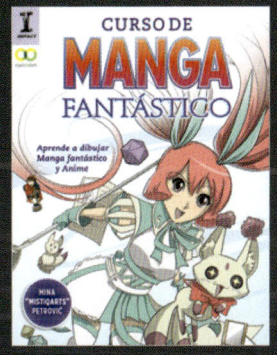

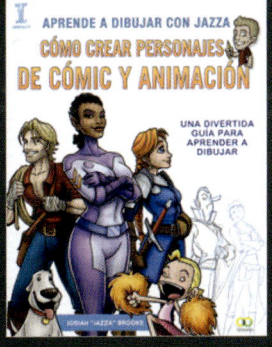

Para más información visita nuestra web:

www.anayamultimedia.es

¡Si te ha gustado este libro, publica una reseña sobre él en la página web de tu librería!

IMAGEN © ERIC ELWELL